专利资产证券化理论与实践

屠新曙　安雪梅　著

机械工业出版社

本书立足于知识产权强国建设和金融创新的最新前沿,沿着"理论—实践—制度构建"的基本思路,通过理论和案例分析,对专利资产证券化理论与实践展开研究。本书的研究内容一方面是对资产证券化理论和知识产权运营理论的有益补充;另一方面也为企业、银行等经济实体开展知识产权融资提供了技术指导和操作指南。

本书系统梳理了国内外理论界对包括专利在内的知识产权证券化相关问题的研究进展,总结了国际上部分国家推进专利证券化实践的历史进展以及我国专利资产证券化工作的政策措施和发展态势,同时,对资产证券化原理及其实践应用进行了深入的理论研究和具体的案例分析。针对多年来知识产权评估难、运营难以及转让难的社会现象,提出了两个非常有价值、能反映专利资产内在价值的评估模型。通过对国际上部分国家专利资产证券化的法律制度进行比较分析,为构建具有中国特色的专利资产证券化制度环境提供有益的思想资料。

本书的读者对象主要为高校教师、企业高管、科技管理人员、知识产权实务工作人员及知识产权、金融、会计和法学等专业的研究生。

图书在版编目(CIP)数据

专利资产证券化理论与实践 / 屠新曙,安雪梅著. —北京:机械工业出版社,2024.1

ISBN 978-7-111-74586-0

Ⅰ.①专⋯ Ⅱ.①屠⋯ ②安⋯ Ⅲ.①专利权-研究
Ⅳ.①D913.04

中国国家版本馆 CIP 数据核字(2024)第 041091 号

机械工业出版社(北京市百万庄大街22号 邮政编码100037)
策划编辑:刘 畅　　　　　责任编辑:刘 畅
责任校对:王小童 张 薇　封面设计:王 旭
责任印制:任维东
河北鹏盛贤印刷有限公司印刷
2024 年 5 月第 1 版第 1 次印刷
184mm×260mm・16.5 印张・344 千字
标准书号:ISBN 978-7-111-74586-0
定价:69.00 元

电话服务　　　　　　　　　　　网络服务
客服电话:010-88361066　　　机 工 官 网:www.cmpbook.com
　　　　　010-88379833　　　机 工 官 博:weibo.com/cmp1952
　　　　　010-68326294　　　金 书 网:www.golden-book.com
封底无防伪标均为盗版　　　　　机工教育服务网:www.cmpedu.com

前 言

知识经济时代，知识产权的重要性已经远远超过物质财产的重要性，成为攸关企业竞争优势的最重要的无形资产之一。十八届三中全会以来，党和国家领导人高度重视知识产权工作，发表了一系列有关知识产权保护的重要论述，知识产权事业迎来新的发展机遇期。然而，停留在纸面上的知识产权仅具有法律上的价值，只有当其被转化为生产力后才能为企业带来收益。2021年，中共中央和国务院联合发布的《知识产权强国建设纲要（2021—2035年）》指明了建设知识产权强国的实现路径。知识产权强国建设目标的实现，依赖于知识产权经营者运用各类融资工具将专利等知识产权转化为实际生产力，创造出更多的社会财富。如何在《知识产权强国建设纲要（2021—2035年）》的指引下，深入分析专利资产证券化的理论难题与实践障碍，为知识产权证券化实践提供必要的理论支撑，成为备受理论界、实务界以及各级政府关注的重大研究课题。

"金融是现代经济的血脉。金融稳则经济稳，金融活则经济活。"在将企业的"知本"转化为"资本"的过程中，金融手段发挥着十分重要的作用。专利权的本质是一种财产权，通过金融手段实现其资产的变现，在法律上并无障碍。在我国实施专利法以来，专利权质押融资一直是国内最为常见的知识产权资产变现方式。

1997年1月，美国著名摇滚歌星大卫·鲍伊（David Bowie）因缺少流动资金，遂以其音乐作品版权为底层资产发行了一批价值5000万美元的债券，此举改变了传统资产证券化仅局限于抵押住房贷款、汽车按揭贷款、信用卡贷款、应收账款等资产的固有融资模式，开启了知识产权证券化的新纪元。

2017年，国务院印发的《国家技术转移体系建设方案》提出要开展知识产权证券化融资试点。2021年9月，中共中央、国务院联合发布的《知识产权强国建设纲要（2021—2035年）》进一步提出，要积极稳妥发展知识产权金融，规范探索知识产权融资模式创新。可以预计，知识产权的制度创新和金融产品创新必将迎来一个蓬勃发展时期。

在理论研究方面，学术界的成果大多还停留在传统资产支持计划的产品设计及风险规避等方面，鲜有对专利乃至知识产权资产证券化实践中遇到的困难予以有效的理论回应和系统反思。大量科创型企业日益高涨的融资需求和全国多地政府、企业陆续发行的专利证券化产品形成了"实践领跑理论"的倒挂现象。基于此，及时对国内外知识产权证券化的有益实践进行认真分析和系统梳理，探索科学可行的包括专利在内的知识产权资产证券化产品实现路径，破除知识产权资产证券化的诸多制度难题，是摆在当前政府、学术界和企业界面前的一项重要工作。

2022 年 7 月，受广州知识产权交易中心的邀请，我们有幸加入了"2021 中国知识产权金融化指数分析"课题组。在课题研究过程中，面对庞大的专利数据，我们再次意识到，现有的专利价值评估模型并不能全面解决我国专利资产证券化推行的困难，还应当从理论基础、融资模式、价值评估、产品设计以及运营绩效等多维度展开分析，确保所提出的解决方案具有系统性和可行性。在参阅了国内多个省份和地区的专利资产价值评估方法之后，我们创新性地提出了两个评估模型，并运用它们对真实的专利资产进行了价值评估，验证了这两个模型的实用性和科学性。

本书以专利资产证券化为研究视角，沿着"理论—实践—制度构建"的基本思路展开分析。本书在系统梳理国内外学术界对包括专利在内的知识产权证券化相关问题的研究进展、总结国际上部分国家推进专利证券化实践的历史进展以及我国专利资产证券化工作的政策措施和发展态势的基础上，对资产证券化原理及其实践应用进行了深入的理论研究和具体的案例分析。组建充分分散且有稳定收益的资产池是发行资产证券化产品的先决条件，对资产价值评估以及对资产未来现金流的计算是资产证券化的必要前提和核心步骤。在这些研究的基础上，探索专利资产证券化产品设计的基本规律，开展专利资产重组理论、风险隔离理论以及信用增级理论的深度解读，并将理论研究运用到实践案例的具体分析中。最后，通过对国际上部分国家专利资产证券化的法律制度的比较分析，为构建具有中国特色的专利资产证券化制度环境提供有益的建议。

我们期望，本书所搭建的专利资产价值评估方法及证券化产品设计思路不仅能够帮助企业更有效地找到适宜且可信的融资路径，也为政府部门科学精准施策提供理论支持。此外，专利资产证券化产品的投资者也可通过梳理上述知识和建构性结论，进一步把握专利资产的投资规律和融资动向。而这些期望的实现，恰恰是社会对于默默耕耘的学者的最好馈赠。

书中难免有疏漏和不足之处，敬请各界人士不吝批评指正！

屠新曙　安雪梅

2023 年 10 月 13 日

目 录

前 言

第一章 绪 论 / 001

  第一节 问题的提出 / 002

  第二节 国内外研究综述与实践进展 / 003

  第三节 研究思路与研究内容 / 011

第二章 资产证券化理论与实践 / 013

  第一节 抵押贷款与资产证券化 / 014

  第二节 资产证券化原理 / 021

  第三节 资产证券化流程 / 024

  第四节 抵押担保证券现金流分析 / 030

  第五节 提前偿付风险分析 / 036

  第六节 华能海上风电 ABS 产品设计 / 039

  第七节 南岳旅游 ABS 产品设计 / 060

第三章 专利与专利资产 / 086

  第一节 专利制度的基本原理 / 087

  第二节 专利权的内容、运营与保护 / 092

  第三节 专利资产及其价值构成 / 097

  第四节 专利资产价值的影响因素 / 100

第四章 专利资产价值评估理论与实践 / 107

  第一节 专利资产价值评估内涵 / 108

第二节　现行专利资产价值评估方法及其实践 / 120

第三节　专利价值度与专利质量 / 138

第四节　基于欧氏距离的专利资产价值评估方法及其应用 / 145

第五节　基于布林带与 VaR 的专利资产价值评估方法及其应用 / 156

第六节　一种呼吸装置的专利资产价值评估 / 166

第五章　专利资产证券化产品设计理论与实践 / 176

第一节　专利资产质押融资与证券化 / 178

第二节　专利资产证券化产品类型 / 184

第三节　专利资产证券化产品设计流程 / 186

第四节　专利资产证券化中存在的风险 / 190

第五节　广州开发区专利资产 ABS 产品设计 / 192

第六章　专利资产证券化制度困境及其改进 / 222

第一节　专利资产证券化的法制环境分析 / 224

第二节　国外专利资产证券化的法律制度分析 / 230

第三节　专利资产证券化的监管制度及其改进 / 236

参考文献 / 255

第一章
绪　论

当今世界，知识产权已经成为攸关企业竞争优势的重要无形资产之一。十八届三中全会以来，党和国家领导人高度重视知识产权工作，发表了一系列有关知识产权保护的重要论述，知识产权事业迎来新的发展机遇期。2021年9月22日，中共中央、国务院联合发布的《知识产权强国建设纲要（2021—2035年）》（以下简称《强国建设纲要》）指明了全国上下建设知识产权强国的实现途径；同年10月9日，国务院颁布的《"十四五"国家知识产权保护和运用规划》提出了"十四五"时期知识产权发展的八项主要指标。

知识产权强国建设目标的实现深深依赖于将知识产权转化为实际生产力的资产运营活动。时至今日，伴随着我国知识产权法律制度的日趋完善，在资本市场上开展以专利、商标、版权等为代表的知识产权运营活动已无根本的法律障碍，知识产权运营的方式亦不断翻新并呈现出多种类、多元化的发展态势。然而，知识产权运营方式的多元化不仅对现有法律制度带来了挑战，也凸显出学界在知识产权证券化理论准备方面的不足和实践困境，加之近年来我国部分城市不断推出的专利证券化实践，使得知识产权运营再次成为理论界和实务界共同关注的焦点。

第一节　问题的提出

停留在纸面上的知识产权无疑仅具有法律意义上的价值，只有将其转化为现实资产，才能为企业带来超额收益。运营则是将知识产权转化为科技生产力的第一步，也是最重要的一步。我国法律规定，知识产权中的财产权部分可以出质、转让及许可。知识产权质押、转让或许可使用等利用财产权的方式就属于广义上的知识产权运营。国务院于2008年颁布的《国家知识产权战略纲要》亦明确指出要"促进自主创新成果的知识产权化、商业化、产业化，引导企业采用转让、许可、质押等方式实现知识产权的价值"。

十八届三中全会以来，国家经济社会的高速发展和知识产权战略的持续推进，对进一步提升各类企业创新主体的知识产权综合能力、更好地支撑创新驱动发展和经济转型升级提出了更高、更新的要求。与此同时，科技企业的融资需求也不断增长。但是，由于知识产权收益的期限普遍较长、影响知识产权价值的不确定因素较多、企业难以快速收回研发成本、知识产权投资风险较大等原因，企业知识产权价值的实现效果仍有待提升。由此，如何通过不断拓宽企业知识产权的融资渠道、完善知识产权风险投资机制、创新知识产权融资模式，更大程度地实现知识产权的财产价值，就成为摆在政府和社会各界面前一道重要的课题。

传统上，企业开展知识产权融资的途径主要包括专利质押贷款和风险资本投资。近年来，以专利为核心的知识产权证券化开始成为一种新的融资方式。世界知识产权组织（WIPO）认为，知识产权资产的证券化是一种新趋势。在承认知识产权存在担保利益的基础上，商业质押贷款和银行融资将在实践中不断得到发展，特别是在音乐产业、以互联网为基础的中小企业和高科技领域。知识产权产生的现金流越多，创造证券化的机会也就越多。

21世纪初期，专利资产证券化所具有的许多优势，促使一些流动资金相对匮乏的公司开始考虑以其未来的专利许可收益权作为担保，从而发行证券产品。国内有一些学者也敏锐地认识到，专利资产证券化不仅是一种新的融资方式，还可以成为解决我国企业专利实施率偏低痼疾的有效途径，因此提出了由政府出面，采取发行专利股票、专利债券和运用专利信托等方法筹集资金，以证券化改革推动专利实施与产业化的建议。

近年来，随着理论研究的深入和实践的逐步丰富，对于知识产权证券化这一现象的认识逐步上升到政策层面。2015年3月，中共中央、国务院《关于深化体制机制改革加快实施创新驱动发展战略的若干意见》提出，"推动修订相关法律法规，探索开展知识产权证券化业务"；2017年4月，国家知识产权局与财政部联合下发《关于开展知识产权运营服务体系建设工作的通知》，在全国范围内推行知识产权运营服务体系重点城市遴选，推进知识产权运营服务体系建设；2019年2月，中共中央、国务院联合印发的《粤港澳大湾区发展规划纲要》指出，要在粤港澳大湾区开展知识产权证券化试点；2019年8月，中共中央、国务院在《关于支持深圳建设中国特色社会主义先行示范区的意见》中，明确要求深圳市率先建设体现高质量发展要求的现代化经济体系，探索知识产权证券化，推动建立全球创新领先城市科技合作组织和平台；2020年5月，财政部、国家知识产权局联合发出通知，要求进一步扩大知识产权质押融资规模，推动发行知识产权证券化产品。知识产权证券化改革的范围不断扩大。

专利资产证券化是资产证券化实践在专利领域的进一步延伸，也是一种金融创新，其目的在于最大限度地开发专利，拓宽投资者对于知识产权这种高风险高利润金融产品的投资需求。从理论上看，专利资产证券化作为知识产权证券化的重要组成部分，在为专利拥有者创造了新型获资方式的同时，可以更好地实现市场主体对资金的需求和金融供给之间的对接，从而更大限度地激发企业的创新积极性，因而具有广阔的市场前景和充足的发行动力。但是，实践中，我国知识产权证券化的推进情况却并不尽如人意。据不完全统计，截至2022年6月，我国共发行知识产权证券化产品66只，且主要集中于广东、上海、北京等地，这与国内正如火如荼推行的各项政策措施的预期相比显得极不相称。

作为知识产权融资创新的一种新型模式，专利资产证券化的理论研究和实务运营呈现出巨大的三方矛盾。在国家层面，自2015年以来，频频出台的各类文件释放出强烈的开展知识产权证券化、探索知识产权融资模式创新的政策信号；在学术层面，理论界的反应却相对迟钝，现有专利资产证券化的相关理论研究还大多停留在传统资产支持计划的产品设计及风险规避等方面，鲜有对国内专利乃至知识产权资产证券化实践困难的理论回应和系统反思；在企业层面，大量"专精特新"企业日益高涨的融资需求和全国多地政府、企业陆续开发的专利证券化案例形成了"实践领跑理论"的倒挂现象，这一现象值得我们深思。

知识产权强国建设的号角已经吹响，专利资产证券化作为知识产权运营中最易实现的新型融资方式无疑对于深化知识产权产业发展、降低知识产权融资风险以及切实提高专利技术的运营效率具有重大意义。

第二节　国内外研究综述与实践进展

知识产权证券化产品最早出现于知识产权制度与金融制度均相对发达的国家，美国、日本和部分欧洲国家是积极推行知识产权证券化产品的典型代表。

一、国内外知识产权证券化的理论综述

1997年，发行于美国的"鲍伊债券"是全球范围内第一宗知识产权证券化交易案例，在美国知识产权证券化的发展历程中具有里程碑意义。该案例为知识产权资产的证券化推开了金融交易市场的大门，引起了理论界和实务界对专利资产证券化前景及相关问题的深刻探讨。

（一）国外知识产权证券化的理论进展

美国学者 Bezantand Mark（1997）最早对知识产权证券化的重要组成之一——专利资产证券化进行了详细的论述，包括其优势以及对高新科技企业的重要性，这一论述在很大程度上激发了学界对于专利资产证券化的研究热情，也促使了之后大量专利证券化产品的出现。在知识产权证券化的热潮中，Fairfax（1999）结合已有的知识产权证券化产品发行情况，详细论述了进行专利资产证券化将要遇到的风险，并提供了应对风险的措施，为日后知识产权证券化产品的风险防控打好了基础。在各界对于知识产权证券化看好时，Klear（2002）却认为知识产权证券化在资产证券化业界的影响力远未达到预想中引发行业革命的程度，对此他分析了背后可能存在的原因，并且创新性地提出了将私募股权的基金结构应用于知识产权证券化中的构想。

此后，学界关于专利资产证券化的研究逐渐细化。Regele（2018）发现在专利资产证券化的早期发展中，许多专利拥有人将专利证券化视为能够让专利迅速变现为研发资金的灵活工具，而大量资金在市场中进行的专利买卖也促进了知识产权交易市场的发展，为具备发明专利潜力的市场主体提供了更多降低专利研发风险的机会。Nisar（2011）使用案例研究的方法证明了知识产权资产证券化能够在产权法上明确界定证券化过程中无形资产的权属，使得拥有专利的主体能够利用部分专利进行筹资且在法律上不受到过多的限制，这种特点使其可以广泛运用于零售特许经营企业的加速扩张过程中。

在专利证券化评估方面，Hillery（2004）认为知识产权证券化的发展推动了学界对于无形资产价值评估的研究。Pandey（2006）重申了专利价值评估作为专利证券化的基础在证券化流程中的重要性。在具体研究中，Manfredi（2012）在 Hillery 研究的基础上，从理论和实际方面分析了专利等无形资产估值的决定性因素。Fisher（2014）在搜集大量数据的基础上，探索了可以用于资产证券化的专利的一些普遍特点，并认为专利自身具备的排他性在其中并未产生影响。Cerqueti（2015）在专利价值评估中引入了实物期权法，并改进了专利价值评估指标体系。Hiller（2018）则构建了结合市场数据的 BLP 模型，并在美国智能手机市场上进行了模拟，获得了优秀的结果。Kabore（2019）提出了一种进行专利价值评估的新方法，用市场规模为专利族规模赋权，并证明这种方法相较于专利引用与续约的专利价值评估指标体系更优。Danish（2020）利用专利存续期的理论建立了回归模型来估计新型市场经济体专利价值，同时就此模型证实了使用美国、欧洲和中国数

据的研究成果。Anatolyevich（2021）为评估知识产权商业化的潜力，提出了一种包括科学、技术、时间和成本指标的复杂预测方法，这种方法使用的指标均来自专利本身，且借助了模糊逻辑分析，考虑了复杂空间系统的特点以及专利在市场中的比较优势。但即使出现了越来越多的评估方法，使用了更加复杂的模型，国际学术界仍未就专利价值的评估方法达成一致。

在专利证券化的流程研究中，Odasso（2011）使用模糊集合的方法对比了两只著名的美国制药专利资产证券化产品后，分析了影响专利资产证券化产品发行的原因，包括产品规模、市场竞争力、专利寿命、信用增级、交易结构以及多元化发行战略等。Solomon（2014）分析了知识产权证券化的优势与其中的风险，并对于各环节风险的规避给出了进一步的解决方案。Deshpande（2017）研究了常应用于视频网站、电影公司供应链的专利资产证券化。Nemlioglu（2019）认为在吸取了次贷危机的经验教训后，可以使用拆分以及再次组合底层资产的方法以降低知识产权资产证券化的风险，为此还对实物期权法等不同专利价值评估方法进行了比较分析，最后认为知识产权资产证券化在未来仍存在较大盈利潜力。

进入21世纪，专利资产证券化事业在发达国家中更加稳定，有关发展中国家如何进行专利资产证券化的研究逐渐增加。Ghafele（2014）在进行了多个案例分析的基础上，讨论了发展中国家如何利用专利资产证券化促进专利价值实现的方法。Khanna（2018）在对比美国与印度之间专利证券化的发展后，分享了在印度扩大专利证券化范围的想法。此时，专利资产证券化在世界上越发流行，我国学者的多数研究也正起始于这段时间。

（二）我国学者对知识产权证券化的理论研究成果

我国对知识产权资产证券化的探究肇始于21世纪初。黎志成（2004）介绍了知识产权资产证券化在国外的发展情况，分析其在促进知识产权有效转化中发挥的作用，并尝试设计了一套贴合我国国情的交易结构。李建伟（2006）在分析国外典型案例的基础上，对知识产权资产证券化的定义、特点、意义、基本结构以及在我国推行的合理性等基本问题进行了阐述。

与此同时，单独对于专利证券化的探索也逐渐增加。袁晓东（2006）分别对美国与日本的实施情况进行深入了解，论述这两个国家开展专利资产证券化的动因以及面临的困难，认为在我国慎重开展专利资产证券化时可选择专利质押或许可模式。邹小芃（2009）在详细分析国外成功与失败的专利资产证券化案例后，认为实施专利资产证券化需要着重注意对基础资产池的挑选、分散化组建以及价值评估，并从正反两方面分析了开展专利资产证券化的可行之处。汤珊芬（2006）从更细节之处出发，探讨了专利证券化中特殊目的载体的相关形态，并建议在我国开展专利资产证券化时选用信托机构作为特殊目的载体。靳晓东（2010）则从法律角度出发，指出专利资产证券化想在国内成功推行，在评价、证券、税收、特殊目的载体、信托、破产等制度领域需要进步。

随着相应配套设施及法律规范的逐步完善，在国家政策的支持下，2019年4月，我国首只知识产权证券化标准化产品"第一创业－文科租赁一期资产支持专项计划"在深圳证券交易所成功设立，实现了我国知识产权证券化产品零的突破。作为我国首只成功获批并成功发行的知识产权证券化产品，其以专利权、著作权为资产标的，采用知识产权融资租赁的业务模式，知识产权资产涉及发明专利、实用新型专利、著作权等知识产权共计51项，覆盖艺术表演、影视制作发行、信息技术、数字出版等文化创意领域的多个细分行业。此后，知识产权证券化的各类产品层见叠出，带动了学界开展对已有实践的理论研究。

关于专利证券化的基础资产研究，刘鹏（2018）提出在专利证券化发展初期，基础资产的定性问题以及价值不稳定问题是两大困难，需要通过制度修正、合理估值、信息披露以及专利预警的方式，畅通专利的融资渠道。赵腾宇（2019）认为专利资产证券化中信息披露是一项重要制度，并指出引入第三方监管可以更好地实现信息披露制度的潜在价值。刘奇（2018）在引入实物期权分析和生命周期理论的基础上，利用波士顿矩阵建立了更为全面的三叉树模型，并发现此模型相较于纳入技术分成率的收益法在专利组合资产池的评估方面更为实用。艾陈等（2021）借助贝尔曼方程、双变量非线性方程以及伊藤引理等建立了适用于高价值专利资产的评估模型，并推测此模型可应用于其余知识产权的评估。

对于专利证券化制度的探索，袁利华（2017）认为应在法律上保障特殊目的载体的独特地位，加强对信用评级机构的监管，并针对信息披露强化对产品各参与方的约束，这是防范我国专利资产证券化风险的有效路径。钟基立和王洪（2017）详细分析了在我国开展专利资产证券化的困难以及美国当年进行专利证券化时的特定背景，建议在已有的制度框架下，可分别制定长期与短期发展规划，并就此再次提出了专利许可以及专利质押两种专利证券化模式。白江涛和基芳婷（2017）从高科技企业的角度出发，研究了专利资产证券化各环节可能出现的风险以及其传导机制，并提出了相应对策。贺琪（2019）专门对国内资产证券化实践中特殊目的载体存在形式问题进行了分析，认为应从法律制度层面入手改变现状以防控由此带来的风险。针对特殊目的载体，王芳（2020）则指出在专利资产证券化中采用双特殊目的载体模式可以有效破解操作、合规、规模化以及运营难题，进一步支持企业融资。但刘瑛（2021）在研究我国最早的两次知识产权成功案例后提出，即使是双特殊目的载体结构，资产支持专项计划仍不能完全保证真实出售和破产隔离功能的实现，我国知识产权证券化事业的持续平稳推进必须依靠立法与执法部门，出台有关特殊目的载体机构的规章制度，并明晰知识产权证券化的法律定位。

在专利融资的业务模式方面，马忠法和谢迪扬（2020）聚焦于专利融资租赁证券化，指出市场中此类产品在各方面存在一定风险，需要继续完善融资的合规性、交易结构的稳定性以及信息披露的安全性以构建全面风险预防机制。唐飞泉和谢育能（2020）针对专利许可收益权证券化，对我国第一个纯专利结构的证券化产品"兴业圆融——广州开发区专利许可资产支持专项计划"进行了详尽分析，指出其优势的同时考虑了此模式在我国推广所面临的挑战，并分享了促进专利证券化铺开的想法。余惠华（2019）同样以对此产品的研究为基础，关注其双重专利许可的创新模式，并分析了此产品主要面对的法律风险来自基础资产、双重许可模式以及原始权益人。金琳（2020）对在上海发行且发行时间正处于新冠疫情期间的产品——"浦东科创"第一期知识产权资产支持专项计划进行了介绍，特别关注于该产品对于新冠疫情防控做出的贡献，并看好专利资产证券化的发展前景。

专利资产证券化改革在我国的开展是集巨大优势与风险挑战于一身的事业，在其发展初期更是免不了大胆的创新与尝试。已有成果的研究为下一步开展知识产权证券化实践打下了一定的理论基础，但是，知识产权证券化仍有大量问题亟待各界投入精力研究分析，尤其是如何在前人的研究上发挥出专利资产证券化的优势，并且尽量规避融资风险，设计出能够集收益性与安全性于一体的专利资产证券化产品，是实践中必须解决的重大课题，这也是本书的研究目标。

二、国内外知识产权证券化的实践进展

（一）美国知识产权证券化的发展历程

从1997年至今，知识产权证券化在美国经历了萌芽、发展到逐渐成熟的过程，这一过程也是一个从探索到推广、从专门设立特殊目的机构到特殊目的机构常设化、从面向私募基金发行到寻求进入资本市场的过程。

1997年，美国推出了首单知识产权证券化产品——"鲍伊债券"（Bowie Bonds）。该债券以大卫·鲍伊1990年以前录制的25张音乐专辑作为基础资产，以这些唱片未来产生的销售和使用版权费、许可使用费收入进行还本付息，平均偿付期为10年，总规模为5500万美元，如图1-1所示。穆迪评级给予了该债券AAA级较高级别的评价，该债券也是穆迪首次对音乐版权证券化产品进行评级。2000年，美国药业协会特许公司涉及实施的"耶鲁专利证券化案"是世界上首例专利许可费证券化的成功案例。此后的20年里，美国知识产权证券化基础资产范围已扩展至诸如电影、演艺、休闲娱乐、电子游戏

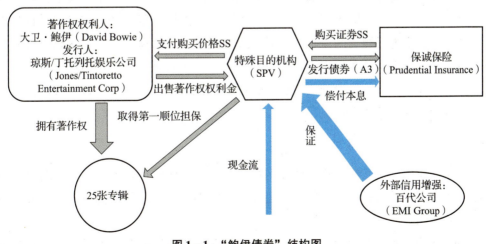

图1-1 "鲍伊债券"结构图

及主题公园等与文化产业息息相关的知识产权，以及医药科技产品的专利、时装品牌、半导体芯片技术，甚至与专利有关的诉讼胜诉金都可纳为知识产权证券化的基础资产，知识产权证券化的典型案例不断涌现。

据美国知识产权评估认证中心统计，1997年—2010年美国通过知识产权证券化进行融资的成交金额就高达420亿美元，年均增长幅度超过12%。美国的知识产权证券化采用的是由下而上的市场主导型证券化模式，这主要源于美国发达的市场经济和比较成熟、完善的证券市场以及高效运转的知识产权交易市场。市场主导型证券化模式使市场能够及时地根据知识产权证券化的需求做出反应，自发进行调整，产生相应供给，即知识产权证券化专业咨询公司起到特殊目的机构的作用，从而使知识产权证券化能够顺利地推行下去。

（二）日本知识产权证券化的发展历程

日本是亚洲最早发展知识产权证券化的国家，与美国市场主导型知识产权证券化模式不同，日本在进行知识产权证券化的过程中主要采用的是政府主导型模式，政府在知识产权证券化过程中起导向作用。

Scalar证券化产品成为日本首宗专利证券化的实例。Scalar是日本一家研发光学镜片的公司，2003年，该公司将其四项光学专利授权给Matsushita Electric Group旗下的Pin Change公司，然后再将该专利权转移给证券化的特殊目的机构，由该特殊目的机构以前述专利权利金作担保发行债券筹资。Scalar公司经由证券化筹得的资金仅20亿日元，但由于知识产权证券化的过程，需要支付昂贵的法律、财会、技术等费用，从损益相抵而言，进行证券化所能计划筹措的金额应达20亿～100亿日元才符合证券化的规模额度，因此，该案例属于政府部门介入操盘的试验性质。

日本虽然在很多制度建设上惯于借鉴美国的相关规定，但在知识产权证券化的制度建设上与美国存在较大差异。美国知识产权证券化大都集中于大型高新技术企业，以加快知识产权成果转化速度，尽快收回研发成本，加速资本周转为目的。日本开展知识产权证券化的主要目的在于解决创新型企业及中小企业融资难的问题，满足其以自身知识产权作为基础资产进行融资的需求，同时将金融机构的贷款风险通过市场化手段向多数的不特定投资者分散。日本的知识产权证券化大都采用私募的方式，向投资者或大型投资机构发行，证券的流动性也相应较弱，其产生的直接问题是证券投资者难以在短期内转让，证券的吸引力也随之降低。

（三）欧洲国家知识产权证券化的发展历程

早期欧洲知识产权证券化的发展案例集中在体育产业转播权或各类体育赛事门票收益证券化等方面，后来意大利、英国等也先后将电影和音乐作品作为基础资产开启了知识产权证券化融资。

1998年5月，西班牙皇马足球俱乐部通过把来自阿迪达斯公司的赞助收入证券化筹得 5000 万美元。2001 年年初，英格兰足球超级联赛（以下简称英超）的利兹联队在财务状况逐渐恶劣的情况下，以其未来 20 年的门票收入作为支持，发行了 7100 万美元的资产证券化债券，债券持有人每年收益大约 700 万美元。后来，英超阿森纳队等几支球队也进入了资产证券化的行列。1999 年 3 月，意大利 Cecchi Gori 公司将其所拥有的影片打包发行债券，并以其拥有的 1000 多部影片的销售额、许可电视台转播的费用进行偿付，这一债券被称为"邦德债券"。

欧洲国家的知识产权证券产品依靠市场力量，金融机构以自己持有的知识产权资产为基础发行证券，政府并未起到根本性作用。债券发行主体及发行中介机构资质和实力有强弱之分，在缺乏政府信用的情形下只能构建强有力的社会信用增级机制，以此提升知识产权证券化的信用等级，确保债券的成功发行。

（四）我国知识产权证券化发展现状

我国金融业开展知识产权证券化探索始于《国家知识产权战略纲要》颁布之后，并始终呈现出"主管机关积极推动、市场企业缓慢跟进"的状态。

2006 年 8 月，招商银行向华谊兄弟传媒股份有限公司发放 5000 万元贷款用于电影《集结号》拍摄，这是我国第一个知识产权融资项目，为我国银行业办理影视行业商业贷款业务开了先河。2009 年 3 月，中国人民银行、原中国银行业监督管理委员会（以下简称，原银监会）发布的《关于进一步加强信贷结构调整促进国民经济平稳较快发展的指导意见》指出，要探索推进知识产权、自主品牌质押贷款。国务院在 2010 年发布的《国家知识产权战略推进计划》中，首次对完善知识产权投融资体制、拓展知识产权投融资渠道、积极搭建知识产权交易平台、创新交易产品和服务内容提出了全新的要求。

2017 年，国务院印发的《国家技术转移体系建设方案》提出，要完善多元化投融资服务，具体措施之一就是"开展知识产权证券化融资试点"。在国家知识产权局的推动下，我国知识产权融资和保险业务迅速发展，为知识产权证券化打下基础。2018 年 4 月，《中共中央、国务院关于支持海南全面深化改革开放的指导意见》更是明确提出，要建立符合科研规律的科技创新管理制度和国际科技合作机制，鼓励探索知识产权证券化、完善知识产权信用担保机制。

2018 年 12 月，知识产权证券化产品先后在深圳证券交易所、上海证券交易所获批发行。2019 年 2 月，《粤港澳大湾区发展规划纲要》正式印发，明确提出"开展知识产权证券化试点"。同年 3 月 28 日，我国首只知识产权证券化产品"第一创业－文科租赁一期资产支持专项计划"（以下简称"文科一期 ABS"）在深圳证券交易所成功发行，开启了我国知识产权证券化的历程。

"文科一期 ABS"是在国家知识产权局、中国证券监督管理委员会、北京市委宣传部、北京市国有文化资产管理中心、北京市知识产权局等部门指导下推出的创新产品。原始权益人和项目发起人均是北京市文化科技融资租赁股份有限公司，北京市文化投资发展集团有限责任公司提供差额支付承诺，第一创业证券股份有限公司负责承销。项目发行规模为 73 300 万元。其中优先级 A1：31 000 万元，优先级 A2：27 500 万元，优先级 A3：11 100 万元，次级：3700 万元。

"文科一期 ABS"的基础资产为北京市文化科技融资租赁股份有限公司存量知识产权融资租赁项目的应收租金债权，从北京市文化科技融资租赁股份有限公司存量知识产权融资租赁项目中选取 10 个项目打包组合，构造可预期的未来现金流，这些项目的融资租赁标的物均为软件著作权、影视剧本著作权、动漫形象著作权、专利权等知识产权。

作为我国首只成功发行的知识产权证券化产品，"文科一期 ABS"的最大特点在于，其底层资产租赁标的物为发明专利、实用新型专利、著作权等共计 51 项知识产权，覆盖艺术表演、影视制作发行、信息技术、数字出版等文化创意领域多个细分行业，基础资产则以上述知识产权未来经营现金流为偿债基础形成的应收融资租赁债权，如图 1-2 所示。该产品的成功发行，大大加快了知识产权的资本价值转化速度，标志着我国知识产权运营水平迈上了一个新台阶。

2019 年 8 月，中共中央、国务院印发的《关于支持深圳建设中国特色社会主义先行示范区的意见》，明确提出"探索知识产权证券化"的利好政策，为粤港澳大湾区开展知识产权证券化探索注入了强劲的动力。仅仅一个月后，由广州开发区知识产权局和广州开发区金融控股集团有限公司共同打造的"广州开发区专利许可资产支持专项计划"在深圳证券交易所成功发行，这是我国首个以专利许可费为基础资产的知识产权证券化产品，开拓了我国专利证券化的先河。2020 年 5 月，财政部和国家知识产权局再次联合发文，要求推进知识产权证券化。在这之后的两年，知识产权证券化产品不再是遥不可及的纸面案例，而实实在在出现在了中国大地上。据不完全统计，截至 2022 年 8 月，我国共发行知识产权证券化产品 66 只，相关探索仍在进行中。

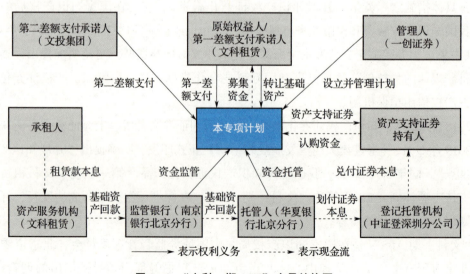

图 1-2 "文科一期 ABS"交易结构图

第三节　研究思路与研究内容

资产证券化的目的在于将缺乏流动性的资产提前变现，解决资产的流动性风险问题。知识产权证券化产品属于资产支持证券（Asset-Backed Security，简称ABS）的形式之一，其发行主体一般是金融机构。资产支持证券是金融机构利用企业特定资产并将之设计成可流通证券的一种创新融资工具，当所使用的基础资产是知识产权时，知识产权证券化问题由此产生。

知识产权证券化这一新型融资方式突破了传统融资方式的限制，能够通过对基础交易制度的功能性组合，将知识产权的价值展现于企业的资产负债表中，然后通过采取一系列增信措施，提高知识产权证券化产品发起人（原始权益人）的评级，进而吸引更多投资者购买知识产权证券化产品。

总体而言，知识产权证券化可谓一种有益于各界的金融创新和法律创新。从企业角度看，拥有自主知识产权的创新型企业通过知识产权证券化，将自有知识产权转化为可以销售的投资产品或者服务进而获得资金，这不仅能够解决企业的融资难题，还能实现企业知识产权的商品化和产业化，进而提高知识产权转化率和收益。有了社会资金的支持和丰厚收益的鼓励，企业就有动力在原有知识产权的基础上进一步地研究和开发，使技术创造活动走向良性循环，从而推动科技进步。

从政府角度看，开展知识产权证券化有助于推动金融产品的创新，为"专精特新"企业提供更多的融资渠道，从而解决企业融资难的问题，有助于优化当地的营商环境，提升政府的治理水平。

从投资人角度看，知识产权证券化产品相较于传统的贷款产品更为便捷和透明。资产证券化将原先非标准的知识产权转化为标准化的金融产品，不仅分散了投资风险，更使得知识产权成为普通投资者可以企及的金融产品，强化了知识产权的财产价值，促进了金融产品的多元化，为社会大众提供了更多投资获利的机会。因此对整个社会是有益的。

要实现知识产权资产的证券化，首先，必须从理论上和法律制度上对知识产权运营的各种方式予以理论上的证明。其次，需要着重研究能够反映知识产权资产价值的评估方式和价值实现途径，探究影响一项或者数项知识产权价值的影响因素；进而针对单项或多项知识产权的资产特点，有针对性地设计符合各方约束条件的证券化产品。然后，选取部分证券产品，深入研究和分析评价企业知识产权运营的绩效，并最终将这些影响绩效评价的要素落实到我国知识产权证券化的制度完善方面，进而为政府及相关部门政策决策提供有说服力的参考资料。

考虑到相对于版权和商标而言，专利资产的运营更容易受到服务机构和企业的青睐，其证券化的实践也较其他种类的知识产权更为丰富。本书拟以专利资产的证券化为研究视角，沿着理论—实践—制度构建的基本思路展开。研究内容和章节安排如下：

第一章系统梳理了国内外理论界对包括专利在内的知识产权证券化相关问题的研究进展，以美国、日本、欧洲国家为代表总结了国际上推进专利证券化实践的历史进展以及我国专利资产证券化工作的政策措施和发展态势。

第二章对资产证券化原理及其实践应用进行了深入分析，这是本书的三个重点部分之一。资产证券化是将具有共同特征的贷款、消费者分期付款合同、租约、应收账款以及其他弱流动的资产包装成可以市场化且具备投资价值的带息证券的一系列过程。其中组建充分分散且有稳定收益的资产池是发行资产证券化产品的先决条件，对资产价值评估以及对资产未来现金流的计算是资产证券化的必要前提和核心步骤。通过对"华能海上风电 ABS 产品设计"和"南岳旅游 ABS 产品设计"两个具体的资产证券化产品的分析，更直观地理解资产证券化原理和证券化产品的设计过程。

第三章系统阐释了专利与专利资产的内涵，分析了专利资产的价值构成和影响因素，为专利资产价值评估和专利资产证券化分析做准备。

第四章对专利资产价值评估理论与实践展开了具体分析，这部分的研究也是本书的三个重点部分之一。专利资产证券化是连通专利主体创新和资本市场的纽带，对专利资产价值展开评估以及对其未来现金流的计算是专利资产证券化的必要前提和核心步骤。因此，专利资产价值评估是专利资产证券化的核心，是首要也是最重要的工作。在对专利资产价值评估方法的研究中，我们结合各地开展专利资产价值评估的实践经验和制定的一些操作标准，创造性地提出了两种评估新方法——"基于欧氏距离的专利资产价值评估方法"和"基于布林带与 VaR 的专利资产价值评估方法"，并运用这两种方法对广东金发科技股份有限公司拥有的一种呼吸装置专利资产进行了价值评估。评估结果显示：①由"基于欧氏距离的专利资产价值评估方法"得到的专利资产评估价值与实际的市场交易价值非常接近，误差率只有 6.77%；②在 95% 的置信水平下，由"基于布林带与 VaR 的专利资产价值评估方法"得到的专利资产评估价值，既涵盖了专利资产的实际市场交易价值，又涵盖了"基于欧氏距离的专利资产价值评估方法"得到的专利资产评估价值，同时为开展专利资产证券化的现金流分析和风险分析提供了理论基础。

第五章对专利资产证券化产品设计理论与实践进行了深入分析，这也是本书的三个重点部分之一。探索专利证券化产品设计的基本规律，开展专利资产重组理论、风险隔离理论以及信用增级的深度解读，为专利资产证券化相对于普通融资更具优越性的观点提供理论证明。在传统融资方式中，专利资产具有较高的不稳定性，难以实现融资目标。通过将专利资产的证券化，能够有效增加企业融资的方式，改善直接与间接融资比重，有助于构建多元化资本市场。通过对"广州开发区专利资产 ABS 产品设计"的案例分析，可以帮助大家深刻理解专利资产证券化产品的设计过程和证券化过程中的现金流分析及风险分析。

第六章对专利资产证券化制度进行了研究。专利资产证券化是制度的产物，其来源于实践、受制度指引，又反过来促进制度的不断完善。通过对国际上主要国家专利资产证券化的法律制度的比较分析，反观我国当前制度的不足和缺失，为构建具有中国特色的专利资产证券化制度环境提供有益的思想资料。

第二章
资产证券化理论与实践

资产证券化是指将具有共同特征的贷款、消费者分期付款合同、租约、应收账款以及其他弱流动的资产包装成可以市场化且具备投资价值的带息证券的一系列过程。

资产证券化起源于20世纪70年代的美国。1970年,隶属于美国政府的国民抵押协会以其拥有的住房抵押贷款债权作为担保,发行了一批住房抵押债券,此举标志着全球范围内资产证券化时代的开始。伴随着这一模式的不断发展,到20世纪80年代初期,原有的债券模式就被逐步推广到了其他一切能够产生较为稳定的预期现金流的金融资产领域,可用于作为基础资产的金融产品和应用场景不断翻新,如汽车抵押贷款、应收账款、地铁等城市基建贷款以及高速公路建设贷款、专利质押贷款等,都先后被纳入到资产证券化的行列之中。

以资产或权益为发行支持的证券统称为抵押担保证券或资产支持证券。可以说,ABS产品是为适应时代发展需求和经济状况背景而衍生出来的一种创新型的金融工具。

第一节 抵押贷款与资产证券化

随着企业发展规模的日益扩大，其融资需求逐步攀升。通常而言，企业的融资方式主要包括债务融资、股权融资以及自有资金补足等。债券作为债务融资工具之一，在企业的发展中发挥着非常重要的作用。

从金融视角来看，作为一种面向投资者发行的金融契约，金融市场上的债券是一种承诺依照一定利率支付利息并按约定条件偿还本金的债权债务凭证。与银行存款不同的是，债券的投资者可以是机构投资者，也可以是个人投资者，甚至还可以是银行。因此，投资者的来源更加丰富，能够筹集到的资金规模也就更大，时间也更长，且可以在二级市场进行交易。同时，其交易方式相较于传统的公司债券更为灵活。

按照是否具有担保的效力划分，我们可以将债券分为抵押债券和无抵押债券（即信用债券）。在市场风险偏好上升时，投资者会更愿意购买无抵押债券，获取更高收益；而当市场风险偏好下降时，企业融资渠道受限，投资者更为谨慎，此时抵押债券会更加受到市场的欢迎。

一、抵押贷款

抵押担保证券一般是以抵押贷款为基础发行的。因此，要讨论抵押担保证券，必须先要对抵押贷款有所了解。

抵押贷款是以不动产作为担保，并以系列还款为保证而设立的一种融资方式，这些不动产的作用在于确保贷款能够按时偿还。当债务人无法按期偿本付息时，债权人有权针对抵押资产行使抵押权，并对抵押财产的处置所得享有优先受偿权。当一项资产面临多项债务时，抵押权的有无将直接影响到债务的清偿顺序。

抵押贷款需要在当事人之间签署抵押贷款合约（抵押贷款合同）。一般抵押贷款合约包括抵押利率（即合约利率）、贷款金额、抵押资产的相关界定、贷款期限、利息和本金的偿付方式等条款。

二、抵押担保证券——资产证券化的基础

抵押担保证券是指证券发行人在发行一笔债券时，以债券发行人的部分财产作为抵押，形成抵押池，一旦发行人出现偿债困难，为保证投资者的利息和本金的支付，投资者可以对抵押担保人提供的抵押池中的抵押物行使抵押权，出卖这部分财产以尽可能地回收更多的支付数额。

抵押担保证券一般由两个部分组成：一是抵押契约或信托契约，二是本票。抵押契约即作为票据偿还担保品的不动产，而信托契约则是将财产的所有权转让给受托人，受托人负责保管财产直到贷款还清为止的契约合同。本票是一种付款承诺，即使没有任何不动产担保，借款人仍然有偿还债务的义务，票据上会标明偿还的金融条款，以及贷款人和借款人的权利和利益。

抵押担保证券按照担保方式可分为限额抵押和可加抵押，又称封闭式担保和开放式担保。限额抵押是指一项抵押物只能够用于发行一次证券，不得作为抵押物再用于发行同一等级的债券，但可发行索偿顺序更低的证券；可加抵押是指当抵押物价值很大时，可以将抵押物评估价值后分为若干次抵押，按抵押权登记的先后顺序依次分为一级抵押权、二级抵押权、三级抵押权等，其索偿顺序则从一级抵押权开始由高至低，索偿顺序越靠后，其风险越高。

资产证券化的过程实际上也是形成资产证券化产品的过程。在资产证券化产品的设计过程中，企业或金融机构将能够产生现金收益的资产（贷款、消费者分期付款合同、租约、应收账款等）进行组合，形成基础资产，并以此构建一个抵押池，发起人将抵押池中的基础资产转移给特殊目的机构来实现破产隔离，同时为证券化产品进行信用增级，然后再由该特殊目的机构创立一种以这些基础资产产生的现金流为支撑的证券产品。

由此可见，ABS 产品对投资者的现金流偿付是以其基础资产组合的现金流为抵押支撑的，具备抵押担保证券的性质。因此实际上，它是以一定的资产为抵押，担保日后本金和利息得以偿付的金融产品。

三、抵押池

抵押池是资产证券化过程中由基础资产组建成的资产池，是资产证券化的首要环节。资产原始持有人根据自身融资需求来确定用于证券化的资产，并通过对其未来现金流的清理、分析和估价，确定可以被证券化的资产数额，最终将其汇集成一个抵押池，作为资产证券化产品的标的。

抵押池中的资产一般应具有以下特征：①有可预期的稳定现金流；②有良好的信用记录；③与基础资产相关的信息易于获取；④基础资产之间具有同质性；⑤基础资产的债务人分布较为广泛；⑥基础资产抵押物的质量较高；⑦基础资产具有套利性。

1. 有可预期的稳定现金流

抵押池中的资产是否具备可预期的现金流，主要取决于是否有足够的现金收入来满足合同约定的利息支付，或者是否有足够的现金累积来满足产品到期时的本金偿付。由于资产证券化并非实物证券化，而是以实物资产产生的现金流作为证券化的基础。因此，抵押池中的资产应当具备稳定性和可预测性的特质，从而保证证券化产品的本息偿付。

2. 有良好的信用记录

资产的原始持有人在持有基础资产期间，违约率和损失率稳定且处于一个较低水平，同时需要有一套成熟的统计方法来计量基础资产的风险，预测损失发生概率。

3. 与基础资产相关的信息易于获取

基础资产应当在社会经济生活中获得广泛的应用，为公众所知，信息披露应当尽可能完善，降低投资者与发行人之间的信息不对称程度，从而加强投资者对该证券化产品的信赖，同时有助于评级机构进行评级。

4. 基础资产之间具有同质性

基础资产之间具有同质性是指基础资产在现金流结构、违约风险、期限结构、收益等方面具有相似或一致性，这是构建抵押池用以发行 ABS 产品的关键所在，也是评级机构做出准确评级、投资者做出准确投资决策的基础。

5. 基础资产的债务人分布较为广泛

基础资产的债务人在地域和人口分布上要尽可能分散，这样做可以降低偶发因素、区域性的经济波动带来违约风险的可能性，从而降低证券的风险。需要注意的是，这里的"债务人"指的是原始持有人在持有基础资产时对应的债务人，并非指该 ABS 产品的发行方。

6. 基础资产抵押物的质量较高

较高质量的抵押物通常具备如下特征：市场需求大、抵押物的市场流动性好、市场价格较为稳定且可预测、抵押物对原始债务人有较高的效用，从而债务人的违约风险低，抵押物的账面价值高于该抵押物作价估值的金额一定比率。

7. 基础资产具有套利性

基础资产的未来现金流入能够支付本息和手续费时，才能够确保发行方的套利行为可行，这样的 ABS 产品才是有意义的。

四、资产证券化的参与者

资产证券化过程中的主要参与者有发起人、特殊目的载体、服务商、受托人、信用增级机构、信用评级机构、证券承销机构、投资者等。不同参与者在资产证券化过程中的作用各不相同，有时同一参与者同时兼任多种身份。

发起人是基础资产的原始权益人。发起人提供贷款、消费者分期付款合同、租约、应收账款等基础资产，组建资产池。商业银行是最常见的发起人，此外，高速公路公司、自来水公司、电力公司、物业管理公司、专利权人等都可以成为资产证券化的发起人。

特殊目的载体（Special Purpose Vehicle，简称 SPV）是专门为资产证券化而组建的独立于其他金融机构的主体，也称为特殊目的机构，其组织形式不一，可以是信托、公司或其他形式。SPV 的资产是向发起人购买的各类资产，负债是发行的抵押支持债券。也就是说，SPV 是 ABS 产品的发行人。

服务商是为投资者提供金融服务的机构，其职责是收集、催收基础资产到期的本金和利息，定期向受托人和投资者提供有关基础资产组合的财务报告。服务商一般由发起人担任，并对资产组合及其产生的现金流进行监管。

受托人是代表投资者权益，并为投资者担任资金管理的中介机构。受托人的职责是将投资收益转付给投资者、对等待转付的资金进行管理、定期审查并向投资者披露相关资产或资产组合的信息以及采取法律行动保护投资者利益。

信用增级机构是对抵押 ABS 产品提供额外信用支持的机构。信用增级的目的是减少 ABS 产品发行的整体风险，增强投资者信心。信用增级机构包括发起人本身和独立的第三方。

信用评级机构是帮助发行人确定 ABS 产品的信用级别、为投资者提供明确信用标准信息的中介机构。

证券承销机构是在发行市场承销 ABS 产品的金融机构。

五、资产证券化产生的渊源

改善金融机构经营状况是资产证券化的直接动因。在 20 世纪 70 年代以后，美国通货膨胀严重，市场利率不断上升，储蓄机构必须将利率提高到可能的水平才能吸引存款，然而他们却不能够提高已经发放出去的住房抵押贷款利率，对新发放的住宅抵押贷款设置高利率又限制了贷款的需求，这使得储蓄机构无法通过提高贷款平均收益率来弥补吸收的高成本存款，利差收入在不断缩小，经营绩效也在不断恶化。

20 世纪 70 年代，美国储蓄贷款协会整个行业的全部资产收益仅为 0.6%，高负债率加之 20 世纪 80 年代初经济衰退期间的大量贷款拖欠引起的损失，使储蓄贷款协会财务状况急剧恶化，全部储蓄机构都面临着严重的利率风险和生存危机，破产数量急剧增加。为了改变经营困境，提高生存能力，储蓄信贷机构迫切需要通过业务创新来出售长期住房抵押贷款，调整资产负债结构，分散经营风险，在政府住房贷款机构的支持下，住房抵押贷款证券诞生了。

政府监管放松则是资产证券化的外部动因。在 20 世纪 30 年代至 70 年代，各国金融监管遵循的是对金融行业实行严格监管的规则，用以避免银行倒闭和由此产生的对整个社会与储户的利益损害，同时能够防止金融垄断给经济活动带来的不平等竞争以及使商业银行存款货币的创造符合中央银行的货币政策。对金融业的严格监管在一定程度上也降低了金融体系的风险，保持了金融业的稳定，也降低了金融业对市场变化的适应能力。

20 世纪 60 年代以后，在通货膨胀率持续上升、资本市场快速发展和经济衰退的压力下，银行业经营状况日渐下滑，破产倒闭的银行数量也不断增加，而此时政府对金融监管的放松极大地促进了银行业务的创新，资产证券化、衍生金融工具的交易也先后出现并蓬勃发展，成为金融创新的重要组成部分之一。

六、我国资产证券化的发展历程

我国的资产证券化起源于1992年三亚发行的地产投资证券。随后在金融监管部门的稳步推进和国有商业银行、国家政策性银行等金融机构的支持下，我国的资产证券化业务取得了卓越成效，证券化品种也日渐丰富，监管体系也日渐完善。目前，ABS产品逐渐成为企业融资的工具之一。

然而，我国资产证券化业务的发展不是一帆风顺的，历经了探索、试点、停滞、重启四个阶段。

（一）探索阶段（20世纪90年代初—2005年）

中国的资产证券化萌芽于20世纪90年代初。1992年三亚市开发建设总公司以预售地产的销售权益作为基础资产，发行了2亿元人民币的地产投资证券。1996年珠海高速公路有限公司以高速公路收费权作为基础资产，在美国发行了资产担保债券。2004年，中国工商银行采用资产证券化的方式共计处理了26.02亿元不良贷款，这也是中国商业银行首次尝试以资产证券化的方式来处置不良贷款。

在此阶段，为了进一步推动我国资本市场的完善和发展，扩大直接融资的币种，优化银行资产负债表结构，促进金融创新，我国金融机构借鉴欧美等发达国家的经验进行探索。2004年，国务院出台了《国务院关于推动资本市场改革开放和稳定发展的若干意见》，其中要求"建立以市场为主导的品种创新机制。研究开发与股票和债券相关的新品种及其衍生品。加大风险较低的固定收益类证券产品的开发力度，为投资者提供储蓄替代型证券投资品种。积极探索并开发资产证券化品种"。

2005年3月21日，由中国人民银行牵头召开了信贷资产证券化试点工作协调小组的第一次工作会议，标志着我国资产证券化试点工作的正式启动。

（二）试点阶段（2005年—2008年）

我国资产证券化的试点阶段，又分为两个时段，一是初步试点阶段（2005年—2006年），二是扩容阶段（2006年—2008年）。

2005年，由中国人民银行与原银监会联合发布了《信贷资产证券化试点管理办法》。该办法适用于中国境内，银行业金融机构作为发起机构，将信贷资产信托给受托机构，再由受托机构以资产支持证券的形式向投资机构发行受益证券，以该财产所产生的现金支付资产支持证券收益的结构性融资活动。

《信贷资产证券化试点管理办法》的颁布标志着我国正式进入了由政府指导的资产证券化试点阶段。试点阶段期间，各类信贷ABS产品不断涌现，但是总体规模一直较小。

在首轮试点期间，中国建设银行和国家开发银行采取信托方式发起设立了ABS产品，分别是中国建设银行的"建元2005-1个人住房抵押贷款支持证券"、国家开发银行的"2005年第一期开元信贷资产支持证券"和"2006年第一期开元信贷资产支持证券"。虽然试点工作总体进展顺利，但由于 ABS 产品结构复杂，涉及面较广，在试点过程中也暴露了一些问题，比如合格的机构投资者范围不够宽、信息披露不够充分、资产支持证券信用评级公信力还不够强等，为后续 ABS 产品市场的发展和完善积累了经验。

2006 年 7 月 27 日，中国人民银行组织召开信贷资产证券化试点工作协调小组办公室成员会议，研究探讨积极稳妥审慎推进信贷资产证券化的相关工作安排，要求继续扎实推进信贷资产证券化试点工作。

2007 年 1 月 9 日，中国人民银行与原银监会联合报送了《关于稳步扩大信贷资产证券化试点工作的请示》，提出要扩大试点机构和发行规模。我国资产证券化进入了试点扩容阶段。

在扩容阶段，我国国内共发行了 538.56 亿元资产支持证券，使得信贷 ABS 产品市场初具规模，成为债券市场的重要组成部分之一。

（三）停滞阶段（2008 年—2012 年）

2008 年 8 月，美国房贷市场的"房利美"和"房地美"股价暴跌，使持有其发行的债券的金融机构承受巨额亏损，随之而来的则是两大顶级投行雷曼兄弟破产、美林银行被收购的问题，全球性的金融危机爆发，利率与汇率的急剧变化使银行业受到严重打击，即"次贷危机"。

由于华尔街对金融衍生产品的滥用和美联储对次贷危机的估计不足，次贷危机所带来的风险经由金融领域传导至实体经济，使得金融风险整体失控。

在此次金融危机期间，我国资产证券化的试点受到了较大的舆论压力，甚至不少人开始质疑资产证券化的理论逻辑。ABS 产品的发行方也无法找到合适的投资者来筹集资金，使得我国的资产证券化试点变得更加谨慎。我国相关部门和市场参与机构也对美国资产证券化模式的利弊进行充分反思。2009 年 6 月，鉴于我国当时的金融风险防范能力还不强，我国宣布暂停资产证券化业务试点。

（四）重启阶段（2012 年以后）

2012 年 5 月 17 日，全球经济复苏，中国人民银行、原银监会联合财政部发布《关于进一步扩大信贷资产证券化试点有关事项的通知》，标志着我国沉寂三年半的资产证券化业务重启，进入了新一轮发展阶段。2012 年 9 月 7 日，国家开发银行成功发售了 101.66 亿元的信贷资产支持证券，成为资产证券化试点重启后的第一单资产证券化交易。

此轮资产证券化业务重启是为了服务实体经济，对于我国开展的金融改革、金融行业发展及金融创新具有重要意义。

在中国人民银行、原银监会联合财政部发布的《关于进一步扩大信贷资产证券化试点有关事项的通知》中，在基础资产、机构准入、风险自留、信用评级、资本计提、会计处理、信息披露、投资者要求、中介服务等方面，均对资产证券化项目做出了要求。基础资产方面，明确规定信贷资产证券化产品结构要简单明晰，在扩大试点阶段禁止进行再证券化、合成型资产证券化产品试点。风险自留方面，要求信贷资产证券化各发起机构应持有由其发起的每一单资产证券化中的最低档次资产支持证券的一定比例，该比例原则上不得低于每一单全部资产支持证券发行规模的5%，且持有期限不得低于最低档次证券的存续期限，以防范发起机构的道德风险。信用评级方面，则要求资产支持证券投资者建立内部信用评级体系，减少对外部评级的依赖，减少信用评级机构公信力下降带来的市场波动。信息披露方面，则要求信贷资产证券化发起机构、受托机构、信用评级机构或其他证券化服务机构严格按照政策规定，做好信贷资产证券化业务信息披露工作，按投资人要求及时、准确、真实、完整披露资产支持证券相关信息，更加重视以信息披露为核心的金融市场监管理念。投资者方面，限定了单个银行业金融机构购买单只资产支持证券的比例不得超过其发行规模的40%，尽可能将信用风险进行分散，避免集中化。

由此可见，金融危机过后，我国政府在重启资产证券化业务时的相关制度也更为完善，对风险的管控、投资者的利益保障等方面均有提高。此后至今，我国资产证券化业务迈入蓬勃发展阶段。

七、我国资产证券化产品推出的缘由

我国资产证券化产品的推广有很多原因，概括来说，主要有以下四个方面。

（一）资本充足率的要求

我国首个资产证券化的试点从银行业开始，而银行对于资本金一直有着比较明确的要求。

《巴塞尔协议Ⅲ》要求对各成员国商业银行在配置最低资本金时要能够更加全面、敏感地反映资产的风险程度；要求除了使用标准法来对风险进行度量以外，还鼓励各个成员国银行使用更加贴切的内部评级法，而这必然会对我国银行业提出更高的资本金要求。

国际经验表明，资产证券化具有资本释放的功能，商业银行在不断增加资本成本和负债的情况下，通过将现有资产变现，释放出一部分资本金，能够改善商业银行的资本结构、提高资本充足率。

（二）提高商业银行的资产质量

长期以来，由于计划经济和银行管理机制等多种原因，我国银行业积累了大量的不良贷款，高企不下的不良贷款率将会对我国金融系统的稳定形成较大威胁，损害我国银行业的国际竞争力和国际商誉。如何通过市场机制来解决不良资产比率过高，成了我国银行业亟待解决的问题。

参照欧美和日本、韩国银行利用资产证券化来处理银行不良资产的成功经验，中国工商银行的实践表明，我国商业银行找到了一个良好的市场运作方式，用以解决我国商业银行的不良资产问题。

（三）有助于商业银行市场化运作

资产证券化有利于增强商业银行资产的流动性，而流动性是商业银行保持安全性和营利性的前提，也是商业银行经营管理的精髓所在。

在资产负债结构上，大多数传统商业银行都存在着短贷长投的现象，使银行资产负债的流动性失去平衡。通过利用资产支持证券这一金融创新工具，商业银行能够将流动性较差的资产转化为可以交易的证券，在不改变负债、不减少利润的情况下，提高了资产的流动性。资产证券化也有助于商业银行分散贷款组合的非系统性风险，长期来看，传统商业银行的客户一般都局限于某一稳定的地域和行业，而维持稳定的关系有助于减少单个贷款的信用风险。此外，资产证券化也同样有利于银行重新组合资产结构，从而降低贷款的非系统性风险。例如，"建元2005-1个人住房抵押贷款支持证券"是中国建设银行将个人住房抵押贷款作为证券化的基础资产，能够提前收回贷款本金。个人住房抵押贷款的贷款期限一般较长，要全部收回金额可能需要长时间的等待，但建设银行将其作为抵押池中的基础资产，可以提高商业银行的资产流动性，以维持正常的经营活动。

（四）促进资本市场的发展

资产支持证券增加了我国资本市场上融资工具的可选择性，使那些由于自身信用级别较低而不能进入资本市场直接融资的企业拓宽了融资渠道。同时，企业可以利用资产支持证券融资成本相对较低的特点来剥离不适合企业长期战略需求的资产，从而筹集到大量的资金，以便进行资产重组和并购，实现资本的优化配置。

第二节　资产证券化原理

资产证券化的原理包括核心原理、资产重组原理、风险隔离原理和信用增级原理。

一、核心原理

资产证券化的核心原理是对基础资产的现金流分析。这是因为ABS产品的风险大小是由基础资产是否能够带来稳定的现金收入决定的，能够产生稳定预期现金流的资产才能够根据现金流来进行估值，评级机构才能够对资产进行评级，因此基础资产的现金流分析是资产证券化的核心和基础。

在实践中，现金流分析主要可以分为资产估值、资产的风险收益分析以及现金流结构分析。

（一）资产估值

资产估值可以采用现金流贴现法、相对估值法以及期权估值法。现金流贴现法认为资产价值等于预期未来产生的现金流的现值之和；相对估值法是根据收益、现金流、账面价值、销售额等变量，考察同类可比资产的价值，用以对该资产进行估值；期权估值法是利用期权定价模型来估计有期权特性的资产的价值。

不同的估值方法结果也会有所差异，选择合适的估值方法也是现金流分析中的一个关键部分，需要结合基础资产现金流的特点、资产的性质和风险、投资者对这类资产的敏感度和偏好等因素进行选择。

（二）资产的风险收益分析

ABS产品的收益，来源于基础资产产生的现金流。为了获取收益，资产所有者需要承担相应风险。以发放住房贷款的银行为例，资产收益是贷款本金和利息，但这种现金流的回收周期较长，而放贷资金大多来源于短期资金，存在期限错配问题，使相关银行面临流动性风险、利率变动风险、信用风险等。解决这类风险的一种方法，是将期限较长、流动性较低的贷款进行证券化，尽快收回放贷资金，将风险转移给ABS产品的投资者，同时把收益权让渡给他们。

（三）现金流结构分析

由于基础资产产生的现金流，在期限和流量上的不同特征会直接影响以其为基础的证券的期限和本息的偿付特征。因此，在设计ABS产品时，首先必须对基础资产的现金流进行分析。在此基础上，才能够设计出既符合基础资产的现金流特征，又能满足市场投资者需求的ABS产品。

二、资产重组原理

资产重组是指通过一定的方式和手段，将资产进行重新配置和组合。而在资产证券化业务中，资产重组原理的核心就是通过资产重新配置和组合来实现资产收益的重组和分割，其方式通常表现为构建一个合适的资产池，资产重组应当达到四个要求。

1）最佳化。通过资产重组使基础资产的收益达到最佳水平，进而使发行证券的价值最佳化。

2）均衡。资产重组应当在原持有人、投资者等利益相关者之间进行利益协调，减少证券发行的阻力，以达到各利益相关者利益均衡的目的。

3）成本最低。资产重组的操作成本应当尽可能低，以达到成本最低化的目的。

4）优化配置。根据边际收益递减规律，当边际收益与边际成本相等，在产出不变的情况下，各种资产相互组合或者替代不能够导致成本进一步降低的状态就是最优化配置的状态，资产投入的收益即达到最优状态。因此，资产重组不仅要提高资产利用效率，还要实现资源配置最优化，以促进可持续性发展。

资产重组是以达到发行证券价值最佳化、各利益相关者利益均衡化、资产重组操作成本最低化、资源配置最优化为目的的。

三、风险隔离原理

风险隔离的核心是将 ABS 产品中的基础资产与其他资产的风险进行隔离，目的是降低投资者的风险，提高资产运营效率。

风险隔离把发起人的破产风险有效隔离起来，使投资者的风险只限于资产证券化的资产组合中，不必是资产原始所有人面临的所有风险，从而降低了投资者的投资风险程度，提高了 ABS 产品的投资吸引力。

风险隔离原理大致可以从两个方面入手：①将基础资产原始持有人不愿意承担的风险，转移给那些愿意承担风险的投资者身上；②ABS 产品的投资者只需要承担自身能力和意愿范围内的风险，并非基础资产的所有风险。

实现风险隔离有两个重要条件：①真实出售；②设立破产隔离的 SPV。

（一）真实出售

对于真实出售的判断，主要包括资产转移时和资产转移后两个方面。

(1) 资产转移时的真实出售

首先，发起人在签订资产转移合同时是基于真实意思表示，且要满足合同有效的其他几个构成要件，即资产转移合同有效；如果发起人是基于虚假意思表示而签订的资产转移合同，仅在形式上贴上资产出售的标签，则不能视为真实出售。其次，被转移的相关资产应当以确定的方式出售给 SPV，且出售价格是公允的。由于资产证券化中还包含中介机构服务费用、相关管理费用、债务人违约风险等，因此，资产转移给 SPV 时通常是以折扣方式出售，应当充分考虑各种费用因素，确定一个公允的转移价格。在我国，拥有资产权益的人才能根据自身意愿处置自己的资产，他人无权干涉。

(2) 资产转移后的真实出售

首先，需要判断资产转移后发起人是否具备追索权。一般情况下，在不考虑其他因素时，如果资产转移后发起人不具备追索权，则可认为这是符合真实出售条件的；而在存在追索权的情况下除非是发起人的追索权没有超过以资产的历史记录为基础合理预期的资产违约率，则认为这个追索权是适度的，仍可构成真实出售。其次，如果发起人在资产转移后仍然享有收益和损失，即在资产获得收益时，发起人相应的获取利润分配，在资产发生损失时，发起人进行相应的亏损弥补，这种情况则较难达到真实出售的条件。最后，当发起人担任基础资产管理的服务商时，需要确保发起人放弃了对基础资产的控制，不得存在基础资产与发起人其他资产混同的风险，因此，需要确保 SPV 对收款账户有绝对控制权，具体体现为 SPV 拥有对所购买资产的账簿、会计记录、计算机数据资料的所有权，且 SPV 有权利随时更换服务商。

（二）设立破产隔离的 SPV

SPV 本身应当是破产隔离的，才能够确保资产证券化能够实现风险隔离。而 SPV 的破产风险来源于 SPV 的自愿破产和强制破产，因此，要实现 SPV 的破产隔离，则需要制约 SPV 自愿破产和强制破产。

1）SPV 自愿破产的制约，主要是针对 SPV 的治理结构、公司章程等条款进行相关处理，比如当 SPV 被发起人控制时，应当要求 SPV 必须具备 1 名以上独立董事；又或者在公司章程中规定，除非出现资不抵债的状况，否则自愿破产的申请应当经过全体董事的同意；又或者通过股东大会一定比例的表决通过。

2）SPV 强制破产的制约，是指在公司章程中将经营范围限定于资产证券化业务，从而避免其他类型业务的索偿权带来的破产风险；或者限制非证券化业务的担保和负债。

简而言之，设立破产隔离的 SPV，其目的是避免 SPV 机构的业务中涉及与资产证券化相关业务以外的业务，并尽可能降低与之无关的破产风险，从而实现破产隔离。

四、信用增级原理

在资产证券化的现实业务运作中，大多数资产证券化都会包含信用增级，否则证券投资者可能会需要承担流动性风险（即基础资产的现金流无法在预定时间内达到目标金额而产生的风险）。此时，如果通过风险补偿的方式来弥补投资者的损失，会提高证券发行人的成本，但通过信用增级，既可以获取信用和流动性的支持，又可以降低证券发行成本。

信用增级原理是指通过信用增级的方式来保证和提高证券的信用级别，增加金融资产组合的市场价值。首先，信用增级可以弥补发行者提供的条款与投资者需要的条款之间的差距，由于在资产证券化业务中，投资者的多元化需求与基础资产的信用条件难以完全吻合，为了吸引投资者并降低发行成本，需要对发行的 ABS 产品进行信用增级处理，进而提高证券的信用级别，缩小与投资者需求之间的差距，使得证券的质量和现金流能够更好地满足投资者需求，同时能够使资产证券化过程在会计制度、监管和融资目标方面达到初始目标；此外，信用增级后的证券，由于信用等级得到提升，增强了证券的流动性和安全性，有助于证券发售，如果对 ABS 产品不进行信用增级，可能会导致投资者需要承担一定的流动性风险，从而降低投资意愿，使得发起人无法筹集足够资金。

第三节 资产证券化流程

资产证券化一般按照以下流程进行运作：确定基础资产并构建资产池、设立特殊目的载体（SPV）、资产转移、信用增级、信用评级、发行与销售、取得收入、资产池管理、清偿证券，如图 2-1 所示。

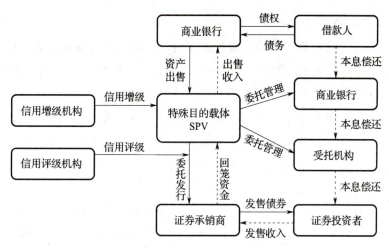

图 2-1 资产证券化基本流程

一、确定基础资产并组建资产池

发起人要在自身融资需求的基础上明确将要进行证券化的资产，必要时可将多种相似资产剥离，整合组建资产池。入池资产需要具有以下特征：①资产带来的现金流是比较稳定的；②资产现金流的分布在时间上比较均匀；③资产容易变现；④原始债务人具有相对稳定的低拖欠率和低违约率记录。

在图 2-1 中，发起人是商业银行，将对借款人的债权作为基础资产，构建抵押资产池，以此为基础发行证券化产品。

二、设立特殊目的载体

特殊目的载体（SPV）是专门为资产证券化而设立的特别法律实体，介于发起人与投资者之间，是 ABS 产品的真正发行人，确保能够实现基础资产与发起人之间的破产隔离。SPV 是基础资产的购买者和权力支配人，也是 ABS 产品的合法发行人，承担着确保证券按合同约定偿本付息的责任。此外，SPV 还需要根据基础资产的性质、发起人的融资需求以及投资者的意愿，确定相关 ABS 产品的种类、价格，以及委托担保机构对证券进行信用增级，SPV 机构在资产证券化业务中起到核心作用。

首先，基础资产需要从原始权益人转移到专门设立的 SPV，一旦购买了发起人的基础资产，就需要签订相关的买卖合约，确保拥有标的资产的所有权利，且必须是以"真实出售"的形式进行，以确保符合资产证券化的"风险隔离原理"。

SPV 可以是由资产证券化发起人设立的附属机构，也可以是专门进行资产证券化的机构，其形式也多种多样，主要包括特殊目的信托（SPT）、特殊目的公司（SPC）以及有限合伙企业。

（一）特殊目的信托（SPT）

在 SPT 方式下，资产转移是通过信托来实现的，即发起人将基础资产信托给作为受托人的 SPT，成立信托关系，由 SPT 作为资产支持证券的发行人，发行代表对基础资产享有权利的信托受益凭证。在这个信托关系中，委托人是发起人，SPV 是法定的营业受托人（即有相关经营信托业务资格的机构和个人）；信托资产作为基础资产；受益人是受益凭证的持有人。在 SPT 方式下，发起人将基础资产信托给 SPT 后，信托资产此时就会独立于委托人，即发起人的债权人不能够再对已交付信托的基础资产主张债权，从而实现了基础资产与发起人其他资产的破产隔离。

SPT 方式的具体运作流程是：①发起人与受托人 SPT 签订信托合同，将基础资产设立为信托资产，SPT 向发起人发放以信托资产的现金流为支持的信托受益凭证；②发起人向投资者出售信托受益凭证，信托受益凭证的购买者能够成为信托资产的受益人，具有获取信托资产产生的现金流的权利；③服务商负责归集现金流，并管理、经营和处置证券化基础资产，将现金收入存入受托人指定的账户中；④信托资产产生的现金流按照信托收益凭证规定的方式分配给投资者；⑤信托受益凭证可以在约定的交易市场中进行流通和交易。

（二）特殊目的公司（SPC）

在 SPC 方式下，专门设立作为资产证券化 SPV 的公司 SPC，发起人将基础资产以出售的形式转移给 SPC，SPC 以基础资产为支持向投资者发行证券。由于发起人已经将基础资产出售给 SPC，此时这个资产的所有权就属于 SPC 了，发起人的债权人无法再对这个基础资产主张债权，从而实现基础资产与发起人其他资产的破产隔离。

SPC 方式实施资产证券化，具体又可以分为"独立公司模式"和"子公司模式"。

在独立公司模式下，发起人把基础资产真实出售给与自己没有控股权关系的 SPC，SPC 购买后，以此基础资产组合作为抵押资产池，发行抵押支持证券，使其离开发起人的资产负债表，实现破产隔离。

在子公司模式下，发起人成立全资或控股子公司作为 SPC，然后把资产真实出售给 SPC。同时，SPC 不但可以购买母公司的资产，还可以购买第三方的资产。SPC 将购入的基础资产组成抵押资产池，并以此为依据发行抵押支持证券。由于 SPC 是发起人设立的子公司，这笔购入的资产最终要体现在母公司的合并资产负债表上，但是由于母公司和子公司都具备独立的法人地位，独立承担债务，且彼此之间的破产是相互独立的。因此，虽然已出售的资产仍然会体现在集团的合并财务报表上，但同样实现了破产隔离。

三、资产转移

发起人将基础资产或资产组合转移给 SPV，且该转让行为必须构成真实出售，以实现基础资产与发起人之间的破产隔离，确保发起人的其他债权人在发起人破产时对基础资产无追索权，同时，在发起人将基础资产转移给 SPV 的过程中，会涉及许多法律、税收和会计处理的问题。在图 2-1 中，发起人（商业银行）将资产出售给特殊目的机构（SPV），在出售的过程中，商业银行的这笔资产出售行为需要满足真实出售资产的定义。

真实出售资产包括两个方面：①基础资产需要完全转移到 SPV 中，这既保证了发起人的债券对已转移的基础资产没有追索权，也保障了 SPV 的债权人对发起人的其他资产没有追索权；②资产控制权已转移到 SPV，并在发起人的资产负债表中剔除，使资产证券化成为表外融资的一种方式。

四、信用增级

在资产证券化中，基础资产的信用条件各不相同，难以满足所有投资者的需求，为吸引投资者并降低融资成本，需要对 ABS 产品进行信用增级，提高发行证券的信用级别。信用增级机构一般包括政府机构、保险公司、金融担保公司、银行、大型企业的财务公司等。

信用增级不仅可以缩小基础资产信用等级与投资者需求之间的差距，提高证券的信用质量，更好地满足投资者在"偿付的时间性和确定性"等各方面的需求；还可以满足发行人在会计制度、监管规定和融资目标方面的需求。

信用增级可分为外部信用增级和内部信用增级。外部信用增级主要是通过担保，内部信用增级包括超额抵押、建立利差账户、划分优先/次级结构。

（一）外部信用增级

外部信用增级的方式主要包括专业保险公司提供保险、企业担保、信用证和现金抵押账户。

1. 专业保险公司提供保险

在外部信用增级中，最简单的形式就是专业保险公司提供的保险，这类保险公司需要为每笔投保的交易保留一定的资本用以保护投资者。如果一个经过证券化产生的证券被评为了 AAA 级别，则该专业保险公司能够担保投资者及时地得到全部利息和本金。但是需要注意的是，专业保险公司通常只会为信用等级为 BBB 以上的交易提供保险。

2. 企业担保

企业担保是指企业保证具有完全追索权的债券持有人能够免受损失。企业担保，既可以针对整个交易业务，也可以针对交易结构中某个具体档次。在许多证券化业务中，发行人会为某些较低信用级别的证券提供担保，而与专业保险不同的是，企业担保能够为信用等级为 BBB 以下的证券提供担保。

3. 信用证

信用证是指由金融机构发行的保险单，在信用证的保护下，金融机构必须在证券发生损失时弥补一定金额。

4. 现金抵押账户

现金抵押账户是在信用卡应收款中常用的信用增级形式，主要是向发行信托机构提供的、投资于某些短期合格投资的贷款，贷款金额可以通过交易中获得的额外利差来偿还，所有由现金抵押账户担保的损失都将由账户中的收入来弥补。

大多数的外部信用增级工具，都会面临信用增级提供者信用等级下降的风险。比如，专业保险公司提供保险、企业担保、信用证这三种信用增级方式，都会受到信用增级提供者的自身信用等级的限制，没法达到比自身信用等级更高级别的评级，因此证券的信用评级直接受信用等级提供者信用品质的影响，但是现金抵押账户就不会受到担保人的影响。

（二）内部信用增级

内部信用增级能够避免上述外部信用增级带来的风险，因为它的信用增级是由基础资产的现金流所提供的，内部信用增级的方式主要包括建立优先/次级档次、超额抵押和利差账户。

1. 建立优先/次级档次

优先/次级结构，就是将证券划分为不同信用档次，不同档次的偿还顺序可以是按比例偿还，也可以是将损失按优先/次级档的分配顺序来偿还，是最常用的内部信用增级手段。

2. 超额抵押

超额抵押也是常用的内部信用增级方式，超额抵押的信用增级机构利用了超额利差来支付债券本金，超额利差是在支付了所有费用和债券本金和利息之后的金额，这种支付结构也被称为涡轮结构，加速了债券本金的偿还，从而为损失建立了一个超额抵押的缓冲。

3. 利差账户

与超额抵押的结构类似，通过交易中的额外利差，利差账户的金额会上升至由评级机构确定的预先决定的水平。与超额抵押结构不同，额外利差是以现金形式在账户中积累起来，并且以某些短期合格投资的形式进行再投资的。

在实际的资产证券化业务中，大多数发行人都是将内部信用增级和外部信用增级结合起来使用的，这大大提高了证券化产品的融资效率。

五、信用评级

信用评级主要由评级机构完成，比如著名的评级机构有标准普尔、穆迪、菲奇等，信用级别通常包括 AAA、AA、A、BBB 等。评级行为通常分为初次评级和发行评级，初次评级可帮助内部确定信用增级水平，以达到目标信用等级；而发行评级则是信用增级后由评级机构通过审查各种合同和文件的合法性及有效性，以此为基础进行的正式评级，面向投资者公布。信用等级越高，证券风险越低，融资成本也会越低。

评级机构通常会寻求资产证券化业务中向凭证持有人承诺付款的强度，为确保凭证持有人获得足额付款所需要的信用增级，它们为每一个评级水平都设计了不同程度的保证水平要求。比如，AAA级证券要求最高水平的承诺付款凭证，而评级越低的证券，所需的保证水平也相应越低。总之，在抵押证券和资产担保证券交易中，评级机构将用丧失赎回权频率和损失严重性的乘积预测，作为损失保护数量。丧失赎回权频率是指交易期间将会违约的贷款的百分比；损失严重性则是指交易经历的损失，包括任何由于丧失赎回权或以贷款等其他方式出售而没有收回来的贷款数量、清算的全部承包和借款人没有支付的应计利息。评级机构将会为不同的评级水平建立不同水平的丧失赎回权频率和损失严重性。

评级机构首先会给发起人和服务机构一个总体看法，然后将要出售的基础资产进行深入研究。比如，如果基础资产是抵押贷款，则会综合分析每一笔贷款的地区分散性、财产类型、贷款类型、贷款目的、抵押保险的状态和所有人的占用时间。评级机构会对抵押池中的贷款特征做一个权衡，以决定最终的信用评级。

在证券评级后，评级机构还需要定期进行跟踪监督，结合经济形势、发起人和证券发行人的信用情况、基础资产债务的履约情况、信用增级情况以及提供信用增级机构的财务状况等因素的变化，对ABS产品的信用级别进行调整，对外公布相关的监督报告。这也是提高证券吸引力和安全度的一个重要因素。

六、发行与销售

证券发售由证券承销商负责，发售方式有公募发售和私募发售两种。资产支持证券的发售主要由机构投资者进行认购。承销商将经过信用评级后的ABS产品通过路演、网下询价等方式吸引投资者购买，由于这些ABS产品一般都是高收益、低风险的证券，因此主要是由保险公司、证券投资基金和银行等购买。

七、取得收入

证券承销商将发行资产支持证券筹集得来的资金交付给SPV。这笔筹集得来的资金将由SPV首先用于支付专业中介机构的服务费用，然后按照事先约定的价格向发起人支付购买基础资产的价款。

八、资产池管理

为了保证基础资产现金流的回收，SPV需要聘请专业的中介机构服务商来管理资产池，不会直接管理基础资产。由于发起人对基础资产的了解程度较深，与债务人联系紧密，且具有管理基础资产的技术和人力，因此，资产池的管理一般由发起人承担。如果不由发起人来承担资产池的管理，发起人需要将与基础资产有关的所有资料都移交给负责相应管理工作的中介机构服务商。这类专业机构服务商的职责包括但不限于以下几方面：①需要负责收取基础资产债务人每月偿还的本金和利息，将其存入 SPV 的收款账户，按照合同约定的期限向投资者偿本付息，以及向相关的中介机构支付专业服务费用；②需要负责督促债务人偿还债务，并针对债务人违约的情况设计且实施相应的补救措施；③专业服务机构还需要管理与资产证券化产品相关的税务和保险事项，确保产品符合监管要求且采用保险手段来对冲相关基础资产风险；④需要负责对账户资金进行良好的管理，以实现资产保值增值。

九、清偿证券

SPV 需要按照证券发行说明书的约定，向投资者按时、足额支付利息和本金，一般情况下是利息定期支付，而本金的偿还日期和顺序则因基础资产和所发行证券的偿还安排的不同而异。

如果偿付完毕后，资产池仍有剩余资金，SPV 需要将剩余资金归还给发起人，到此为止，资产证券化业务的整个流程就结束了。

第四节　抵押担保证券现金流分析

抵押担保证券以债券发行人的部分财产作为抵押担保，降低了违约风险带来的损失。在我国市场中，债券的票面面值规定为 100 或 1000，因此，发行人在确定发行期限和票面利率的同时，会根据不同的票面利率和期限来进行现金流分析，从而确定最终的票面利率与期限；而投资者在对抵押债券进行投资时，一方面会考虑抵押物的价值和变现能力，另一方面则会通过现金流分析来对债券进行估值，从而做出相应的投资决策。因此，抵押担保债券的现金流分析是债券发行过程中至关重要的一个环节，它影响到债券发行成本、筹得资金规模以及投资者的预期收益。

抵押担保证券现值应该是每期还款额的贴现值加总。用 n 表示抵押担保证券的还款期数，MP_t 表示第 t 期还款额，r_t 表示第 t 期利率，MB_0 表示债券现值，则有

$$MB_0 = \sum_{t=1}^{n} \frac{MP_t}{(1+r_t)^t} \quad (2-1)$$

因为抵押担保证券的每期利率都是固定不变的，记为 i，所以式（2-1）可以变为

$$MB_0 = \sum_{t=1}^{n} \frac{MP_t}{(1+i)^t} \quad (2-2)$$

式中，$1/(1+i)^t$ 是第 t 期贴现率。

一、固定利率抵押支付

传统的抵押担保证券是以固定利率抵押支付的形式计算每期还款额，这也是不动产融资最常用的摊还方式，其还款方式是将贷款本息在贷款期间内均匀分摊，使得每期的偿付额相同。此种贷款后每期按固定金额偿付本金及利息。

固定利率抵押支付具有特定的分期付款期限，贷款期内每期偿还金额固定不变（即MP_t是一个不变的数，始终相等，记为MP），其中包含本金和利息。虽然每期偿还金额相等，但本金和利息的相对比例却不断在发生变化，在偿还贷款的初期，利息所占实际偿还金额的比例较大。随着偿还期数的增加，未偿还的本金金额会逐步减少，利息所占比例也会逐渐降低。固定利率抵押支付属于年金性质，对借款人而言，较易掌控其资金调度。

如果抵押贷款采用固定利率抵押支付方式按月还款，那么每月还款额的构成是由两部分组成的：一是利息部分，以抵押贷款的年利率除以12，再乘以上月未偿还的本金余额；二是本金部分，由固定还款额减去利息。

由式（2-2）可得，采用固定利率抵押支付方式按月还款的抵押债券现值为

$$MB_0 = \sum_{t=1}^{n} \frac{MP}{(1+i)^t} = MP \sum_{t=1}^{n} \frac{1}{(1+i)^t} = MP \left[\frac{(1+i)^n - 1}{i(1+i)^n} \right] \qquad (2-3)$$

因此，采用固定利率抵押支付方式按月还款的每期还款额是

$$MP = MB_0 \left[\frac{i(1+i)^n}{(1+i)^n - 1} \right] \qquad (2-4)$$

由于抵押担保证券的还款过程可以看作针对年金的求现值过程，因此可以将式（2-3）中等号右端的分数称为年金现值系数，记为PA，即

$$PA = \left[\frac{(1+i)^n - 1}{i(1+i)^n} \right] \qquad (2-5)$$

为了更好地理解抵押担保证券的现金流分析，我们通过一个具体案例来进行详解。

【案例2-1】A公司在2023年9月以多套自有房地产作为抵押物，向投资者发行了1年期、面值为100的抵押担保债券，票面年利率为9%，总计筹集了10万资金，债券以固定利率抵押支付方式偿还，在付款期限内每个月偿还固定金额。A公司发行的这个抵押担保债券，未来的现金流偿付计划是什么样的？

【案例分析】A公司发行的抵押担保债券采用固定利率抵押支付方式，以月为单位进行偿还，由于债券期限为1年，本金为10万元，票面年利率为9%，所以月利率i为0.75%。由式（2-4）计算得出，每期应偿还的固定金额为8745.15元，因此，每期偿付

的本金和利息分别是

$$每月偿付利息金额 = 剩余本金 \times 0.75\%$$

$$每月偿付本金金额 = 每月偿付本金和利息之和 - 每月偿付利息金额$$

第一年的现金流偿付情况见表2-1。

表2-1 A公司固定利率抵押支付现金流分析　　　　　　　　　（单位：元）

月份	期初剩余本金	本期偿还金额	本期偿还利息	本期偿还本金
1	100 000.00	8745.15	750.00	7995.15
2	92 004.85	8745.15	690.04	8055.11
3	83 949.74	8745.15	629.62	8115.53
4	75 834.21	8745.15	568.76	8176.39
5	67 657.82	8745.15	507.43	8237.72
6	59 420.10	8745.15	445.65	8299.50
7	51 120.60	8745.15	383.40	8361.75
8	42 758.85	8745.15	320.69	8424.46
9	34 334.39	8745.15	257.51	8487.64
10	25 846.75	8745.15	193.85	8551.30
11	17 295.45	8745.15	129.72	8615.43
12	8680.02	8745.15	65.10	8680.05
合计		104 941.8	4941.77	100 000.03

根据表2-1，我们可以看到，每期偿还金额中利息部分所占比例不断下降，而偿还本金的比例则在不断上升，同时本金余额随着支付期数的累积而逐步减少，在最后一笔还款支付完毕后，本金余额为零。

二、计算提前偿付利率

提前偿付率是指超额偿还部分占月初本金余额的比重，对超额偿还部分通常以月为单位进行衡量，但最终呈现的提前偿付利率是年化利率。

提前偿付率主要包括两个常用指标：单月提前偿付率（SMM）和持续提前偿付率（CPR）。

（一）单月提前偿付率

单月提前偿付率（SMM）是计算提前偿付率最基本的指标，于1977年由美国第一波士顿银行提出，也是其他提前偿付指标的计算基础。

在发生提前还款的月份，SMM表现的是月初抵押池余额的一定百分比，具体可表现为当月实际提前偿付额减去当月计划偿付本息后的差额，占前一个月的未偿还本金余额

减去当月计划偿还本金余额的差额的一个百分比。具体的计算公式为

$$SMM = \frac{当月实际偿还本息金额 - 当月计划偿还本息金额}{月初未偿还本金余额 - 当月计划偿还本金余额} \times 100\% \quad (2-6)$$

若 SMM 等于 $\alpha\%$，则意味着本月有当月计划偿还本金余额的 $\alpha\%$ 的本息被提前偿还。为了清晰地理解提前偿付率，我们通过一个具体案例来进行详解。

【案例 2-2】C 银行在 2022 年发行了以 A 公司的一组房地产贷款作为基础资产的 1 年期住房抵押贷款证券，票面利率为 6%，共计筹集金额 70 万元，采用固定利率的偿还方式，每月偿还固定金额 60 246.5 元。由于 A 公司前三个季度的利润大增，决定在第 10 个月份时偿还 70 000 元，高于原先计划的偿付金额。A 公司的提前偿付行为会带来什么影响？

【案例分析】根据案例提供的相关数据，可以获得 A 公司发行该住房抵押贷款证券时的预定偿付计划，见表 2-2。

由于 A 公司在第 10 个月时偿还 70 000 元，高于偿付计划中的 60 246.5 元，发生了提前支付行为。结合表 2-2 中的偿付计划和式（2-6），可以计算得出此次提前偿付行为的提前支付率为

$$SMM = \frac{70\,000 - 60\,246.5}{178\,947.1 - 59\,351.8} \times 100\% = 8.16\%$$

根据计算得出，A 公司在第 10 个月的提前偿付行为的单月提前偿付率为 8.16%。

表 2-2　A 公司 1 年期住房抵押贷款支持证券的现金流分析　　　　　　　　（单位：元）

月份	期初剩余本金	本期偿还金额	本期偿还利息	本期偿还本金
1	700 000.0	60 246.5	3500.0	56 746.5
2	643 253.5	60 246.5	3216.3	57 030.2
3	586 223.3	60 246.5	2931.1	57 315.4
4	528 907.9	60 246.5	2644.5	57 602.0
5	471 305.9	60 246.5	2356.5	57 890.0
6	413 415.9	60 246.5	2067.1	58 179.4
7	355 236.5	60 246.5	1776.2	58 470.3
8	296 766.2	60 246.5	1483.8	58 762.7
9	238 003.5	60 246.5	1190.0	59 056.5
10	178 947.1	60 246.5	894.7	59 351.8
11	119 595.3	60 246.5	598.0	59 648.5
12	59 946.8	60 246.5	299.7	59 946.8
合计	4 591 601.9	722 958.0	22 958.0	700 000.0

（二）持续提前偿付率

持续提前偿付率（CPR）是用以计算提前偿付率的常用指标，是以年为单位将 SMM 进行转化的指标，相当于是以年化利率表示的 SMM。转换公式如下：

$$1 - CPR = (1 - SMM)^{12} \qquad (2-7)$$

根据案例 2-2 计算得出的 SMM，结合式（2-7），可以计算得到 A 公司此次提前偿付行为的持续提前偿付率（CPR）：

$$CPR = 1 - (1 - SMM)^{12} = 63.97\%$$

因此，A 公司此次提前偿付行为的持续提前偿付率是 63.97%。

三、提前支付期权

机构可以向外发行一种提前支付期权，购买这种期权合约的借款人具有在合同到期前一个月提前偿付借款的权利；而没有购买提前支付期权合约的则不允许提前偿付，从而将资金借入方对提前偿付风险的防范由被动转为主动。

下面我们通过一个具体案例来对提前支付期权进行介绍。

> 【案例 2-3】B 公司在 2019 年以多宗商业用地土地使用权作为抵押物，向投资者发行了 1 年期、面值为 100、票面年利率为 8% 的债券，总计筹集了 15 万资金，债券以固定利率抵押支付方式偿还，在付款期限内每个月偿还固定金额。同时 B 公司发行了提前支付期权，期权费为 1000 元。B 公司提供提前支付期权的目的是什么？

【案例分析】在案例 2-3 中，债券采用固定利率抵押支付方式以月为单位进行偿还，由于票面年利率为 8%，因此其月利率为 $i = 0.67\%$，另外，债券现值是 15 万元，据此可以根据式（2-4）计算得出每期偿还金额、每期应偿还的本金和利息。

$$每期偿还金额(MP) = \frac{债券现值}{PA} = 150\,000 \times \frac{0.08(1+0.08)^{12}}{(1+0.08)^{12}-1} = 13\,048.3 \text{（元）}$$

因此

$$每月偿付利息金额 = 剩余本金 \times 0.67\%$$
$$每月偿付本金金额 = 每月偿付本金和利息之和 - 每月偿付利息金额$$

基于此，在考虑购买提前支付期权时的现金流偿付情况见表 2-3，投资者未购买提前支付期权时的现金流偿付情况见表 2-4。

表2-3　B公司行权提前支付期权时的现金流分析　　　　　　　　　（单位：元）

月份	期初剩余本金	本期偿还金额	本期偿还利息	本期偿还本金
0	150 000.0	1000.0（期权费）		
1	150 000.0	13 048.3	1000.0	12 048.3
2	137 951.7	13 048.3	919.7	12 128.6
3	125 823.1	13 048.3	838.8	12 209.4
4	113 613.7	13 048.3	757.4	12 290.8
5	101 322.9	13 048.3	675.5	12 372.8
6	88 950.1	13 048.3	593.0	12 455.3
7	76 494.8	13 048.3	510.0	12 538.3
8	63 956.5	13 048.3	426.4	12 621.9
9	51 334.6	13 048.3	342.2	12 706.0
10	38 628.6	38 628.6	0.0	38 628.6
总计		157 063.0	6063.0	150 000.0

表2-4　B公司未购买提前支付期权时的现金流分析　　　　　　　　（单位：元）

月份	期初剩余本金	本期偿还金额	本期偿还利息	本期偿还本金
1	150 000.0	13 048.3	1000.0	12 048.3
2	137 951.7	13 048.3	919.7	12 128.6
3	125 823.1	13 048.3	838.8	12 209.4
4	113 613.7	13 048.3	757.4	12 290.8
5	101 322.9	13 048.3	675.5	12 372.8
6	88 950.1	13 048.3	593.0	12 455.3
7	76 494.8	13 048.3	510.0	12 538.3
8	63 956.5	13 048.3	426.4	12 621.9
9	51 334.6	13 048.3	342.2	12 706.0
10	38 628.6	13 048.3	257.5	12 790.7
11	25 837.9	13 048.3	172.3	12 876.0
12	12 961.9	13 048.3	86.4	12 961.9
合计		156 579.2	6579.2	150 000.0

对比表2-3和表2-4可以看到，在购买了提前支付期权并行权时，发行人的总偿付金额是低于未购买提前支付期权并行权时的，当提前支付时，由于投资者收取了提前支付期权费，从而使得最终偿付金额会大于不行使提前支付期权时的金额，这也印证了通过行使提前支付期权可以用于规避提前偿付风险，避免自身收益降低。

第五节 提前偿付风险分析

资产风险来源于不确定性，根据收益与风险匹配原则，收益越大，风险也会越大。ABS 产品的风险性质与固定收益证券类似，其风险来源于基础资产的信用风险和交易结构的证券化风险。无论是发行人还是投资者，都需要在参与资产证券化活动时考虑风险因素。任何资金运动都是以风险为首要考虑因素，资产证券化也不例外。对于 ABS 产品来说，最为人所关注的就是提前偿付风险，该风险主要是从投资者的角度进行考虑，为投资者的决策提供参考依据。

一、提前偿付的原因及其影响

提前偿付是指在总偿付金额不变的情况下，当借款人因种种原因在贷款到期以前，偿还部分或全部借款；或者借款人破产后其资产被拍卖偿债，从而造成贷款者的现金流量发生非预期性变化，到期信贷计划遭到破坏；或者每个还款期内的实际偿付金额大于计划偿付金额，超出部分将比原计划更快地用来清偿以此基础资产为基础发行的证券待偿金额，从而导致提前偿付的风险。提前偿付会使债权人的库存现金增加，从而使债权人整体资产的流动性超过利润最大化和风险防范的需求，造成预期收益的降低，且由于市场利率不断在发生变化，提前偿付还容易使债权人面临再投资的风险，因此，提前偿付是资产证券化过程中不可忽视的风险之一。

提前偿付的主要原因包括基础资产的转让、再融资、违约和部分提前偿付。

（一）基础资产的转让

基础资产的原始持有人会基于自身发展需求、外部经济总体状况、行业发展状况等因素考虑，将资产控制权转移给第三方，从而发生提前偿付行为。以住房抵押贷款为例，搬迁、换房等都会导致借款人出售用于抵押的住宅，将出售所得用于偿还发行证券筹集的资金，从而发生提前偿付行为；以汽车贷款为例，汽车的升级和出售都有可能导致借款人的转手行为，从而导致贷款的提前偿付。

（二）再融资

借款人的融资行为很多情况下是受到市场利率驱动的，借款人倾向于用低利率的新贷款去偿还原先高利率的贷款，相当于原来的贷款被"再融资"。再融资对投资者有不利影响，由于再融资行为通常发生在市场利率下行的时期，而这种提前偿付行为会导致投资者不得不以较低的利率进行再投资，减少了预期收益。

(三) 违约

由违约导致的提前偿付看起来似乎难以理解，但实际上当借款人发生违约行为时，抵押池中的资产会被行使抵押权用以清偿贷款，从而使贷款人提前收回资金。但是，从抵押权行使到资金回来之间具有一定的时间周期，无法立即清偿，从而给投资者造成了损失。

(四) 部分提前偿付

借款人为了加快获得抵押资产的权益而导致每期实际偿付的金额超过了计划偿付本息，从而构成提前偿付，部分提前偿付通常是全部提前偿付情况中较小的一部分。

二、提前偿付的现金流分析

由式 (2-3) 可知，资产证券化产品的证券现值为

$$证券现值 = MP \left[\frac{(1+i)^n - 1}{i(1+i)^n} \right] \quad (2-8)$$

式中，MP 表示每期偿付金额；n 表示还款期数；i 表示每期的偿还利率。

因此，每期偿付金额 MP 为

$$MP = 证券现值 \left[\frac{i(1+i)^n}{(1+i)^n - 1} \right] \quad (2-9)$$

下面通过一个具体案例来详解提前偿付的现金流分析。

【案例2-4】D公司于2023年以多笔个人住房抵押贷款作为抵押物，向投资者发行了1年期、票面面值为100的债券，票面年利率为5%，总计筹集了10万资金，债券以固定利率抵押支付方式偿还，在付款期限内每个月偿还固定金额。由于A公司生产经营需要，需要将住房抵押贷款用于出售，在第10个月时发生了提前偿付证券的行为，这种提前偿付行为会对D公司和投资者带来什么样的影响？

【案例分析】在案例2-4中，债券面值为100元，期限为1年，票面年利率为5%，按月还款，所以还款期数 $n=12$，每期的偿还利率为

$$i = 5\% \div 12 = 0.4167\%$$

由式 (2-9) 可知，每期偿付金额 MP 为

$$MP = 8560.7(元)$$

根据每期偿付金额，可以算出D公司1年期住房抵押贷款支持证券正常偿付时的现金流状况，见表2-5；以及在第10个月发生提前偿付时的现金流状况，见表2-6。

表 2-5　D 公司 1 年期住房抵押贷款支持证券正常偿付时的现金流分析　（单位：元）

月份	期初剩余本金	本期偿还金额	本期偿还利息	本期偿还本金
1	100 000.0	8560.7	416.7	8144.1
2	91 855.9	8560.7	382.7	8178.0
3	83 677.9	8560.7	348.7	8212.1
4	75 465.8	8560.7	314.4	8246.3
5	67 219.5	8560.7	280.1	8280.7
6	58 938.8	8560.7	245.6	8315.2
7	50 623.7	8560.7	210.9	8349.8
8	42 273.9	8560.7	176.1	8384.6
9	33 889.2	8560.7	141.2	8419.5
10	25 469.7	8560.7	106.1	8454.6
11	17 015.1	8560.7	70.9	8489.9
12	8525.2	8560.7	35.5	8525.2
合计		102 729.0	2729.0	100 000.0

表 2-6　第 10 个月发生提前偿付时的现金流分析　（单位：元）

月份	期初剩余本金	本期偿还金额	本期偿还利息	本期偿还本金
1	100 000.0	8560.7	416.7	8144.1
2	91 855.9	8560.7	382.7	8178.0
3	83 677.9	8560.7	348.7	8212.1
4	75 465.8	8560.7	314.4	8246.3
5	67 219.5	8560.7	280.1	8280.7
6	58 938.8	8560.7	245.6	8315.2
7	50 623.7	8560.7	210.9	8349.8
8	42 273.9	8560.7	176.1	8384.6
9	33 889.2	8560.7	141.2	8419.5
10	25 469.7	25 469.7	0.0	25 469.7
总计		102 516.4	2516.4	100 000.0

通过对比表 2-5 和表 2-6 我们可以看到，当发生提前偿付时，表 2-6 中提前偿付时的最终偿付金额会低于表 2-5 中未发生提前偿付时的金额。由此可见，证券发生提前偿付会使投资者的总收益减少，但 D 公司在融资过程中的总偿付金额相对降低了。

第六节　华能海上风电 ABS 产品设计

随着我国经济的高速发展，我国用电量逐年上升，发展水电、风电等绿色能源成为当务之急。与此同时，企业发展绿色能源又不得不面临融资难的困境。为破解绿色能源的融资难困境，电力企业 ABS 产品应运而生。

电力企业 ABS 产品不仅能解决电力企业发展过程中出现的诸多资金问题，还可以有效盘活资本市场，为资本市场注入新鲜血液。其中，电费收益 ABS 产品是一类最常用的电力企业 ABS 产品。

电费收益 ABS 产品是指以未来发电所产生的电费作为资产池，特殊目的载体（SPV）将其打包转化为金融产品并以相应价格出售给投资者。相较于传统的银行贷款和公司债，电费收益 ABS 产品的投资群体更为广泛，融资成本相对较低，发行规模无净资产和盈利指标限制，只与基础资产未来现金流有关，其发行证券的信用评级不受发行人信用限制。截至 2021 年 10 月末，我国共发行 43 单电费收益 ABS 产品，发行总金额共计 366.02 亿元，如图 2-2 所示。

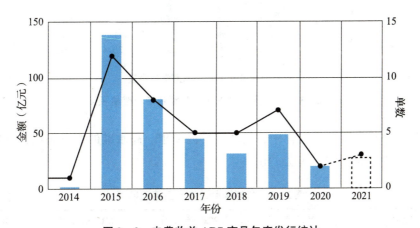

图 2-2　电费收益 ABS 产品年度发行统计

在已发行的电费收益 ABS 产品中，江苏省以 24.2% 的占比位居全国榜首。这是因为江苏省不仅用电需求位于全国前列，其高速发展的金融业也为电力企业的融资奠定坚实的基础。

华能海上风电 ABS 产品的基础资产为华能如东八仙角海上风力发电项目（以下简称如东项目）的电费收益，该项目属于华能如东八仙角海上风力发电有限责任公司（以下简称华能如东风电公司），其母公司为华能国际电力股份有限公司（以下简称华能国际）。

一、华能国际发展概况

电费收益 ABS 的发行主要包括原始权益人（即电力企业）、以未来电费收益权作为底层资产、专项计划及其他服务机构等多个主体。华能国际通过开展如东项目的电费收益 ABS，在一定程度上解决了华能国际在海上风力发电建设方面的融资难等相关问题。

从成立之初，华能国际电力股份有限公司一直是电力行业的龙头企业，也是整个电力系统的行业标杆。2020 年以来，公司严格按照"十四五"规划，大力发展绿色能源项目，推进煤电向绿色能源发电转型，做到了绿色能源的全面推进。预计 2025 年年末，公司可以实现风电装机 29GW（CAGR 为 29%）、光伏装机 26GW（CAGR 为 59.6%）的绿色能源发电目标，具体指标如图 2-3 所示。

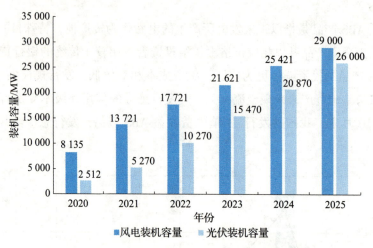

图 2-3 华能国际"十四五"绿色能源装机预测

华能国际在稳步转型的过程中，仍然保持高要求、高水准的服务态度，其财务报表和主要财务比率见表 2-7~表 2-10。

表 2-7 华能国际的资产负债表摘要　　　　　　　　　　（金额单位：亿元）

报告期	2021 年 6 月	2020 年 12 月	2019 年 12 月	2018 年 12 月
流动资产	718.16	661.38	607.75	617.99
固定资产	2451.88	2436.59	2405.50	2463.04
长期股权投资	225.25	222.25	206.16	193.70
资产总计	4481.97	4382.06	4135.97	4034.41
同比变动	5.43%	5.59%	2.52%	5.52%
流动负债	1439.80	1540.48	1416.20	1382.06
非流动负债	1610.22	1426.82	1546.87	1634.49
负债合计	3050.02	2967.30	2963.08	3016.55
同比变动	5.99%	0.14%	-1.77%	5.29%

(续)

报告期	2021年6月	2020年12月	2019年12月	2018年12月
股东权益	1431.95	1414.75	1172.89	1017.86
归属母公司股东的权益	1209.69	1216.99	985.59	832.35
同比变动	3.19%	23.43%	18.41%	9.99%
资本公积金	176.50	185.52	184.55	183.37
盈余公积金	81.86	81.86	81.86	81.86
未分配利润	316.30	312.48	307.08	308.02

表2-8 华能国际的利润表摘要　　　　　　　　　　　　　　　　（金额单位：亿元）

报告期	2021年6月	2020年12月	2019年12月	2018年12月
营业总收入	951.16	1694.39	1734.85	1698.61
同比变动	20.17%	-2.39%	2.13%	11.04%
营业总成本	903.17	1562.74	1654.50	1684.47
营业利润	63.45	96.28	46.39	36.48
同比变动	-30.02%	114.45%	27.15%	-7.63%
利润总额	63.26	88.14	48.13	34.36
同比变动	-30.88%	89.02%	40.06%	-3.86%
净利润	51.71	57.04	23.78	24.07
同比变动	-27.31%	155.98%	-1.23%	20.79%
研发支出	1.22	6.68	0.65	0.46
息税前利润	94.61	230.09	196.38	134.44
息税折摊前收益	201.21	438.62	401.37	332.97

表2-9 华能国际的现金流量表摘要　　　　　　　　　　　　　　　　（单位：亿元）

报告期	2021年6月	2020年12月	2019年12月	2018年12月
销售商品收到的现金	1042.39	1836.91	1913.79	1880.83
经营活动现金净流量	191.34	420.50	373.24	288.92
固定长期资产支付的现金	176.30	426.67	314.96	207.07
投资支付的现金	2.82	8.74	3.21	4.64
投资活动现金净流量	-170.85	-420.67	-290.34	-205.28
吸收投资收到的现金	10.40	266.13	159.98	89.71
取得借款收到的现金	823.09	1686.78	1202.98	1265.24
筹资活动现金净流量	-17.55	15.19	-113.28	-23.68
现金净增加额	3.68	7.63	-29.74	60.22
期末现金余额	136.26	132.58	124.43	154.18
折旧与摊销	108.32	213.03	204.99	198.52

表 2-10 华能国际的财务关键比率

报告期	2021 年 6 月	2020 年 12 月	2019 年 12 月	2018 年 12 月
ROE	4.32%	3.81%	1.37%	1.88%
ROA	1.17%	1.34%	0.58%	0.62%
ROIC	2.24%	3.11%	2.12%	2.81%
销售毛利率	13.28%	17.44%	14.59%	11.30%
销售净利率	5.44%	3.37%	1.37%	1.42%
息税前利润	10.99%	10.48%	8.83%	8.09%
资产负债率	68.05%	67.71%	71.64%	74.77%
资产周转率	0.21 倍	0.40 倍	0.42 倍	0.43 倍
每股收益	0.21 元	0.18 元	0.06 元	0.07 元

2021 年第一季度，随着来风条件较好及消纳条件的改善，华能国际的风力发电利用小时同比增长 85h，达到 642h。同时，华能国际新增投产风电机组 42 万 kW，风力发电净利润同比大幅增长，净利润为 14.6 亿元，风电装机计划有序推进。

目前华能国际在建的约 246 万 kW 的海上风电项目（补贴项目）正有序推进，这批机组将集中在 2024 年年底实现全容量并网。

二、华能海上风电 ABS 产品设计思路

构建 ABS 产品资产池时，需要遵循条理清晰、遵纪守法、符合相关文件规定、现金流稳定、真实出售和保证投资者权益的原则。

在构建产品资金流动相关环节时，应充分考虑过往历史经验，及时对相关信息进行披露，对未来现金流进行预测的同时需要考虑相对应的风险因素，将风险维持在一个可控水平的前提下保证公司融资效率最高及投资者收益最大化。

在对 ABS 产品风险进行分析时，需要从多角度对潜在风险进行剖析。在设计产品时，对潜在风险进行最大程度的规避，对不能规避的风险做到一定程度上的对冲，并提出相关改进建议。从根本上保护融资方和投资方双方的共同利益。

如东项目总装机容量为 30 万 kW，海上风机共有 70 台，其中 5MW 海上风机的大规模应用，在国内首次使用。该海上风电场开创性地采用"大孤岛"模式，配套建设了两座 110kV 海上升压站，成功实现了总长 31.5km 海缆的陆上耐压试验。项目于 2016 年 4 月正式开工建设，2019 年 1 月 30 日全部投产。项目年发电量可达 8.7 亿 kW·h，实际利用小时为 2914h，按照每千瓦时消耗 320g 标煤测算，减少排放 65.77 万 t 二氧化碳，等同于每年节省 23.7 万 t 标准煤。

华能海上风电 ABS 产品以发电电费收益作为基础资产，满足基础资产的准入标准，其现金流入稳定。华能海上风电 ABS 产品是以专项计划管理人为发起人，向各合作方汇集整理相关资料，通过投资者对 SPV 所发行的证券进行认购，支付原始权益人未来电费

收益所产生的现金流费用。同时，投资者可以从中获取稳定的投资收益，完成资产的保值增值。

结合电力行业现已发行的 ABS 产品、资产池的构建、未来电费收益现金流的预测、专项计划的设计、信用增级的措施、相关参数制定的原则，如东项目电费收益 ABS 的设计过程可以分为五个步骤。

1）参数设置。此次产品的目标投资者为金融机构，主要以国有银行为主。发行的 ABS 产品属于绿色债券，投资机构可以得到相应补助。发行规模根据公司目前在建项目工程或拟建项目工程的资金缺口来确定，发行期限由公司未来现金流与市场同类型主流产品的发行期限共同决定，并结合投资者的投资需求，为投资者提供多元化的选择。发行募集到的资金，主要用于公司在建项目工程及拟建项目工程的建设。此外，还需对产品结构、收益计算方式、票面利率等相关参数进行分析后确定。

2）构建产品的交易结构，提出信用增级措施。

3）通过对基础资产的历史数据进行数理分析，预测其发行期内的现金流，通过利用概率模型计算现金流的波动幅度来分析产品可能出现的损失情况，通过静态预测与压力测试相结合的方式对产品的收益和风险进行分析。

4）对产品各阶段现金流的流向及分配进行具体分析。

5）完成对专项计划的风险提示及防范措施。

三、华能海上风电 ABS 产品参与主体及相关参数设置

通过对如东项目电费 ABS 产品主体——华能国际的基本情况介绍，按照前述产品设计思路，对如东项目电费 ABS 产品的基本参数与主要指标进行设置。

1）产品名称。华能如东八仙角海上风力发电项目电费收益资产支持专项计划，简称"华能海上风电 ABS 产品"。

2）募资规模。华能如东海上风力发电公司严格按照母公司华能国际的战略安排，积极部署八仙角地区海上风电场的建设，截至 2021 年年末，公司主要拟建项目及资金来源情况见表 2-11。

表 2-11　华能如东海上风力发电公司拟建项目及资金来源

项目名称	计划投资金额	2022 年计划投入	资金来源
八仙角海上风电二期	55 亿元	17.5 亿元	自有资金及母公司支持/融资
八仙角海上风电三期	60 亿元	2.5 亿元	自有资金及母公司支持/融资

华能国际为积极开拓市场，满足客户用电需求，正在筹备如东八仙角海上风电二期与三期项目的开发。其中，二期项目预计 2022 年开工，资金主要用于设备的采购建设；三期项目预计 2023 年开工，2022 年的资金投入主要用于项目前期的勘察与准备。因此，华能国际 2022 年的拟建项目计划投入，共计 20 亿元，为此次专项计划的融资规模提供依据。

3）产品期限。华能海上风电 ABS 产品，发行日是 2022 年 1 月 1 日，分优先级和次级两档进行发行。

华能海上风电 ABS 优先级产品，将根据产品的现金流情况，结合同类型已发行的 ABS 产品以及电费收益的特有属性，通过三级（A1、A2、A3）进行发行。其中，A1、A2、A3 的产品期限分别为 36 个月、48 个月及 60 个月，发行规模均为 6.6 亿，到期日分别为 2024 年 12 月 31 日、2025 年 12 月 31 日及 2026 年 12 月 31 日。

华能海上风电 ABS 优先级产品的利息按半年偿付，本金偿还方式采用固定摊还方式。也就是说，华能海上风电 ABS 优先级产品的利息，按照专项计划规定的利率，每半年进行一次偿付，其本金则根据发行期数进行等额偿还。这种偿付模式，既可以与相应现金流进行匹配，又避免了专项计划账户内的资金闲置。

华能海上风电 ABS 次级产品的期限为 60 个月，预计到期日为 2027 年 6 月 30 日，发行规模为 0.2 亿元，不进行信用评级，无利息，全部由原始权益人持有。

综上，华能海上风电 ABS 产品的分级如图 2-4 所示。

4）产品票面利率。交易所 ABS 产品在正式发行之前，通常由承销机构对专项计划以簿记建档集中配售、路演直销、代理推广和投资者集合竞价的方式销售转向计划优先级证券，并以此确定发行价格及发行利率。

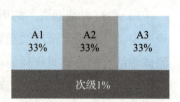

图 2-4 华能海上风电 ABS 产品的分级

通过对同类产品及市场利率的多角度分析，结合市场上同类型、同评级的 ABS 产品的到期收益率和企业债券到期收益率的相关性分析，可以给出华能海上风电 ABS 产品合理的票面利率。

2006 年—2021 年，中债企业债的到期收益率与资产支持证券的到期收益率曲线走势如图 2-5 所示。

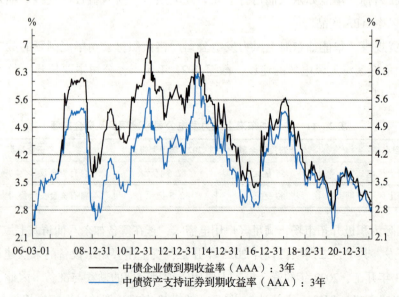

图 2-5 中债企业债的到期收益率与资产支持证券的到期收益率

华能海上风电 ABS 产品的发行日是 2022 年 1 月 1 日，当日 3 年期的中债企业债的到期收益率是 3.1%，3 年期的资产支持证券的到期收益率约为 3.3%。

在 ABS 产品设计的实务操作中，承销商通常会适当提高 ABS 产品的票面利率，通过高估利息费用来达到保守估计证券收益的目的。通常情况下，同期资产支持证券与企业债券收益率之间的差额集中在 10~30bp。

鉴于以上分析，华能海上风电 ABS 优先级 A1 产品的票面利率预计为 3.5%，优先级 A2 与 A3 产品的票面利率，可以通过对已发行的同类型、同评级 ABS 产品进行分析预测后设定，使其票面利率更符合市场当前需求。"金风绿 2016 - 1" 于 2016 年发行，其基础资产也是风电电费的未来收益，证券评级为 AAA，与华能海上风电 ABS 产品同类型、同评级，其票面利率及对应期限见表 2 - 12。

表 2 - 12　电力行业同类 ABS 产品的发行利率及预计年限

证券名称	利率类型	偿付频率	发行利率	预计年限（年）
G 金风绿 A	固定	半年付	3.40%	1
G 金风绿 B	固定	半年付	3.60%	2
G 金风绿 C	固定	半年付	3.80%	3
G 金风绿 D	固定	半年付	4.10%	4
G 金风绿 E	固定	半年付	4.30%	5
G 金风绿 F	—	半年付	—	5

通过对同类 ABS 产品的发行利率及预计年限进行分析可知，电费收益 ABS 产品的收益率随着年限上升，每年上涨约 20~30bp。

通过对市场及同类产品的分析，可以得出华能海上风电 ABS 优先级 A1 产品的票面利率预计为 3.5%，优先级 A2 产品的票面利率预计为 3.7%，优先级 A3 产品的票面利率为 3.9%。次级产品不预设票面利率。

5）产品面值。华能海上风电 ABS 的各档次产品面值均为 100 元。

6）产品数量。华能海上风电 ABS 产品的融资规模是 20 亿元，因此，产品发行数量为 20 000 000 份。其中，优先级产品数量为 19 800 000 份，次级产品数量为 2 000 000 份。

7）产品运营过程费用。华能如东海上风电场的质保期为十年，存续期内，项目仍处于质保期，大部分的运营维护所支出费用仍然是由主机厂负责。此外，参考市场上已发行的同类型、同评级专项计划的一般费用水平，华能如东专项计划运营过程中产生的其他费用，在支付完优先级证券本息之后，剩余由现金流支付。如果现金流余额不足以支付运营过程中产生的费用，不足部分由差额补足人（华能国际）承担。在存续期内，如果出现底层资产流动性不足的情况，则由流动性支持机构（华能国际）进行流动性支持。

8）产品收益分配方式。华能海上风电 ABS 产品所产生的现金流均按照约定寄存在指定的托管银行内，其间银行所产生的利息归原始权益人所有。

9）产品推广及发行对象。产品推广由承销机构通过路演的方式向投资人介绍专项计划。华能海上风电 ABS 产品的发行对象主要面向中国境内大型投资机构，其中主要以国有商业银行为主。

10）产品登记托管与交易相关事项。在华能海上风电 ABS 产品存续期内，优先级产品将在中国证券登记结算有限责任公司登记托管，并在上海证券交易所的综合协议交易平台完成转让和交易。

华能海上风电 ABS 产品发行涉及多方主体，主要由主体参与人及其他专项计划服务机构共同完成。

华能海上风电 ABS 产品的原始权益人与资产服务机构均为华能如东海上风力发电公司。

华能海上风电 ABS 产品的差额支付承诺人、流动性支持机构均为华能国际。即在专项计划终止日后，专项计划资产不足以抵扣优先级债券所需资金时，将由华能国际出资补足；当专项计划资产不足以满足基础资产流动性支出时，将由华能国际出资提供流动性支持。

担任华能海上风电 ABS 产品设计的托管人是××银行，专项计划产生的现金流均存在事先约定的银行账号内。托管人负责资金及资产支持证券的管理和运作，托管人和监管人为同一人。

担保人负责在基础资产对应的每一笔借款出现风险时，按照相关担保协议的约定履行担保义务。本次专项计划的担保人为××担保。

专项计划管理人负责设立并管理华能如东海上风力发电收益专项资产管理计划。在本次专项计划中担任专项计划管理人的是 A 公司。公司在本产品中提供管理服务并从中收取相应的管理费用。

评级机构负责对产品所发行资产支持专项计划进行评级，在本次专项计划中担任评级机构的是××评估公司。

表 2-13 描述了华能海上风电 ABS 产品各参与主体。

表 2-13　华能海上风电 ABS 产品各参与主体

项目参与方	名称
原始权益人/资产服务机构	华能如东海上风电公司
差额支付承诺人/流动性支持机构	华能国际
专项计划管理人/承销机构	A 证券
托管人/监管人	××银行
登记托管机构/支付代理机构	中国证券登记结算有限公司
担保人	××担保
交易撮合机构	上海证券交易所
评级机构	××评估公司
法律顾问	××市××律师事务所
会计师	××会计师事务所

四、华能海上风电 ABS 产品运作流程设计

在华能海上风电 ABS 产品设计中，按照所涉及的金融机构，通过组建基础资产池、建立资产支持专项计划、实施增信措施以及信用评级等环节，开展电费 ABS 产品运作流程设计。

（一）组建基础资产池

华能海上风电 ABS 产品的基础资产池是电费收益。上网电费收入，一直以来都是发电企业的一项持续稳定的收益。电力在我国经济高速发展中起到了举足轻重的作用，也是日常工作与生活的刚性需求，所以收入来源和现金流相对稳定，即使受到系统性风险，其现金流也不会产生太大波动。以如东项目的电费收益组建底层资产池，保证了整个产品设计中现金流的平稳运作。

（二）建立资产支持专项计划

专项计划的设立主要作用是将原始权益人与底层资产相分离，将华能如东海上风电项目在未来五年电费收益质押给专项计划，从而起到破产隔离的作用，并以此保护投资者权益。

（三）实施增信措施

专项计划通过实施增信措施提高 ABS 产品的信用等级，不仅可以降低企业的融资成本，还可以吸引其他相关机构以及投资者的参与。华能海上风电 ABS 产品的信用增级手段，主要由内部信用增级与外部信用增级相结合的方式构成。

内部增信措施包含四种，分别为现金超额覆盖、优先级与次级的分层结构、真实出售、差额支付承诺人。

1）现金超额覆盖。专项计划通过对未来现金流的预测，设计出满足每期本息偿还金额的产品。适当的现金覆盖倍数不仅可以保证投资者的权益，并且可以避免资金闲置，提高资金运作效率。

2）优先级与次级的分层结构。根据华能海上风电 ABS 产品的结构设定，融资规模共计 20 亿元，其中优先级资产支持证券目标募集规模为 19.8 亿元，A1、A2、A3 分别为 6.6 亿元，占融资总规模的 99%。次级资产支持证券目标募集规模为 0.2 亿元，占融资总规模的 1%。购买优先级证券的投资者可以优先获得本息偿付，收益固定且风险较低。购买次级证券的投资者为本次专项计划的原始权益人——华能如东海上风力发电公司。次级证券的设立不仅可以提升优先级证券的信用保障，而且可以有效降低发行人作为资产服务机构的道德风险。

3）真实出售。当基础资产运营稳定、现金流无异常、原始权益人或相关专项计划参与机构发生风险事件时，真实出售能够保障基础资产的正常运行且不受风险事件的影响。即使原始权益人发生破产清算，真实出售也能够保障那些正处于资产证券化存续期内的

资产不被纳入破产资产。

4）差额支付承诺人。在当原始权益人无法按时偿还优先级证券本息时，差额支付承诺人通过清偿资金缺口来保证专项计划的持续运行。如果以原始权益人作为专项计划的差额补足人，那么原始收益人的现金流入渠道只是如东项目的海上风力发电收益，如果出现不可控因素导致的现金流不稳定，其补足和回购能力非常有限。因此增信的主体选择为华能国际，华能国际作为我国五大发电集团之一，本身也由国资委控股，在电力及相关领域均有较大影响力，且处于行业龙头地位，受相同风险对其影响较小，出现经济危机时起到缓冲作用，补足能力强。

外部增信措施包含两种，分别为担保公司担保与回购协议。

1）担保公司担保。本系列专项计划入池基础资产均由××担保对ABS产品提供担保。担保作为信用增级的最后一道屏障，为专项计划的所有参与者提供保障。

2）回购协议。当原始权益人因为特殊情况不能按照计划履行优先级证券的本息偿还时，原始权益人有对优先级证券回购的义务。按照规定计划，存续期出现违约情况时，优先级证券投资者有权利将持有的证券出售给原始权益人。若原始权益人没有足够的资金进行回购，则由其母公司华能国际提供流动性支持。

（四）触发顺序说明

专项计划存续期间，优先级证券本息无法按时偿还时，停止支付次级证券对应金额及其他专项计划费用。如果底层资产本身出现技术故障等原因无法满足现金流时，原始权益人需及时对其进行更换，比如出现资金不足的情况，则由流动性补足机构华能国际提供资金流动性支持。如果出现其他情况导致现金流不能按时偿还优先级证券的本息，未能偿还部分由差额补足人进行偿还；若差额补足人自身经营状况不佳导致无法对其进行偿还，则由最后担保人对资金缺口进行清偿，直至专项计划提前终止。

（五）信用评级

根据上述专项计划的增信措施及发生违约事件后的信用触发顺序说明，评级机构会对优先级证券进行信用评级。本次专项计划基础资产为海上风力发电项目的未来电费收益，现金流来源稳定且可预测性强。原始权益人作为华能国际的子公司，信誉良好，无不良业绩。考虑到专项计划内部增信与外部增信相结合的方式，预估此次专项计划优先级证券信用评级为AAA。

（六）现金流分配

如东项目基础设施运营管理费用、各项其他活动产生的费用以及项目公司的现金流，按照规定覆盖比例，向资产支持专项计划的管理人、监管人等逐层分配管理费，此类费用在未来现金流偿还优先级本息后的剩余资金中扣除。如果剩余现金无法满足资金缺口，则由华能国际对其进行补偿。

综上，参考现已发行同类产品的交易结构，华能海上风电 ABS 产品交易结构如图 2-6 所示。

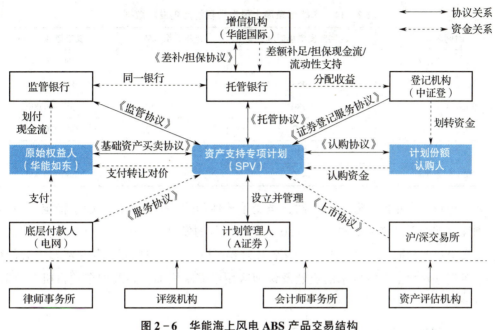

图 2-6 华能海上风电 ABS 产品交易结构

五、华能海上风电 ABS 产品未来收益分析

根据国家发展和改革委员会《关于 2021 年新能源上网电价政策有关事项的通知》（发改价格〔2021〕833 号），"2021 年起，新核准（备案）海上风电项目、光热发电项目上网电价由当地省级价格主管部门制定，具备条件的可通过竞争性配置方式形成，上网电价高于当地燃煤发电基准价的，基准价以内的部分由电网企业结算。鼓励各地出台针对性扶持政策，支持光伏发电、陆上风电、海上风电、光热发电等新能源产业持续健康发展。"

2019 年新核准的近海风力发电的指导价调整为每千瓦时 0.8 元，2020 年调整为每千瓦时 0.75 元。华能如东海上风电项目于 2016 年 6 月正式开工建设，2019 年 1 月建成投产，上网电价按照 2019 年年底前并网执行条件确定。由于近海海上风力发电上网电价政策的改变不影响存量项目，如东项目的上网电价应该保持 2019 年的上网指导电价 0.8 元/kW·h，预测风电场未来上网电价保持不变。

（一）基础资产池

华能海上风电 ABS 产品的未来收益，均来自电费收益所产生的现金流。其中，发电量通过实际发电小时、装机容量等相关指标计算而来。

$$发电量 = 实际发电小时 \times 装机容量 \qquad (2-10)$$

如东海上风电项目过去三年的实际发电小时和装机容量情况见表2-14，项目未来收益将按照每半年结算的方式进行分析。

表2-14 华能如东海上风电项目的历史发电数据

时间区间	实际发电小时/h	装机容量/kW	发电量/kW·h
2019年上半年	1194		266 880 000
2019年下半年	1458		349 950 000
2020年上半年	1180	30万	263 760 000
2020年下半年	1442		346 320 000
2021年上半年	1220		275 520 000
2021年下半年	1490		360 720 000

如东项目每半年的实际发电小时，虽受季节性影响，但整体趋势趋于稳定，并具有可预测性。即便受到疫情影响，公司2020年下半年的发电量较上半年仍有大幅提升，全年实际发电小时仅同比下降1.13%。从整体观察可以看出，发电量逐年呈稳步上升趋势，这是由于近些年海上风电技术的成熟及该地区用电需求增加，导致如东项目机组负荷逐渐上升，趋于满负荷状态。

（二）基础资产现金流影响因素分析

基础资产现金流分析是整个资产证券化的核心部分。在专项计划的制定和发行过程中，未来现金流能否支付相应本息及其相关费用，直接决定了专项计划能否顺利进行。由此可见，未来现金流分析直接关乎专项计划能否成功发行。

华能海上风电ABS产品基础资产的未来现金流入，主要受两个因素的影响：①弃风率波动导致的发电量减少；②受相关因素影响导致的证券发行利率上升。

1）弃风率波动。弃风是指在风力发电运行期间，风机处于正常情况下，由于当地电网可接纳容量不足、风电场建设工期不匹配和海上可用风力资源不稳定等自身特点导致的部分风电场风机处于停机状态的现象。

弃风率的提高对现金流的影响，集中体现在：①受政策及其他因素的影响，实际发电量低于预期，导致电费收益减少；②特殊因素导致的用电需求下行或者基础资产自身产生的问题，使专项计划的现金流受到影响，无法按照约定偿还本息，从而影响整体计划的进行及投资者权益。

如东项目自开展海上风电业务以来，发电量大幅低于预期的情况未曾发生，即使受到疫情的影响，也未出现大幅波动。考虑到开展此次专项计划仍面临部分风险，有可能影响资金收回情况，根据为产品基础资产提取风险准备金的原则，仍以弃风率在相应基础上增加1%~3%的波动来计算未来现金流入。

弃风率是通过影响实际发电时数导致发电量的变化，进而影响现金流的变动。

实际发电小时 = 满发电时数 × (1 - 弃风率)   (2-11)

2) 证券发行利率。证券发行利率是参考中国人民银行公开发布的同期同类型贷款基准利率及当前市场公开发布的同期企业债利率确定的。当前国内利率保持在一个相对稳定的水平，同时我国货币当局仍将实施稳健的货币政策，故在对产品未来现金流的预测中以 50～150bp 的收益率波动计算未来现金流。

（三）基础资产现金流预测

本部分将借鉴现有产品同类基础资产的现金流入情况，并考虑到上述影响现金流入的因素，使用控制变量法，在各种违约场景下计算如东项目 ABS 产品的本息和现金流覆盖倍数。

在原始权益人未受到政策及特殊因素影响导致的弃风率波动且证券发行利率不变的静态情况下，假设如东项目的售电量趋于稳定，上网电价执行 2019 年核准的近海风力发电上网指导电价 0.8 元/kW·h。

华能如东风电场位于江苏省南通市，省内经济正处于高速发展阶段，用电量与日俱增，其具体指标如图 2-7 所示。

除了上述因素外，考虑到国家当前政策对绿色电力行业的支持，以及我国海上风电领域技术的不断进步，预计我国海上风电弃风率未来五年可降至 3%。本专项计划采用保守性原则，对风电场未来五年的弃风率情况进行严谨预测：如东风电场前三年的弃风率为 6%，后两年的弃风率为 5%。

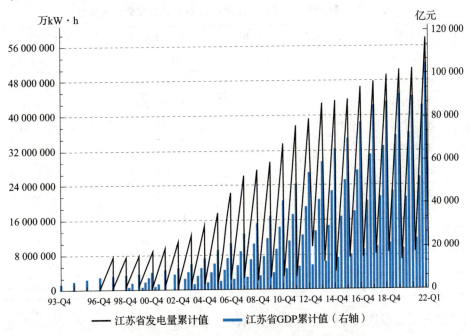

图 2-7 江苏省发电量与 GDP 的统计数据

根据上述条件，由式（2-10）和式（2-11）预测的华能如东海上风电项目未来五年发电量预测见表2-15，其中如东项目的满发电小时为2914h。

表2-15 华能如东海上风电项目未来五年发电量预测

期数	日期	满发电小时/h	弃风率	实际发电小时/h	发电量/kW·h
1	2022年6月	2914	6%	1315	394 500 000
2	2022年12月			1452	435 600 000
3	2023年6月		6%	1315	394 500 000
4	2023年12月			1452	435 600 000
5	2024年6月		6%	1315	394 500 000
6	2024年12月			1452	435 600 000
7	2025年6月		5%	1321	396 300 000
8	2025年12月			1467	440 100 000
9	2026年6月		5%	1321	396 300 000
10	2026年12月			1467	440 100 000

电费收益ABS产品的基础资产未来现金流，由上网电价与发电量构成。

$$基础资产未来现金流 = 上网电价 \times 发电量 \qquad (2-12)$$

根据式（2-12），可以计算出静态情况下华能海上风电ABS产品的现金流入预测，见表2-16。

表2-16 静态情况下华能海上风电ABS产品的现金流入预测

期数	日期	上网电价/(元/kW·h)	发电量/kW·h	现金流预测（元）
1	2022年6月	0.80	394 500 000	315 600 000
2	2022年12月		435 600 000	348 480 000
3	2023年6月		394 500 000	315 600 000
4	2023年12月		435 600 000	348 480 000
5	2024年6月		394 500 000	315 600 000
6	2024年12月		435 600 000	348 480 000
7	2025年6月		396 300 000	317 040 000
8	2025年12月		440 100 000	352 080 000
9	2026年6月		396 300 000	317 040 000
10	2026年12月		440 100 000	352 080 000
合计				3 330 480 000

静态情况下，根据往年的发电量预测情况，基础资产产生的现金流入每一年都有一定的变动。由表2-16可以看出，华能海上风电ABS产品的基础资产未来五年的现金流

入，预测合计 3 330 480 000 元。由于专项计划发行规模为 20 亿元，因此华能海上风电 ABS 产品的基础资产预计现金流覆盖倍数为 1.66。由此可见，华能海上风电 ABS 产品的预期未来现金流入资金，对优先级资产支持证券有着良好的本息偿付能力。

华能如东海上风力发电专项计划成立于 2022 年 1 月 1 日，存续期为五年，截止于 2026 年 12 月 31 日。优先级分为三个品种，期限为三至五年，每半年支付一次利息。与此同时，资金池的现金流入来自风电场 2022 年至 2026 年的上网电费收入，现金流入稳定，且不存在某一时间点资金大量流入流出的情况。为了避免专项计划账户内的资金闲置，本金采取分期等额支付的方式偿还。

综上，华能海上风电 ABS 产品的偿还情况见表 2-17。

表 2-17 华能海上风电 ABS 产品的偿还情况

期数	日期	现金流预测（元）	利息支付（元）			本金偿付（元）	本息和（元）
			A1	A2	A3		
1	2022 年 6 月	315 600 000	11 550 000	12 210 000	12 870 000	258 500 000	295 130 000
2	2022 年 12 月	348 480 000	11 550 000	12 210 000	12 870 000	258 500 000	295 130 000
3	2023 年 6 月	315 600 000	11 550 000	12 210 000	12 870 000	258 500 000	295 130 000
4	2023 年 12 月	348 480 000	11 550 000	12 210 000	12 870 000	258 500 000	295 130 000
5	2024 年 6 月	315 600 000	11 550 000	12 210 000	12 870 000	258 500 000	295 130 000
6	2024 年 12 月	348 480 000	11 550 000	12 210 000	12 870 000	258 500 000	295 130 000
7	2025 年 6 月	317 040 000		12 210 000	12 870 000	148 500 000	173 580 000
8	2025 年 12 月	352 080 000		12 210 000	12 870 000	148 500 000	173 580 000
9	2026 年 6 月	317 040 000			12 870 000	66 000 000	78 870 000
10	2026 年 12 月	352 080 000			12 870 000	66 000 000	78 870 000
合计		3 330 480 000	295 680 000			1 980 000 000	2 275 680 000

完成静态情况下的现金流入测算后，继续对受到政策及特殊因素影响导致弃风率波动，造成发电量变化情况下的基础资产未来现金流入进行测算。

假定实际发电小时受到弃风限制，弃风率在原先基础上分别上升 1%、2%、3%。无提前收回事件发生，在发行利率不变的情况下，计算华能海上风电 ABS 产品的基础资产现金流入及本息偿付情况，见表 2-18。

表 2-18 弃风率上升情况下华能海上风电 ABS 产品的现金流入和本息偿付

期数	日期	不同弃风率下的现金流入（元）			本息和（元）
		上升1%	上升2%	上升3%	
1	2022 年 6 月	302 438 232	299 186 208	295 934 184	295 130 000
2	2022 年 12 月	338 210 496	334 573 824	330 937 152	295 130 000
3	2023 年 6 月	302 438 232	299 186 208	295 934 184	295 130 000

(续)

期数	日期	不同弃风率下的现金流入（元）			本息和（元）
		上升1%	上升2%	上升3%	
4	2023年12月	338 210 496	334 573 824	330 937 152	295 130 000
5	2024年6月	302 438 232	299 186 208	295 934 184	295 130 000
6	2024年12月	338 210 496	334 573 824	330 937 152	295 130 000
7	2025年6月	305 690 256	302 438 232	299 186 208	173 580 000
8	2025年12月	361 539 120	357 722 640	353 876 160	173 580 000
9	2026年6月	305 690 256	302 438 232	299 186 208	78 870 000
10	2026年12月	361 539 120	357 722 640	353 876 160	78 870 000
合计		3 256 404 936	3 221 601 840	3 186 738 744	2 275 680 000

由表2-18可以看出，在假定发生现金流波动时，将每期基础资产现金流入进行计算后，仍能覆盖每一期需要支付的本息和，且当弃风率分别上升1%、2%、3%时，对应的现金覆盖倍数分别为1.43、1.41、1.39，平均覆盖倍数为1.41，有较好的收益及安全保障。

（四）产品收益分析

上述现金流测算，均未考虑产品预期收益率变化的情况，故需单独完成产品预期收益率上升情况下的现金流测算。

假定未发生政策及特殊因素影响导致的发电量波动，且优先级证券的预期收益率分别上升0.5%、1%及1.5%，分别计算华能海上风电ABS产品本息偿付情况，见表2-19、表2-20、表2-21。

表2-19 预期收益率上升0.5%时，华能海上风电ABS产品本息偿付情况 （单位：元）

证券层次		发行金额	利息	本息和
优先级（利率）	A1（4.0%）	660 000 000	79 200 000	739 200 000
	A2（4.2%）	660 000 000	110 880 000	770 880 000
	A3（4.4%）	660 000 000	174 240 000	834 240 000
次级		20 000 000	20 000 000	20 000 000
总计		2 000 000 000	384 320 000	2 364 320 000

表2-20 预期收益率上升1%时，华能海上风电ABS产品本息偿付情况 （单位：元）

证券层次		发行金额	利息	本息和
优先级（利率）	A1（4.5%）	660 000 000	89 100 000	749 100 000
	A2（4.7%）	660 000 000	124 080 000	784 080 000
	A3（4.9%）	660 000 000	161 700 000	821 700 000
次级		20 000 000	20 000 000	20 000 000
总计		2 000 000 000	394 880 000	2 374 880 000

表 2-21　预期收益率上升 1.5% 时，华能海上风电 ABS 产品本息偿付情况　（单位：元）

证券层次		发行金额	利息	本息和
优先级（利率）	A1（5.0%）	660 000 000	99 000 000	759 000 000
	A2（5.2%）	660 000 000	137 280 000	797 260 000
	A3（5.4%）	660 000 000	178 200 000	838 200 000
次级		20 000 000	20 000 000	20 000 000
总计		2 000 000 000	434 480 000	2 414 460 000

综合以上所有测算结果，整理并列出各种情况下，华能海上风电 ABS 优先级产品的本金覆盖倍数及本息和覆盖倍数见表 2-22，其中本金覆盖倍数由售电产生现金流流入额除以优先级产品需偿付的本金金额而来，本息和覆盖倍数由售电产生现金流流入额除以优先级产品本金以及利息总和而来。

表 2-22　各种情况下华能海上风电 ABS 优先级产品的本金及本息和覆盖倍数

变动情况	售电产生现金流（元）	优先级本金覆盖倍数	优先级本息和覆盖倍数
正常情况	3 330 480 000	1.682	1.463
收益率上升 0.50%	3 330 480 000	1.682	1.408
收益率上升 1.00%	3 330 480 000	1.682	1.402
收益率上升 1.50%	3 330 480 000	1.682	1.379
弃风率上升 1.00%	3 256 404 936	1.644	1.430
弃风率上升 2.00%	3 221 601 840	1.627	1.415
弃风率上升 3.00%	3 186 738 744	1.609	1.400

由表 2-22 可知，各种情况下华能海上风电 ABS 产品的现金流入情况良好，对优先级产品的本息覆盖倍数均超过 1.4。华能如东海上风力发电公司自身发展良好，且企业规模不断扩大，同时华能国际作为我国电力行业的领头羊，以自身雄厚实力为支撑对产品做出差额支付承诺、流动性支持等，由此可见专项计划有着较高的安全性，可以保证投资者收益的兑付。

六、产品风险提示及防范措施

产品风险提示及防范措施，是通过对专项计划可能存在的各种风险及相应的应对方法进行分析，以便投资者对产品有更为清晰的判断，确定自己可承受的风险程度从而持有资产支持证券。

（一）与基础资产相关的风险

此类风险包括五个方面：基础资产购买方的违约风险、限电风险、电价波动风险、自然因素导致的基础资产的损坏、差额支付承诺人偿债压力集中的风险。

1. 基础资产购买方的违约风险

如东项目 ABS 产品的基础资产购买方是国家电网江苏分公司。如果国家电网江苏分公司在规定日期未能支付对应资金，导致原始权益人无法按期履行付款义务，就产生了违约风险。

分析与控制：国家电网江苏分公司为国家电网下属子公司，其实际股东为国务院国有资产监督管理委员会（以下简称国资委），资信情况良好，主体评级稳定，且从未发生过在规定日期未能支付资金的情况，因此可以确保基础资产回收现金流的稳定。

2. 限电风险

2021 年 9 月，"东北限电"一度成为国内热门话题，其本质是由于我国对煤炭开采的限制及新冠疫情导致的煤炭产能供需不平衡，造成煤炭供应量不足、动力煤坑口价格大幅上涨，煤电企业存煤不足，致使供电量下降。

分析与控制："东北限电"恰好体现出我国目前电力结构改革的战略布局，通过大力发展新能源发电降低传统电力发电强度。推动煤电与可再生能源发电协调可持续发展，可以有效地减少二氧化碳排放，从而实现我国未来的"双碳"目标。江苏作为我国经济大省，用电需求也在与日俱增，省内限电的可能性相对较小。即便如此，针对限电风险，如东项目专项计划也提出了相关控制手段：①在现金流预测及压力测试中，通过对弃风率进行上调进行分析，结果显示华能海上风电 ABS 优先级产品的本息和覆盖倍数均在 1.4 以上；②当专项计划的资金池无法按时支付优先级证券本息偿付时，华能国际作为专项计划的差额支付承诺人，有义务对资金缺口进行补足。

3. 电价波动风险

华能如东风电公司作为海上风力发电企业，上网电价严格按照国家发改委的最新指示执行，上网电价的变动不仅会直接影响现金流入，更会直接影响原始权益人的盈利能力。

分析与控制：国家最新政策规定，我国海上风电上网电价采用有补贴与无补贴共存的政策。华能如东八仙角海上风力发电项目成立于 2019 年，上网电价按照当时国家规定的指导电价，并且国家电价的调整仅对在建项目做指导，对现存项目没有影响。因此，专项计划未来可预见期限内的电价变化可能性较小，现金流入较为稳定。

4. 自然因素导致的基础资产的损坏

华能如东海上风电场建设在距离海岸线 40km 附近的沿海区域，在电场运行期间，不可避免会遭受海啸、台风、雷电等自然灾害，从而造成发电设备的损坏，导致其无法正常发电。

分析与控制：华能如东海上风电场具有抗台风、抗极端风速、抗雷电击打等性能，可以在一定程度上抵御自然灾害对设备的损害。当出现极端自然因素导致风机无法正常运行时，资产服务机构会第一时间联系质保单位对损坏设备进行修复或更换，由于设备还在质保期内，其间产生的费用由厂家负责，如还需支付额外的费用，则先由支付完本息及其他相关服务费用后剩余的资金进行偿付，如仍不能满足资金缺口，再由流动性支持机构—华能国际提供流动性支持。

5．差额支付承诺人偿债压力集中的风险

华能国际作为我国电力行业主要的电力基础设施建设平台，由于公司地位和行业性质，公司需要偿付中短期有息债务资金量较大，这对华能国际履行对专项计划偿债义务的能力将产生重大不利影响，华能国际可能因需要清偿上述有息债务及对外担保债务而无力足额清偿对专项计划的债务，投资者由此将遭受投资损失。

分析与控制：华能国际具有良好的主体信用，且公司涉足电力行业各个领域。其实际控制人为国资委，主体信用评级为 AAA，体现其偿还债务的能力较强，且尚未出现违约事件，违约风险较低，一定程度上能缓释上述风险。

（二）与 ABS 产品相关的风险

此类风险主要包括三个方面，分别为现金流预测风险、利率风险和流动性风险。

1．现金流预测风险

华能海上风电 ABS 产品的现金流预测风险是由上网电价的下调、弃风率上升导致的发电量减少等因素引发的风险。这些因素均会直接影响 SPV 的现金流变化，使得华能海上风电 ABS 产品无法按时偿还优先级证券本息，从而导致违约。

分析与控制：SPV 设计过程中通过相应指标进行波动性测试并对特殊情况下的违约进行分析，得出在预期外的不利因素发生时，所得现金流的本金覆盖倍数及本息覆盖倍数均大于 1.4，因此现金流的波动不会影响投资者收益。

2．利率风险

华能海上风电 ABS 产品的利率风险主要来自同期市场利率的变化。市场利率往往随着市场整体的经济发展进行调整，当市场利率提高时，投资者的机会成本会增加，华能海上风电 ABS 产品的收益率会相对降低。

分析与控制：华能海上风电 ABS 产品票面利率的制定，参考了同期中债企业到期收益率、资产支持证券到期收益率及同类型现已发行资产支持证券的发行利率，并通过适当高估利息达到保守估计证券收益的方式，得到最终 ABS 产品的收益率。

3．流动性风险

华能海上风电 ABS 产品可以在上交所的固定收益证券平台进行转让交易。当上交所的固定收益证券平台参与人较少时，资产支持证券持有人无法在交易时间内以公允价格完成交易，从而出现流动性风险。

分析与控制：近年来我国债券市场规模不断扩大，参与固定收益市场的投资者也与日俱增。固定收益证券平台的债券种类也在不断增加，平台的流动性也随之得到提升，吸引越来越多的投资者参与。

（三）行业周期性风险

除以上两类风险以外，还有原始权益人所处行业的行业周期性风险。

原始权益人处于电力行业,电力行业作为我国发展的重要基石,与我国经济发展密不可分。近年来,在全球经济波动及新冠疫情的双重影响下,国内个别行业出现产能过剩的情况。受此影响,我国电力行业增长速度放缓,原始权益人未来的生产经营能力可能会受到经济周期波动的影响。

分析与控制:虽然电力行业会受到经济周期波动的影响,但其主要体现在以煤电为主的传统发电企业。可再生能源发电作为电力行业的"新宠儿",在国家政策的扶持下仍稳步成长。为了防范行业周期性风险给投资者带来的损失,专项计划管理人需密切关注行业最新动态,对华能如东风电公司、华能国际及国家电网的经营状况及财务数据进行分析,并且对资产池的还款情况进行持续监督。与此同时,通过真实出售的方式,将华能如东海上风电项目未来五年电费收益权质押于专项计划。这样,即使原始权益人发生风险事件,存续期内的收益也将得到保障。

七、产品优势

在国家大力支持清洁能源发展的宏观背景下,海上风力发电在"十三五"期间作为后起之秀得到大力发展。2020年9月,我国正式在联合国大会上提出"双碳"目标,二氧化碳力争在2030年前达到峰值,努力争取在2060年前实现碳中和。

随着我国在发展新能源方面的不懈努力以及新政策的推广,国家及各级地方政府不断推出相关福利政策和措施鼓励绿色能源的发展建设,具体政策和措施见表2-23。

表2-23 国家及各级地方政府出台的绿色能源相关政策和措施

政策颁发日期	政策或措施名称	政策或措施的主要纲领
2019年3月19日	新能源电价补贴政策方向	可再生能源发电费用补偿机制,可再生能源电价定价机制变革驱动力
2020年6月1日	《关于各省级行政区域2020年可再生能源电力消纳责任权重的通知》	确保实现非化石能源占比目标,促进消纳责任权重逐年提升
2020年6月24日	《广东省2020年能耗"双控"工作方案》	执行国家节能发电调度规定,优先安排风电、光伏等可再生能源发电
2020年10月14日	《风能北京宣言》	引领绿色复苏构筑更好未来,促使风电产业保持高质量发展
2020年10月21日	《关于促进非水可再生能源发电健康发展的若干意见》	通过从电价中征收电价附加的方式筹集资金,对上网电量给予电价补贴
2020年11月7日	《中国能源电力发展展望2020》	常规转型电气化加速深度减排
2020年12月21日	《新时代的中国能源发展》	走新时代能源高质量发展之路
2021年1月7日	《碳排放权交易管理办法》	发挥市场机制,推动温室气体减排
2021年2月19日	《江苏省国民经济和社会发展第十四个五年规划目标纲要》	有序推进海上风电集中片、规模化开发和可持续发展
2021年2月22日	《关于加快建立健全绿色低碳循环发展经济体系的指导意见》	健全绿色低碳循环发展生产体系,加快基础设施绿色升级

通过对上述政策的分析与解读可以发现，无论宏观政策还是具体条例，上到国家、下到企业，都极其重视新能源的发展及基础设施建设。

近些年随着我国对碳排放的控制以及对不可再生能源的保护，新能源发电像一股不可阻止的力量蓬勃发展。国家对相关行业的政策偏向及对应补贴在很大程度上促进了我国新能源发电的发展。海上风电作为我国悄然觉醒的行业，虽然发电量仅仅占据极小一部分市场，但仍有很大发展空间，其发电效率高、不占用资源的天然优势使其在国家相关政策的扶持下得以取得长足进步。未来海上风力发电必然会成为我国发电业的主力，其发展不仅对我国电力行业有着重要意义，还对我国能源保护、节能减排乃至各行各业都有着里程碑式的意义。

为实现"双碳"目标、保护能源安全，我国已经进入能源结构的改革时期。水电受限于地理位置的严格要求，天花板明显；核能受到安全和技术的双重限制；光伏发电近两年产能过剩，且其建设位置与其原材料成本受限制较多；陆上风电在经历了近两年高速发展后已经进入平稳期；而海上风电凭借其资源丰富、效率高、输电距离短、可以就地消化使用且不占用土地等优势成为发电业的新宠。

绿色能源基础行业得到国家政策支持大力发展的同时，产业建设资金需求的问题也逐渐暴露出来。电力企业，尤其是风电企业，其初期大量资本的投入和较长的成本回收周期困扰着这个行业的成长。近年来，我国资产证券化的发展无疑为其资金问题提供了新思路。

由上述可知，电费收益资产证券化的发展是大势所趋，未来我国电力行业的发展、新能源基础设施的建设，均需要通过资产证券化为其注入资金，同时可以吸引更多投资者将其作为投资选择。海上风电电费收益 ABS 产品不仅可以为未来市场融资方向提供新思路，还可以在该领域起到示范作用，为将来市场推广提供理论依据。

八、产品市场前景分析

风力发电作为时代"新宠儿"广受关注，在大力发展新能源发电的大环境下，"电价平价化"也被提上日程。随着我国电力行业技术的飞速发展，海上风电成本的逐步降低，在少补贴、无补贴共存的背景下，通过电费收益资产证券化，降低公司融资成本、提高企业盈利水平，符合时代背景，符合我国发展的战略方向，也为投资者提供了新型、安全、绿色、贴近生活的投资选择。

根据国际能源署（IEA）的最新报告，如果希望把地球温度的上升控制在1.5℃以内，全球海上风电装机量需要在2050年达到2000GW，而现在的装机量还不到这一目标的2%，2030年的预测装机量也只是这一目标的13%。海上风电进入快速发展阶段，我国作为能源大国也面临着前所未有的挑战。

综上所述，可以从四个方面对华能海上风电 ABS 产品的市场前景进行分析。

1. 经济快速发展，用电需求与日俱增

电力长期以来都是国家发展、企业成长、百姓安居乐业的必要因素。与此同时，随着我国经济从高速发展向高质量发展转型，我国电力需求侧呈稳中增长的趋势，也带动了供给侧发电量的稳定上升。在上网电价方面，2015 年以前，我国上网电价长期以来由国家统一指导。2015 年之后，上网电价逐步放开，可再生能源发电上网电价逐渐向传统发电上网电价靠拢，并由政府和市场共同决定。华能如东八仙角海上风力发电项目作为存量项目，其未来电价不会有太大波动。整体而言，未来现金流具有很强的稳定性和可预测性。

2. 解决行业固有难题，为其他发电企业提供新思路

无论是采用传统发电模式还是可再生能源发电模式，电厂的前期建设往往都需要大量的资金支出，而且面临建设周期长、资金回笼慢的困境。华能海上风电 ABS 产品作为海上风电绿色资产支持证券，通过对优质资产打包出售，进而实现以较低的融资成本满足公司发展需求，也为同行业其他发电企业提供了新方案。

3. 顺应时代背景，符合政策要求

《中华人民共和国国民经济和社会发展第十四个五年规划和 2035 年远景目标纲要》（以下简称"十四五"规划）明确指出"推进能源革命，建设清洁低碳、安全高效的能源体系"，可再生能源发电迎来前所未有的机遇。国家对可再生能源发电的相关优惠政策，以及科技进步带来的成本降低，促使可再生能源发电行业在未来有更大的利润空间，也会吸引更多电力企业加入可再生能源发电的行列。同时，专项计划的资金用途主要用于新项目的建设，这样不仅可以满足当地用电需求，而且会提供更多的就业机会，促进当地经济发展。

4. 投资者选择

电费与人们的日常生活息息相关。华能海上风电 ABS 产品以电费收益作为基础资产，可以让投资者更加清晰直观地了解产品结构，更易于对产品未来收益与潜在风险做出判断。

综上所述，电力行业的特点决定了电力企业具有较高的融资需求和稳定的现金流，同时考虑到时代背景与政策要求，华能海上风电 ABS 产品适合作为资产支持专项计划发行推广。

第七节　南岳旅游 ABS 产品设计

旅游产业作为拉动内需、促进消费的支柱性产业，已经成为我国经济与社会发展的重要部分。随着国民经济的高速发展和民众生活质量的提高，我国旅游产业步入高速发展阶段，旅游企业对于资金的需求也越来越旺盛，然而在实际融资过程中，由于资金需

求量大、投资回收周期长等特点，旅游项目的融资需求通常得不到满足。

旅游产业传统的融资方式包括财政资金支持、银行信贷、外商投资、股权融资等，但它们都存在较多限制，在一定程度上阻碍了旅游业的发展。开展旅游资产证券化或许能为旅游企业融资难的问题提供新的解决思路。开展旅游资产证券化不仅可以在一定程度上解决旅游业融资难的问题，更能帮助旅游业形成"投资→项目收益好→扩大建设→再投资"的良性融资循环。

南岳衡山旅游区作为5A级景区，自然风景秀丽，历来享有"五岳独秀""中华寿岳"等美誉，在佛教、道教文化中都占据一席之地。然而，近几年南岳旅游品牌的优势却在逐渐下降，对此，当地政府一直在谋求景区的转型发展，争取向全域旅游景区转型。但转型需要大量的资金支持，而南岳区政府总体财政收入体量并不大，融资方式单一，因此一直收效甚微。

为南岳区的旅游资产设计一款资产证券化产品，可以帮助促进当地旅游产业的可持续发展、缓解旅游建设发展资金不足的问题，同时也为其他旅游企业应用资产证券化融资方式提供参考。

一、南岳区旅游业概述

南岳衡山，位于湖南省衡阳市南岳区，与北岳恒山、东岳泰山、西岳华山、中岳嵩山一同被并称为"中华五岳"，自然风景秀丽，自古以来便享有"宗教圣地""中华寿岳"等美誉，由于其地处南方、气候条件好，处处是茂林修竹、终年翠绿，更是被称赞为"五岳独秀"。

南岳区总面积181.5km^2，被划为中心景区的面积占到了100km^2。湿润的亚热带季风气候，使得南岳区四季分明，自然景观秀美，天然旅游资源丰富，如森林、水文、植被、动物等。

南岳衡山（以下简称南岳）是首批国家5A级旅游景区之一，在佛教、道教文化中都有着举足轻重的地位，这从整个历史上来看都是比较少见的。道教文化的传入可以追溯到公元268年（晋朝时期），陈道士在喜阳峰上建成南岳第一座道观。佛教文化的传入相对来说要稍晚，南朝时期，慧思在南岳建造南台寺，开展佛教活动。自此，南岳形成佛道两教共存的独特局面。

在自身历史发展过程中，南岳也形成了自身的信仰系统，著名的南岳禅宗就是在此过程中形成的，南岳禅宗衍生出了曹洞宗、临济宗、云门宗等门派，有着"一花五叶"的美誉，为我国宗教文化的丰富做出了巨大贡献。道教文化中共有36洞天和72福地，而南岳衡山就是其中之一，许多著名的道士如张三丰、魏存华都曾在这修道。这些宗教人员，在传播自身宗教文化的同时，也在南岳区修建了200多个道观和寺庙，成为当地宗教文化的重要构成部分。这些宗教景观也成为吸引游客的重要因素之一。南岳区宗教资源见表2-24。

表 2-24　南岳区宗教资源

序号	寺观名称	寺观级别	序号	寺观名称	寺观级别
1	南台寺	全国	15	辞圣殿	区级
2	祝圣寺	全国	16	南岳东街4号教堂	区级
3	上封寺	全国	17	五岳殿	
4	福严寺	全国	18	南天门祖师殿	
5	大庙道教东八观	省级	19	紫竹林道观	
6	大庙佛教西八寺	省级	20	铁佛寺	
7	玄都观	省级	21	辖神殿	
8	香山寺	省级	22	后山五岳殿	
9	藏经殿	省级	23	西福殿	
10	常在阁	区级	24	丹霞寺	
11	方广寺	区级	25	石涧潭寺	
12	大善寺	区级	26	黄庭观	
13	寿佛殿	区级	27	正一道（在家）	
14	祝融殿	区级	28	财神殿	

南岳区文化旅游广电体育局一直在借助宗教人文资源以及历史名山资源优势来推进当地旅游业发展。这样做在提高经济效益的同时，还使南岳衡山获得了最受民众欢迎的全国十佳风景名胜区等奖项。

从全区的建设目标来看，南岳区正努力向全域旅游示范区、康养旅游示范区等目标建设发展，在未来将全力发展以红星村休闲区、古镇祈福体验、水帘洞观光、茶文化学习体验、康养旅游为整体的全域旅游模式。要想整合好旅游资源，实现全域旅游的目标，南岳区需要提升景区知名度建设、整治旅游市场的不良现象、加快重点项目建设以提升景区吸引力、增加游客停留天数，这些都需要大量的资金支持，与此同时景区维护的费用也会随之增加。为实现旅游业发展、带动地方经济增长的目标，采取多种融资方式获得资金支持是关键。

同其他旅游景区一样，南岳旅游区的融资方式较为单一，景区建设很大程度上依靠政府的补贴，在 2020 年年末，全区负债余额为 96 390 万元，全年支出 12 亿元，共得到上级财政补贴 7 亿元。

从景区游览人数来看，南岳区在 2017 年实现了全区旅客数量超 1000 万人次的突破，到 2019 年旅客数量增长至 1300 万人次。2020 年全球旅游业低迷，我国境内旅客数量为 28.79 亿人次，较 2019 年一共下降 30.22 亿人次，同比下降 52%。南岳区虽然也遭受了疫情的负面冲击，但与国内其他地区的旅游数据相比，受到的影响要小得多。2020 年，南岳区旅游收入为 100 亿元，比上年同期下降 12%，门票收入比 2019 年下降 18%。南岳区 2020 年旅客数量共 1153 万人次，与上一年相比下降 12%，南岳区 1990 年—2020 年旅游人次统计数据见表 2-25。长期以来，南岳景区门票总收入一直稳定在 3 亿元以上。

表 2-25 南岳区 1990 年—2020 年旅游人次

年份	旅客数量（万人次）	增长率	年份	旅客数量（万人次）	增长率
1990	125.25		2006	307.36	4.92%
1991	138.18	10.32%	2007	340.95	10.93%
1992	139.19	0.73%	2008	359.73	5.51%
1993	140.22	0.74%	2009	377.14	4.84%
1994	148.18	5.68%	2010	420.23	11.43%
1995	206.21	39.16%	2011	503.06	19.71%
1996	213.17	3.38%	2012	608.48	20.96%
1997	215.18	0.94%	2013	648.59	6.59%
1998	208.14	-3.27%	2014	706.05	8.86%
1999	212.16	1.93%	2015	794.98	12.60%
2000	215.15	1.41%	2016	875.67	10.15%
2001	240.85	11.95%	2017	1003.08	14.55%
2002	270.71	12.40%	2018	1164.17	16.06%
2003	280.12	3.48%	2019	1316.37	13.07%
2004	286.18	2.16%	2020	1153.02	-12.41%
2005	292.94	2.36%			

二、南岳旅游 ABS 产品设计思路

基于 5A 级景区——南岳景区相关财务数据的可得性、景区内现金流入的稳定性，考虑到景区处于转型发展阶段有着大量的资金需求，对其进行资产证券化以募集资金，可以缓解南岳旅游建设发展资金不足的问题。

按照资产证券化的流程，将南岳旅游资产进行打包设计的 ABS 产品，称为南岳旅游 ABS 产品。产品选取的基础资产包括南岳中心景区、南岳大庙景区的门票收入；政府每年向当地旅游公司收取的 1000 万元索道承包费和 500 万元运营费用。

南岳旅游 ABS 产品的参与主体包括以下几方面：南岳区政府为原始权益人，衡阳市城市投资建设有限公司为发起人，A 券商作为计划管理人设立特殊目的载体，B 机构为信用评级方，C 机构为增信机构，D 机构为托管银行。

以景区门票收入作为基础资产构建资产池时，需要遵循的原则包括符合相关文件规定、实现真实出售、现金流易于预测且稳定等。南岳景区门票收入作为基础资产满足基础资产准入标准，其产生的现金流易于预测且相对稳定，没有附带抵押、质押等权利限制。

在设计产品运作流程时，应当充分考虑各个环节的风险因素，将风险维持在可以控

制的水平上,充分降低可以提前规避的风险,对不能规避的风险进行对冲,以保障投资者的权益。

南岳旅游 ABS 产品的设计思路可以分为七个步骤,如图 2-8 所示。

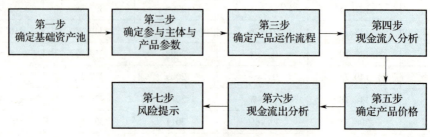

图 2-8　南岳旅游 ABS 产品的设计思路

三、南岳旅游 ABS 产品基础资产池

南岳旅游 ABS 产品的基础资产是产品起始日到产品截止日期间的所有可变收入和固定收入。

可变收入包括南岳中心景区的门票收入、大庙景区的门票收入;固定收入包括政府每年向当地旅游公司收取的 1000 万元的索道承包费和 500 万元运营费用。

根据南岳旅游景区门票收入情况,可以确定南岳旅游 ABS 产品的发行期限为 5 年,发行规模为 12 亿元。

南岳区的旅游旺季和淡季分别为每年的 5 月—10 月和 11 月—次年 4 月。中心景区的入园凭证定价在旺季和淡季分别为 110 元和 80 元,大庙景区的入园凭证定价在旺季和淡季分别为 58 元和 40 元。

游客来南岳的周期性较为明显,每年 5 月、8 月和 10 月的游客数量最多,根据衡阳旅游统计数据,2019 年—2021 年南岳中心景区、大庙景区的门票收入如图 2-9 所示。

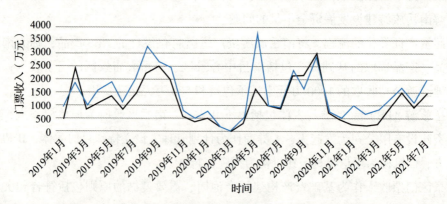

图 2-9　2019 年—2021 年南岳中心景区、大庙景区门票收入

更进一步,根据衡阳旅游统计数据,可以得到 2016 年—2020 年南岳区旅游业的基本情况,见表 2-26。

表 2-26　2016—2020 年南岳区旅游业的基本情况

年份	2016	2017	2018	2019	2020
旅客数量（万人次）	875.67	1003.08	1164.17	1316.37	1153.02
门票总收入（亿元）	3.83	3.67	3.79	3.74	3.07
中心景区购票人数（万人次）	207.68	202.42	215.21	220.10	162.69
大庙景区购票人数（万人次）	308.99	295.42	317.85	333.64	279.92
中心景区门票收入（亿元）	2.189	2.11	2.21	2.09	1.61
大庙景区门票收入（亿元）	1.60	1.52	1.61	1.64	1.45

由表 2-26 可以看出，2020 年，南岳中心景区购票人数一共为 162.69 万人次，门票收入 1.61 亿元；大庙景区购票人数为 279.92 万人次，门票收入 1.45 亿元。

四、南岳旅游 ABS 产品参与主体与产品参数

（一）参与主体

南岳旅游 ABS 产品的参与主体包括原始权益人、发起人、计划管理人、信用评级机构、增信机构、托管和监管机构以及交易撮合机构和登记托管机构。

1. 原始权益人

南岳景区门票收入归南岳区政府所有，因此南岳旅游 ABS 产品的原始权益人为南岳区政府。

2. 发起人

发起人是将其拥有的资产进行证券化获得融资的主体，一般为专项计划原始权益人，由于我国政府机构直接进入资本市场进行投融资存在一定的限制，因此此处引入衡阳市城市建设投资有限公司作为南岳旅游 ABS 产品的发起机构。

衡阳市城市建设投资有限公司（以下简称衡阳城投公司）成立于 2002 年，主要股东为衡阳市政府国有资产监督管理委员会和湖南省国有投资经营有限公司，其持股比例分别为 90% 和 10%。

3. 计划管理人

构建特殊目的载体（SPV）是实现资产证券化运作的重要一步，SPV 的职责贯穿了资产证券化的全部运作过程，包括从基础资产原始所有者手中收购基础资产、发行证券、选取资产受托管理机构。

设立 SPV 能够将原始权益人的风险阻断，从而在最大程度上降低参与机构的不当经营对 ABS 产品造成的负面影响。这样，当基础资产被出售给 SPV 后，证券化资产将不会因为相关业务参与机构的经营不当受到影响，从而实现破产隔离。

在我国，SPV 一般分为三种组织形式，分别是特殊目的实体（SPE）、特殊目的信托（SPT）和特殊目的公司（SPC）。SPE 是为了某种特殊的目的而专项建立的法律实体机

构。在国内最常见的 SPE 形式是资产专项计划,资产专项计划是券商子公司设立的为专项计划服务的 SPV。开展企业资产证券化时,原始持有人通过与 SPE 签订资产转让合同,实现基础资产从持有人向 SPE 的转移。SPT 是信托形式的 SPV,主要存在于银行间信贷资产市场的信贷证券化过程中。SPC 是指为了开展资产证券化而注册的空壳公司,在接受原始权益人的出售请求后对底层资产开展资产证券化,并发行 ABS 产品,然后将筹集到的钱款作为收购基础资产的款项支付给原始资产所有者。

南岳旅游 ABS 产品属于企业资产证券化,根据相关法规,应当设立资产支持专项计划作为 SPV。

南岳旅游 ABS 产品的计划管理人为 A 券商,因此由 A 券商负责设立资产支持专项计划,并以专项计划的名义从发起机构处"购买"用于证券化的基础资产,从而达到将标的资产的风险与原始权益方进行隔离的目的,之后将标的资产打包作为可以流通的证券向投资者出售。

4. 信用评级机构

信用评级机构需要在南岳旅游 ABS 产品发行前对基础资产状况、发起人财务状况进行评估并给出信用评级,同时在产品发行后定期进行评级。南岳旅游 ABS 产品将由 B 机构对基础资产以及证券本身进行信用评级。

5. 增信机构

通常情况下,借助增信措施可以提升 ABS 产品的信用评级,达到吸引投资者、优化产品发行条件的目的。增信措施分为内部增信措施和外部增信措施。内部增信措施有超额担保、资产储备、优先级/次级安排,通常来说成本较低;外部增信措施是由银行、单线担保公司、保险公司等外部机构为 ABS 产品提供信用担保。信用增级的方式如图 2-10 所示。

图 2-10 信用增级的方式

虽然南岳景区受新冠疫情的影响相对较小,但是产品的发行还是存在很多不确定性。因此,为了提升产品的信用等级,南岳旅游 ABS 产品将同时采用内部和外部两种增信措施。

6. 托管和监管机构

托管机构负责管理基础资产产生的现金流,在资产证券化过程中代表投资者行使权利,负责将资产产生的收益支付给投资者,并将相关信息向投资者披露。该产品的托管和监管机构均为 D 银行。

7. 交易撮合机构和登记托管机构

南岳旅游 ABS 产品将由中国证券登记结算有限公司(以下简称中证登)进行登记托管,优先级证券在产品存续期间可以在深圳证券交易所或者其他有资质的证券交易所进行交易。除非事先取得 SPV 的书面同意或者相关判决,否则不得转让次级资产支持证券。

综上,南岳旅游 ABS 产品的参与主体见表 2-27。

表 2-27 南岳旅游 ABS 产品的参与主体

参与主体	名称
原始权益人	南岳区政府
发起人	衡阳市城市建设投资有限公司
计划管理人	A 证券
信用评级机构	B 机构
增信机构	C 机构
托管和监管机构	D 银行
交易撮合机构	深圳证券交易所
登记托管机构	中国证券登记结算有限公司

(二)产品参数

1. 产品名称

南岳区旅游门票资产支持专项计划,简称"南岳旅游 ABS 产品"。

2. 基础资产

南岳景区门票收入,包括中心景区和大庙景区的门票收入;南岳区政府向旅游公司收取的 500 万元运营费和 1000 万元索道承包费。

3. 发起机构财务情况

2021 年,衡阳城投公司在国内城投公司中排第 53 名,在湖南省政府融资平台中位于前列。截至 2021 年 7 月 30 日,衡阳城投公司的资产总额为 1314 亿元,共有 14 个子公司,长期信用评级为 AA+。

2018 年,衡阳城投公司的资产总额仅为 826.43 亿元,2019 年达到 894.48 亿元,2020 年增长为 1089.77 亿元,年均增长率为 14.83%,2018 年—2020 年衡阳城投公司的资产结构见表 2-28。总体来看,衡阳城投公司的资产总额保持较高的增长速度,2021 年 6 月,资产总额增加至 1114.96 亿元,较 2018 年增长了 34.91%。

表 2-28　2018 年—2020 年衡阳城投公司的资产结构　　　　　　　　　　（单位：亿元）

时间	资产总额	现金类资产	流动资产	所有者权益	负债总额
2018 年	826.43	75.07	685.94	435.15	334.92
2019 年	894.48	51.31	740.05	427.26	375.49
2020 年	1089.77	59.51	938.98	469.74	547.39

从表 2-28 可以看出，2018 年—2020 年，衡阳城投公司的流动资产年均增长率为 17.38%，2019 年同比增长 7.89%，2020 年同比增长 26.88%；货币资金呈"U"形变化，2019 年同比下降 31.65%，2020 年同比增长 15.98%；负债年均增长率为 28.95%。

截至 2020 年年底，衡阳城投公司的负债总额占资产总额的比重为 50.23%，同比增长 8.25%，公司债务指标偏高。在负债结构方面，衡阳城投公司的长期负债占主导地位。2020 年年底，长期负债占负债总额的比重为 88.68%，流动负债比重为 11.32%。衡阳城投公司的负债情况见表 2-29。

表 2-29　衡阳城投公司的负债情况　　　　　　　　　　（单位：亿元）

时间	短期负债	长期负债	负债总额	资产负债率
2018 年	54.95	279.97	334.92	40.53%
2019 年	40.90	334.57	375.49	41.98%
2020 年	61.96	485.43	547.39	50.23%

衡阳城投公司 2018 年—2020 年的经营活动现金净流量逐年减少，从 2019 年开始转为负值，这主要是公司与其他单位的往来款项减少所导致的。

从投资活动现金流量状况来看，公司 2018 年的投资活动现金净流量为 -18.17 亿元，主要原因在于公司是衡阳市主要的投资主体，投资项目数量多、金额大。

2018 年—2020 年，衡阳城投公司对外融资规模呈现先下降后上升的趋势，筹资活动现金净流量从 -22.98 亿元增加至 24.46 亿元，表明公司自身的经营现金流无法满足对外投资的需要，具有较强的外部融资需求。衡阳城投公司的现金流情况见表 2-30。

表 2-30　衡阳城投公司的现金流情况　　　　　　　　　　（单位：亿元）

时间	经营活动现金流入量	经营活动现金流出量	经营活动现金净流量	投资活动现金净流量	筹资活动现金净流量	现金收入比
2018 年	49.72	19.5	0.22	-18.17	-22.98	91.89%
2019 年	72.99	75.28	-2.29	3.08	-25.17	117.32%
2020 年	59.60	77.58	-17.98	16.59	24.46	89.97%

衡阳城投公司 2020 年年末的流动比率为 712.35%，处于一个很高的水平，表明公司流动资产占流动负债的比例过高，可能导致资金使用效率不高，但也说明公司的短期偿债能力较强。

2020 年年末，衡阳城投公司的速动比率为 151.15%，处在一个比较合适的水平，表示公司的短期债务偿还能力比较高。

从长期债务偿还能力来看，衡阳城投公司的资产负债率从 2018 年的 47.35% 增加至 2020 年的 56.90%，虽然呈逐年上涨的趋势，但从整体来看处在一个相对合适的水平。

综合来看，衡阳城投公司的短期偿债能力要强于长期偿债能力，但考虑到公司的区域地位以及衡阳市政府的资金支持，公司整体债务偿还能力较强。衡阳城投公司的偿债指标见表 2-31。

表 2-31　衡阳城投公司的偿债指标

时间	资产负债率	全部债务资本化比率	流动比率	速动比率
2018 年	40.53%	43.49%	631.57%	135.75%
2019 年	41.98%	46.78%	575.59%	126.30%
2020 年	50.23%	53.82%	712.35%	151.15%

4. 发行金额

南岳旅游 ABS 产品的计划发行金额为 12 亿元人民币。

5. 产品数量以及分层情况

南岳旅游 ABS 产品发行总量为 1200 万份，其中优先级产品占比为 95%，发行金额为 11.40 亿元人民币；次级产品占比为 5%，发行金额为 6000 万元人民币，次级产品由发行人全额认购。

6. 资产支持证券期限

南岳旅游 ABS 产品分为优先级产品和次级产品，优先级产品中 1 年期产品占比 12%，2 年期产品占比 15%，3 年期产品占比 18%，4 年期产品占比 25%，5 年期产品占比 25%，次级产品发行期限均为 5 年。

7. 定价方式

首先，对市场情况进行调查，确定初步的利率区间，通过了解潜在投资者的投资意向以及对产品定价的看法开展销售摸底工作，并在有必要时对利率区间进行调整。其次，根据前期调查结果和当前市场环境，确定发行时点以及发行利率区间。最后，根据南岳旅游 ABS 产品发行时投资者的认购情况，确定产品的发行利率。

8. 运营相关费用

运营相关费用包括管理费、托管费、评级费用和审计费，均参考市场价格设置。管理费和托管费分别按照每次分配时没有兑付的优先级产品金额的 0.1% 和 0.02% 收取。评级费和审计费均为 5 万元/年。

9. 收益分配顺序

南岳旅游 ABS 产品的现金流将按照应缴税费→管理费→托管费→当期优先级产品应付收益→当期优先级产品应付本金→次级产品应付本金的顺序，进行偿付。

综上，南岳旅游 ABS 产品主要参数及发行结构见表 2 - 32。

表 2 - 32 南岳旅游 ABS 产品主要参数及发行结构

产品名称	基础资产			期限		利率	发行金额（万元）	分层比例
	可变收入		固定收入		1 年期	4.50%	14 400	12.00%
				优先级	2 年期	4.80%	18 000	15.00%
南岳旅游 ABS 产品	中心景区门票收入	大庙景区门票收入	500 万元运营费、1000 万元索道承包费		3 年期	5.00%	21 600	18.00%
					4 年期	5.20%	30 000	25.00%
					5 年期	5.50%	30 000	25.00%
				次级	5 年期		6000	5.00%
				合计			120 000	100%

五、南岳旅游 ABS 产品运作流程

参照其他资产证券化产品的运作流程，南岳旅游 ABS 产品的运作流程包括构建底层资产池、构建特殊目的载体、出售资产以及信用增级等，如图 2 - 11 所示。

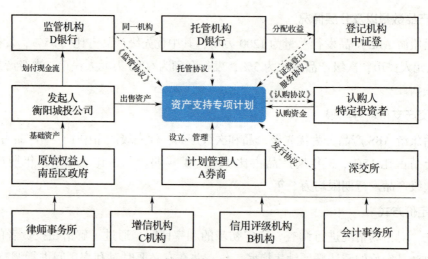

图 2 - 11 南岳旅游 ABS 产品的运作流程

1）构建底层资产池：选取南岳区中心景区、大庙门票收入以及当地旅游企业缴纳的索道承包费和服务管理费作为资产证券化的基础资产。

2）构建特殊目的载体（SPV）：构建特殊目的载体是 ABS 过程中的重要流程之一，它可以实现破产风险隔离的作用，主要分为 SPE、SPT、SPC 这三种模式。该产品的 SPV 类型为 SPE，由 A 券商设立南岳景区门票资产管理专项计划。

3）出售资产：将底层资产的所有权转让给 SPV，可以实现将底层资产与项目参与人的破产风险隔离开的目的。此步骤的法律文件需要确保定义清晰、责任明确、内容以及程序正当完整。

4）信用增级：在内部增信的安排中，南岳旅游 ABS 产品通过采用优先、次级结构，

超额覆盖安排来进行信用增级。根据不同的风险以及收益特征，将南岳旅游 ABS 产品分为优先级和次级，优先级产品的本息偿付顺序要优先于次级产品，并且次级产品不设置利息回报，由发起人全额购买。南岳旅游 ABS 产品的优先级产品占比为 95%，次级产品占产品总额的 5%。此外，南岳旅游 ABS 产品还将采用本息超额覆盖安排来提升信用评级。通过现金流超额覆盖需要偿付的本息能够在一定程度上保障产品的兑付。在外部增信的安排中，A 机构将作为差额支付机构来保障优先级产品的顺利偿付。如有差额支付事件启动，A 机构应当将当期应付款项补足给优先级产品持有人。

六、南岳旅游 ABS 产品现金流入分析

现金流测算是南岳旅游 ABS 产品设计的重点也是难点。首先，要对南岳旅游 ABS 产品基础资产往年的现金流入情况进行分析；其次，要将景区未来的经营状况分为悲观、中性、乐观三种情形，并根据历史增长率对南岳景区的旅游人数进行预测；最后，根据游客购买门票的均价，对景区未来的现金流进行预测。

（一）中心景区现金流预测

南岳旅游局将南岳景区划分为中心景区、大庙景区、水帘洞景区等多个收费游览型景点。游客所认为的"衡山"指的就是中心景区，祝融峰、麻姑仙境、穿岩诗林、藏经殿、祝融庙、磨镜台、上封寺等多个知名景点都位于中心景区内。

2018 年 9 月，中心景区旺季票价由 120 元调整至 110 元，淡季票价由 100 元调整至 80 元。2009 年—2020 年中心景区的购票人数及门票收入见表 2-33。

表 2-33 2009 年—2020 年中心景区的购票人数及门票收入

年份	购票人数（万人次）	购票人数增长率	门票收入（万元）
2009	93	—	8660
2010	116	24.26%	11 350
2011	135	16.28%	13 000
2012	143	5.93%	13 900
2013	169	17.97%	16 400
2014	164	-2.92%	17 280
2015	168	2.69%	17 300
2016	208	23.49%	21 890
2017	202	-2.53%	21 145
2018	215	6.32%	22 100
2019	220	2.27%	20 946
2020	163	-26.08%	16 120

从表 2-33 可以看出，在这 12 年里，南岳中心景区经历了高速发展期和巩固期。2009 年—2016 年为高速发展期，购票人数的增长主要得益于南岳区旅游局的营销推广活

动。2016年南岳区旅游协会与衡阳生活频道一同制作了两期纪录片，不仅如此，当年南岳区的旅游形象宣传片还在中央电视台综合频道播出。除了电视宣传外，南岳区还在深圳北站、黄花机场等多个交通枢纽投放宣传广告。南岳区丰富的宗教资源每年都能吸引许多"香客"来访，针对这一点，南岳区旅游局专门聘请"香客"营销团队多次前往广东深圳以及湖南邵阳等地开展"香客"营销宣传活动。从当年的旅客人数增长率来看，这一套"营销组合拳"成效颇佳，中心景区购票人数同比上涨23.49%，大庙景区购票人数同比上涨12.47%，全年"香客"登记量同比增加7.36万人，"香客"团队人数同比增长26.67%。

中心景区旅游人数在经过了2016年的大幅增长后势头放缓，剔除2020年受到新冠疫情影响的数据，结合南岳全域旅客人数和旅游生命周期理论来看，2017年—2019年南岳中心景区步入巩固发展期，旅客人数增长幅度逐渐放缓。

2021年国民旅游需求再次大幅增加，中秋节期间，南岳区旅客数量和门票收入分别为18.59万人次和993.46万元。这些数据表明，拥有长期旅游发展历史的南岳景区，未来的发展前景依然广阔。

基于2015年—2019年南岳中心景区的门票收入情况，可以对2022年—2026年南岳中心景区未来的现金流入进行预测。

假设：①中心景区的门票价格稳定，现金流入的增长主要依赖旅客数量的增长；②历史数据可以预测未来现金流入；③虽然盈利模式比较传统，旅游收入增长速度逐渐减缓，但作为老牌旅游景区，南岳中心景区旅游收入增长的稳定性强。

在上述假设的前提下，鉴于旅游景区的发展，除了受到自身的人文历史、自然景观、宗教文化等因素影响外，还受到众多外界不可控因素的干扰。因此将南岳中心景区未来的经营状况分为悲观、保守以及乐观三种情形，并将每种情形出现的可能性按照20%、40%、40%的权重进行加权后，对南岳中心景区的购票人数进行预测。

在悲观情形下，中心景区发展进入衰退阶段，假设中心景区的购票人数以每年2%的速度递减；在保守情形下，假设中心景区的购票人数以每年3%的速度增长；在做好营销宣传活动的乐观情形下，假设中心景区的购票人数以每年5%的速度增长。剔除2020年的数据，将2019年的数据作为基准，在悲观、保守、乐观情形下分别按照-2%、3%、5%的增长率对2022年—2026年南岳中心景区购票人数进行预测，结果见表2-34。

表2-34 2022年—2026年南岳中心景区购票人数预测

年度	悲观	保守	乐观
	购票人数（万人次）	购票人数（万人次）	购票人数（万人次）
2022	211.38	233.50	242.66
2023	207.16	240.51	254.79
2024	203.01	247.72	267.53
2025	198.95	255.16	280.91
2026	194.97	262.81	294.96

由于表 2-34 中购票人数预测数据为全年总和，而未来的门票收入不仅与购票人数相关，还与游客购买的是全价票还是半价票，以及选择淡季还是旺季来南岳旅游有关。因此，为方便计算，用 2019 年和 2020 年的门票收入分别除以当年的购票人数，将二者的均值作为门票均价预测门票收入，预测的门票收入就等于预测购票人数乘以门票均价。

综上，2022 年—2026 年南岳中心景区现金流入预测结果，见表 2-35。

表 2-35　2022 年—2026 年南岳中心景区现金流入预测结果

年度	购票人数（万人次）	门票收入（万元）
2022	232.74	22 576.03
2023	239.55	23 236.57
2024	246.71	23 930.44
2025	254.22	24 659.04
2026	262.10	25 423.81

（二）大庙景区现金流预测

南岳大庙是中国南方最大的庙宇，有着深厚的文化背景和历史渊源，集佛教和道教的建筑风格于一体，气势恢宏。当地政府的精准营销使南岳大庙景区的旅客数量在除 2017 年和 2020 年以外的年份里逐年递增。

2009 年—2020 年大庙景区的购票人数及门票收入见表 2-36。

表 2-36　2009 年—2020 年大庙景区的购票人数及门票收入

年度	购票人数（万人次）	购票人数增长率	门票收入（万元）
2009	157	—	6114
2010	178	13.46%	6974
2011	194	9.06%	9000
2012	207	6.70%	9900
2013	234	12.81%	11 200
2014	253	8.53%	12 950
2015	275	8.40%	13 900
2016	309	12.47%	15 977
2017	295	-4.39%	15 191
2018	318	7.59%	16 100
2019	334	4.97%	16 378
2020	280	-16.10%	14 450

注：此处购票人数为全年购票人数的总和，未区分全价票、半价票及购买渠道。

大庙景区的参观人数一直比中心景区的更多，这是因为大部分游客都是抱着宗教朝拜的目的前往南岳旅游的。2020 年的数据也显示了大庙景区受到突发事件的负面冲击更小,在中心景区受到新冠疫情影响购票人数下降26.08%的同时,大庙景区的购票人数仅下降了16.10%。2020年大庙景区的购票人数比中心景区的购票人数多117万人次,如图2-12所示。

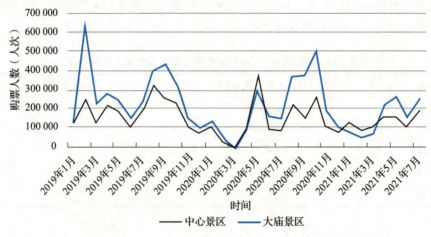

图2-12 2019年—2021年南岳中心景区与大庙景区购票人数

与传统的自然景观和普通的人文景观不同,因为宗教信仰方面的因素,南岳大庙景区的游客数量受外界社会环境因素的影响更小。长沙、株洲、湘潭、衡阳等地的众多信徒每年都会到南岳大庙进行祈福,很多游客的祈福活动甚至已经持续了十几年。除此之外,一些民间说法也在无形中为景区游客数量的稳定做出了贡献,例如,许愿之后,在愿望实现的第二年,要回到南岳大庙还愿;或是大庙祈福要连续三年才能应验等。

因此,剔除2020年数据,基于2015年—2019年的门票收入情况,对南岳大庙景区在2022年—2026年的现金流入进行预测。

假设:①大庙景区的门票价格稳定,现金流入的增长主要依赖旅客人数的增长;②历史数据可以预测未来现金流入;③在南岳大庙景区资源具有独特性、垄断性、不可替代性以及游客黏性强的情况下,游客对外界干扰因素不敏感;④虽然盈利模式比较传统,旅游收入增长速度逐渐减缓,但作为老牌旅游景区,南岳大庙景区的旅游收入增长的稳定性强。

在上述假设的前提下,由于旅游景区的发展还存在很多不确定性,因此将南岳大庙景区未来的经营状况分为悲观、保守以及乐观三种情形,并将每种情形出现的可能性按照20%、50%、30%的权重进行加权后,对南岳大庙景区的购票人数进行预测。

在悲观情形下,大庙景区发展进入衰退阶段,假设大庙景区的购票人数以每年1%的速度递减;在保守情形下,假设大庙景区的购票人数以每年3%的速度增长;在做好营销宣传活动的乐观情形下,假设大庙景区的购票人数以每年5%的速度增长。剔除2020年的数据,将2019年的数据作为基准,在悲观、保守、乐观情形下分别按照-1%、3%、5%的增长率对2022年—2026年南岳大庙景区购票人数进行预测,结果见表2-37。

表 2-37 2022 年—2026 年南岳大庙景区购票人数预测

年度	悲观	保守	乐观
	购票人数（万人次）	购票人数（万人次）	购票人数（万人次）
2022	327.00	353.96	367.84
2023	323.73	364.58	386.23
2024	320.49	375.51	405.54
2025	317.29	386.78	425.82
2026	314.12	398.38	447.11

2021 年 4 月，南岳大庙景区的旺季票价由 60 元调整至 58 元。由于票价调整幅度不大，因此可将 2015 年—2020 年大庙景区每年的门票收入除以当年购票人数并计算平均值作为大庙景区的门票均价，以预测大庙景区的门票收入，预测结果见表 2-38。

表 2-38 2022 年—2026 年南岳大庙景区现金流入预测结果

年度	购票人数（万人次）	门票收入（万元）
2022	352.73	17 936.37
2023	365.07	18 563.76
2024	376.52	19 146.10
2025	388.50	19 755.08
2026	401.02	20 391.88

七、南岳旅游 ABS 产品定价

在资产证券化产品定价中，比较常用的定价方法是可比定价法，这种方法是在标准化债券收益率的基础上补充溢价，溢价包括信用风险补偿、流动风险补偿和税收补偿。

由于我国资产证券化的标准产品少，交易数据相对较少，所以在实际操作过程中，一般参照信用评级和发行期限相近的固定收益融资工具确定基准利率，再在基础利率的基础上加上风险溢价从而对资产证券化产品进行定价。

（一）票面利率

南岳旅游 ABS 产品的发起人是衡阳市城市建设投资有限公司，其信用评级为 AA+级。因此，南岳旅游 ABS 产品的定价应以同期 AA+级债务融资工具的收益率为基准，并在此基础上补偿一定的流动性溢价。

2021 年 1 月初至 10 月末，中国银行间市场交易商协会建议的非金融机构债权融资利率如图 2-13 所示。

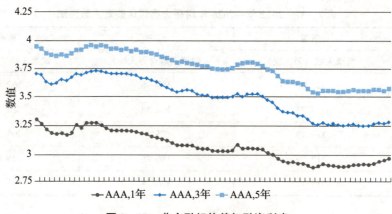

图 2−13 非金融机构债权融资利率

根据图 2−13 的定价指引线，2021 年 11 月 1 日非金融企业债务筹资工具的估值结果见表 2−39。

表 2−39 2021 年 11 月 1 日非金融企业债务筹资工具的估值结果

评级	期限				
	1 年	3 年	5 年	7 年	10 年
重点 AAA	2.85%	3.15%	3.43%	3.69%	3.83%
AAA	2.96%	3.28%	3.57%	3.85%	4.03%
AA +	3.27%	3.64%	3.97%	4.32%	4.53%
AA	3.75%	4.21%	4.6%	4.89%	5.06%
AA −	5.53%	6.19%	6.65%	6.88%	7.10%

一般情况下，券商在产品设计时会适当提高产品的票面利率，通过适当高估产品利息来保障产品存续期间正常的还本付息。

因此，将南岳旅游 ABS 产品的 1 年期票面利率设置为 4.50%，并按照每年增长 20～30bp 的收益率对优先级产品票面利率进行设置，2 年期、3 年期、4 年期、5 年期的票面利率分别设置为 4.80%、5.00%、5.20%、5.50%，次级产品不设置票面利率。南岳旅游 ABS 产品结构见表 2−40。

表 2−40 南岳旅游 ABS 产品结构

证券简称	期限	利率	金额（万元）	分层比例
南岳 01	1 年期	4.50%	14 400	12.00%
南岳 02	2 年期	4.80%	18 000	15.00%
南岳 03	3 年期	5.00%	21 600	18.00%
南岳 04	4 年期	5.20%	30 000	25.00%
南岳 05	5 年期	5.50%	30 000	25.00%
南岳次级	5 年期		6000	5.00%
	合计		120 000	100%

（二）南岳旅游 ABS 产品资产池的现金流情况

南岳旅游 ABS 产品，计划于 2022 年 7 月 1 日发行，存续期为五年。为保障专项计划能在存续期间兑付证券本息，需要对资产池的现金流入和现金流出进行测算。

资产池的现金流入来自 2022 年—2026 年南岳大庙景区和中心景区的门票收入以及南岳区政府向旅游公司收取的运营费和索道承包费。

资产池的现金流出，是待偿付的优先级证券本息和服务费。优先级证券分为 1 年期、2 年期、3 年期、4 年期、5 年期五类，每期期末付息，到期还本。服务费包括管理费、托管费、评级费用和审计费，均参考市场价格进行设置。管理费和托管费分别按照每次分配时没有兑付的优先级产品金额的 0.1% 和 0.02% 收取。评级费和审计费均为 5 万元/年。

南岳旅游 ABS 产品资产池的现金流情况见表 2-41，在产品存续期间，资产池都有大量现金结余，能够较好地保障产品的本息偿还。

表 2-41 南岳旅游 ABS 产品资产池的现金流情况

证券简称	期限	利率	金额（万元）	各期本息支付情况（万元）				
				2022 年	2023 年	2024 年	2025 年	2026 年
南岳 01	1 年期	4.50%	14 400	15 048				
南岳 02	2 年期	4.80%	18 000	864	18 864			
南岳 03	3 年期	5.00%	21 600	1080	1080	22 680		
南岳 04	4 年期	5.20%	30 000	1560	1560	1560	31 560	
南岳 05	5 年期	5.50%	30 000	1650	1650	1650	1650	31 650
南岳次级	5 年期		6000					6000
	服务费（万元）			115	94	68	39	10
	现金流出（万元）			20 317	23 248	25 958	33 249	37 660
	现金流入（万元）			42 012	43 300	44 577	45 914	47 316
	资产池现金结余（万元）			21 695	20 052	18 619	12 665	9656
	现金流的保障倍数			2.07	1.86	1.72	1.38	1.26

（三）压力测试

压力测试是通过测试产品在市场发生巨大改变时的表现，来对产品的抗压能力进行评估。对南岳旅游 ABS 产品进行压力测试，可以在一定程度上了解产品在遭受不利影响时的本息偿付情况，从而对产品的抗风险能力和稳定性进行评估。

在进行压力测试前，先要对正常情况下南岳旅游 ABS 产品现金流的保障倍数做出测算。从表 2-41 可知，南岳旅游 ABS 产品存续期间现金流的保障倍数均大于 1.26，能够较好地保障产品的偿付。

由于南岳旅游 ABS 产品的偿付情况受多种因素影响，因此，可将压力条件设置为：①发行利率上浮 50bp；②发行利率上浮 100bp；③现金流入下降 10%；④极端情形下发行利率上浮 50bp，现金流入下降 10%。

1）发行利率上浮 50bp 后，1 年期优先级证券的利率上升到 5.00%，2 年期优先级证券的利率变为 5.30%，3 年期优先级证券的利率变为 5.50%，4 年期优先级证券的利率上升为 5.70%，5 年期优先级证券的利率为 6.00%。可以看到利率上升后现金流的保障倍数仍在 1.25 以上，表明南岳旅游 ABS 产品的承压能力较强，能够承受一定的利率上升风险，发行利率上浮 50bp 后，南岳旅游 ABS 产品资产池的现金流情况见表 2-42。

表 2-42　发行利率上浮 50bp 后，南岳旅游 ABS 产品的资产池现金流情况

证券简称	期限	利率	金额（万元）	各期本息支付情况（万元）				
				2022 年	2023 年	2024 年	2025 年	2026 年
南岳 01	1 年期	5.00%	14 400	15 120				
南岳 02	2 年期	5.30%	18 000	954	18 954			
南岳 03	3 年期	5.50%	21 600	1188	1188	22 788		
南岳 04	4 年期	5.70%	30 000	1710	1710	1710	31 710	
南岳 05	5 年期	6.00%	30 000	1800	1800	1800	1800	31 800
南岳次级	5 年期		6000					6000
		服务费（万元）		115	94	68	39	10
		现金流出（万元）		20 887	23 746	26 366	33 549	37 810
		现金流入（万元）		42 012	43 300	44 577	45 914	47 316
		现金流的保障倍数		2.01	1.82	1.69	1.37	1.25

2）发行利率上浮 100bp 后，1 年期优先级证券的利率上升至 5.50%，2 年期优先级证券的利率变为 5.80%，3 年期优先级证券的利率变为 6.00%，4 年期优先级证券的利率上升为 6.20%，5 年期优先级证券的利率为 6.50%。可以看到利率上升后现金流的保障倍数仍在 1.25 以上，表明南岳旅游 ABS 产品的承压能力较强，能够承受一定的利率上升风险，发行利率上浮 100bp 后，南岳旅游 ABS 产品资产池的现金流情况见表 2-43。

表 2-43　发行利率上浮 100bp 后，南岳旅游 ABS 产品的资产池现金流情况

证券简称	期限	利率	金额（万元）	各期本息支付情况（万元）				
				2022 年	2023 年	2024 年	2025 年	2026 年
南岳 01	1 年期	5.50%	14 400	15 192				
南岳 02	2 年期	5.80%	18 000	1044	19 044			
南岳 03	3 年期	6.00%	21 600	1296	1296	22 896		
南岳 04	4 年期	6.20%	30 000	1860	1860	1860	31 860	
南岳 05	5 年期	6.50%	30 000	1950	1950	1950	1950	31 950

(续)

证券简称	期限	利率	金额（万元）	各期本息支付情况（万元）				
				2022年	2023年	2024年	2025年	2026年
南岳次级	5年期		6000					6000
服务费（万元）				115	94	68	39	10
现金流出（万元）				21 457	24 244	26 774	33 849	37 960
现金流入（万元）				42 012	43 300	44 577	45 914	47 316
现金流的保障倍数				1.96	1.79	1.66	1.36	1.25

3）现金流入下降10%后，2022年—2026年的现金流入分别为37 811万元、38 970万元、40 119万元、41 323万元、42 584万元，现金流的保障倍数分别为1.86、1.67、1.55、1.24、1.13，产品依旧能够保障还款，具体的现金流情况见表2-44。

表2-44 现金流入下降10%后，南岳旅游ABS产品的资产池现金流情况

证券简称	期限	利率	金额（万元）	各期本息支付情况（万元）				
				2022年	2023年	2024年	2025年	2026年
南岳01	1年期	4.50%	14 400	15 048				
南岳02	2年期	4.80%	18 000	864	18 864			
南岳03	3年期	5.00%	21 600	1080	1188	22 680		
南岳04	4年期	5.20%	30 000	1560	1560	1560	31 560	
南岳05	5年期	5.50%	30 000	1650	1650	1650	1650	31 650
南岳次级	5年期		6000					6000
服务费（万元）				115	94	68	39	10
现金流出（万元）				20 317	23 356	25 958	33 249	37 660
现金流入（万元）				37 811	38 970	40 119	41 323	42 584
现金流的保障倍数				1.86	1.67	1.55	1.24	1.13

4）极端情形下，发行利率上浮50bp且现金流入下降10%，此时，2022年—2026年的现金流的保障倍数测算结果分别为1.81、1.64、1.52、1.23、1.13。总体来看能够保障产品本息的正常偿付，具体现金流情况见表2-45。

表2-45 发行利率上浮50bp且现金流入下降10%后，南岳旅游ABS产品的资产池现金流情况

证券简称	期限	利率	金额（万元）	各期本息支付情况（万元）				
				2022年	2023年	2024年	2025年	2026年
南岳01	1年期	5.00%	14 400	15 120				
南岳02	2年期	5.30%	18 000	954	18 954			
南岳03	3年期	5.50%	21 600	1188	1188	22 788		
南岳04	4年期	5.70%	30 000	1710	1710	1710	31 710	

(续)

证券简称	期限	利率	金额（万元）	各期本息支付情况（万元）				
				2022 年	2023 年	2024 年	2025 年	2026 年
南岳 05	5 年期	6.00%	30 000	1800	1800	1800	1800	31 800
南岳次级	5 年期		6000					6000
		服务费（万元）		115	94	68	39	10
		现金流出（万元）		20 877	23 746	26 366	33 549	37 810
		现金流入（万元）		37 811	38 970	40 119	41 323	42 584
		现金流的保障倍数		1.81	1.64	1.52	1.23	1.13

八、南岳旅游 ABS 产品现金流出分析

现金流出分析包括现金账户设置、资金归集过程与现金流分配过程。

（一）现金账户设置

设置现金账户有利于区分专项资金与其他资金，减少资金混同风险。具体而言，现金账户包括募集账户、专项计划账户、归集账户以及直接收款账户。南岳旅游 ABS 产品的资金划转流程，如图 2-14 所示。

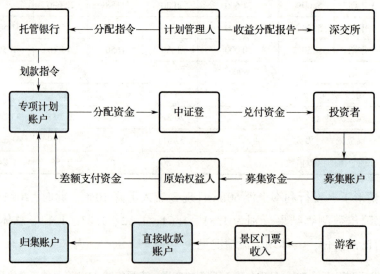

图 2-14 南岳旅游 ABS 产品的资金划转流程

1）募集账户，是管理人为南岳旅游 ABS 产品开立的专门用于存放南岳旅游 ABS 产品发行期间所募集到的投资者资金的银行账户。

2）专项计划账户，是专门用于开展货币收支活动的账户。接受募集和差额支付款项、支付购买证券化资产的钱款、支付专项计划利息和费用等货币收支活动均通过此账户进行。

3）归集账户，是为避免资金混同风险，在选定银行开设的用于归集基础资产所产生的门票收入、500 万元运营费、1000 万元索道承包费以及其他现金流回款的银行账户。

4）直接收款账户，是南岳景区管理处在银行开设的用于直接收取门票收入的人民币资金账户。

（二）资金归集过程与现金流分配过程

在南岳旅游 ABS 产品存续期间，专项计划通过门票收入的归集、回收款转付等环节进行资金归集。

1）门票收入的归集。每月 15 号 17:00 前，应当将门票收入从直接收款账户转至归集账户，这一步骤又被称为回款归集。

2）回收款转付。将归集账户中的资金划转至专项计划账户的过程被称为回收款转付。每年 1 月、4 月、7 月、10 月的 20 日为回收款转付日。

兑付日是指向 ABS 产品持有人支付本金及利息的日期，南岳旅游 ABS 产品的兑付日为每年的 7 月 2 日。在每个信托收益核算日后的第一个兑付日，应支付资产支持计划当期的应付本息、税费和其他费用。

计划管理人应当对资金的托管银行进行监督，确保资金托管银行将当期收到的所有现金流回款，按照如下顺序进行分配：①支付与专项计划相关的税费；②支付管理费、托管费、信用评级相关费用、资金保管银行的报酬、各机构可报销的费用；③支付当期优先级证券的应付利息；④支付优先级证券的本金直至当期应付本金兑付完毕；⑤在完成上述款项支付后，将专项计划账户内剩余资金支付给次级证券持有人，如该期的兑付日为次级证券的预计到期日，则支付次级证券的本金直至兑付完毕。

综上所述，南岳旅游 ABS 产品的资金划转顺序如图 2-15 所示。

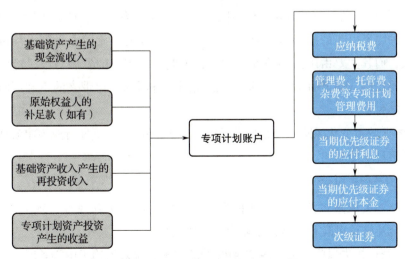

图 2-15 南岳旅游 ABS 产品的资金划转顺序

(三)风险提示

为保护投资者的利益,有必要对南岳旅游 ABS 产品的风险进行提示和说明。投资者在购买南岳旅游 ABS 产品时,应认真考虑四类风险:投资风险、景区经营风险、基础资产相关风险以及其他特有风险。

1. 投资风险

投资风险是指投资于该资产支持证券可能承担的风险,包括信用评级变动风险、还款风险和利率风险。

1)信用评级变动风险。在证券存续期间,发起人或者其他相关主体的外部环境、内部管理出现重大问题,可能导致南岳旅游 ABS 产品的信用等级下降,从而影响投资者的收益。

2)还款风险。在证券存续期间,由于重大不可控力,基础资产的未来现金流入可能与预测的现金流入不一致,使得南岳旅游 ABS 产品无法获得足够的资金偿付给投资者。

3)利率风险。由于南岳旅游 ABS 产品采用的是固定利率,产品的收益水平在市场利率上升时,相对市场收益水平可能有所下降。

2. 景区经营风险

南岳旅游 ABS 产品的现金流入为南岳景区门票收入,因此,景区经营状况将直接影响基础现金流的大小。在证券存续期内,景区经营可能受到重大不可抗力风险、经济周期波动引起的风险和旅游业政策变化风险的影响。

1)重大不可抗力风险。旅游景区的经营状况可能受到诸如火灾、洪涝等自然灾害以及全球性传染病等重大公共卫生事件的影响。在证券存续期间,景区的门票收入可能受到以上因素的不利影响而大幅减少,从而影响南岳旅游 ABS 产品的还本付息。

2)经济周期波动引起的风险。该风险是指由外部经济环境、社会政策变动、自然地理环境等多种因素引起的旅游行业萧条的风险。短期来看,旅游业受到人均可支配收入的影响较大,而其主要由国民经济发展决定,因此,旅游业的发展与国民经济发展息息相关。在南岳旅游 ABS 产品存续期间,可能受到经济周期变化带来的不利影响,从而影响证券的还本付息。

3)旅游业政策变化风险。南岳旅游 ABS 产品的基础资产所处行业为旅游业,其发展受到宏观政策环境的制约。

3. 基础资产相关风险

基础资产相关风险包括标的资产损失风险、门票价格下跌风险、现金流预测风险、标的资产现金流转移风险和专项计划账户管理风险。

1)标的资产损失风险。南岳旅游 ABS 产品的现金流入依赖于中心景区、大庙景区的门票收入,这两个景区可能受到外部不可抗力的影响发生严重损失,进而影响该资产支持证券的现金流入,从而影响该证券的还本付息。

2）门票价格下跌风险。南岳旅游 ABS 产品的基础资产为南岳中心景区和大庙景区的门票收入，这两个景区的门票价格受到湖南省物价局的调控。政府对门票价格的调整将直接影响南岳旅游 ABS 产品的现金流入情况，从而对证券的偿付造成不利影响。

3）现金流预测风险。由于南岳旅游 ABS 产品的现金流入来源为南岳区旅游门票收入，其多少受到景区付费参观人数、政府对门票价格的调控、当地旅游宣传力度等多种不确定性因素的影响，因此景区现金流的预测情况可能和实际情况有一定出入。

4）标的资产现金流转移风险。在南岳旅游 ABS 产品存续期间，南岳景区门票管理处应当设立专项监管账户，用于景区门票的管理，并且定期将标的资产产生的现金流转移到专项计划账户中。标的资产现金流转移风险是指在现金流转移过程中可能存在的风险。

5）专项计划账户管理风险。南岳旅游 ABS 产品的资金账户由专门的资金托管机构代为管理，在证券存续期间资金托管机构依据资金托管协议对专项计划账户下的财产进行分配和保管，在此过程中可能出现操作错误导致专项计划账户管理风险。

4．其他特有风险

除以上三类风险外，南岳旅游 ABS 产品还有可能面临税收风险、技术风险、参与主体违规风险等其他特有风险。

1）税收风险。南岳旅游 ABS 产品持有人在分配产品收益时应当缴纳对应的税费，未来我国相关税收法律可能发生改变，从而导致证券持有人需要缴纳额外的税费。

2）技术风险。在南岳旅游 ABS 产品的日常交易中，存在技术系统故障耽误正常交易的可能性。

3）参与主体违规风险。南岳旅游 ABS 产品的参与主体在证券存续期内可能存在公司治理机制运行不畅等问题，从而产生违规风险。

九、南岳旅游 ABS 产品的市场前景分析

南岳旅游 ABS 产品的市场前景不仅与国家相关政策有关，还与产品弥补的市场缺陷和产品在市场上的供求关系相关。

（一）产品弥补的市场缺陷

目前市面上现有的旅游资产证券化产品都只与自然景观有关，缺乏与人文景观、宗教景观相关的产品，南岳旅游 ABS 产品在一定程度上丰富了同类产品基础资产的选择。不仅如此，该产品还丰富了市场上资产证券化产品的投资选择，推动了多层次资本市场的构建。

1．丰富旅游资产证券化产品基础资产的选择

目前市场上现有的旅游资产证券化产品都是以索道承包费、景区服务费为基础资产发行的，而南岳旅游 ABS 产品的基础资产包括景区门票、运营费和索道承包费，对比现存产品，本产品的基础资产种类更多，能更好地分散风险。从旅游资源来看，大庙景区

和中心景区不仅包含优美的自然景观,还有着丰富的人文景观和宗教景观,在一定程度上丰富了现有的旅游资产证券化产品基础资产的选择。

2. 丰富市场 ABS 产品投资的选择

截至 2021 年年末,我国资产证券化市场累计发行 8300 单 ABS 产品,累计发行规模为 137 767.18 亿元,其中仅 2021 年就新发行了 2192 单 ABS 产品,发行规模为 31 399.31 亿元。然而,与整个市场的体量相比,旅游 ABS 产品的市场份额非常之小,目前旅游 ABS 产品累计发行规模为 169.7 亿元,存量仅为 79.17 亿元。更多具有特色的旅游 ABS 产品的出现可以丰富资产证券化产品的种类,满足投资者的投资需求。

3. 推动多层次资本市场的构建

目前债权融资和股权融资两种传统融资方式在市场中仍然占主导地位,由于信息不对称,银行等金融机构往往只愿意为信用好的大型企业提供贷款,并且在借款时对抵押物有要求,借款门槛较高,这使得很多企业难以得到资金支持。同时,因为我国企业上市标准高,大部分旅游企业都难以达到上市标准,能够通过上市获得融资的企业只占极小一部分。通过资产证券化进行融资,不仅可以拓宽资本市场融资渠道,还能降低企业融资成本,丰富市场产品选择,对于构建多层次资本市场有着重要意义。

(二)产品在市场上的供求关系

产品的市场供求关系会影响产品的定价和发售难易程度,进行产品供求分析可以更好地进行产品定价、推动产品的发售。

1. 产品供给分析

自 2012 年信贷资产证券化试点重启以来,我国 ABS 产品的发行规模不断扩大。2021 年全年,我国共发行 ABS 产品 137 767.18 亿元,市场 ABS 产品存量为 52 474.34 亿元。

然而,我国旅游资产证券化产品的数量仍较少,规模也较小。自 2012 年华侨城公司发行国内首支旅游 ABS 产品起,我国共发行旅游 ABS 产品 16 只,发行规模只有 136.25 亿元。

我国旅游行业资金需求大,投资建设周期长,开展资产证券化不仅能拓宽旅游企业的融资渠道,还能通过信用增级、风险隔离等手段控制产品风险,降低融资成本。早在 2012 年,国家相关机构就发文鼓励将景区门票收入和景区经营权进行质押,相信在未来将出现更多旅游资产证券化产品。

2. 产品需求分析

投资者对资产证券化产品的需求不仅与产品自身要素有关,还与同类替代品有关。比较分析资产支持证券与银行理财产品的收益率、安全性、流动性,可以得出资产证券化产品的市场需求情况。

2021 年发行的企业资产证券化产品违约率与收益率见表 2-46,同期各类银行理财产品的平均收益率见表 2-47。

表2-46　2021年发行的企业资产证券化产品违约率与收益率

产品分类	总单数	总金额（亿元）	违约率	平均利率	平均期限（年）
小额贷款	43	122.13	0	4.32%	1.23
小微贷款	132	1454.81	0	3.95%	1.82
应收账款	104	1713.99	0	3.48%	2.20
信托受益权	26	631.01	0	4.32%	1.29
CMBS/CMBN	68	1157.20	0	4.43%	16.68
PPP项目	7	71.78	0	4.29%	8.86
个人消费金融	160	1477.10	0	3.94%	1.47
供应链	458	2803.08	0	3.86%	0.97
基础设施收费收益权	29	229.24	0	3.98%	5.47

表2-47　2021年银行理财产品的平均收益率

时间	2021-01-01	2021-04-01	2021-07-01	2021-10-01	2022-03-14
所有类别	3.83%	3.84%	3.74%	3.74%	3.71%
城市商业银行	4.00%	4.05%	4.05%	4.06%	4.04%
大型商业银行	3.51%	3.44%	3.33%	3.26%	3.29%
股份制商业银行	3.87%	3.76%	3.57%	3.46%	3.30%
农村商业银行	3.81%	3.87%	3.95%	4.06%	3.95%

产品的投资收益率是投资者在选择产品时重点考虑的因素，在不考虑其他因素的情况下，收益率高的产品对投资者来说吸引力也会更大。从表2-46和表2-47可以发现，2021年银行理财产品的收益率保持在3.26%～4.06%，而资产证券化产品的平均收益率在3.48%～4.43%，两者相比，资产证券化产品的收益率明显更具有吸引力。

仅从产品安全性的角度考虑，银行存款无疑是最优选择，但结合产品收益率来看，银行存款就不那么吸引人了。自2018年《中国人民银行 中国银行保险监督管理委员会 中国证券监督管理委员会 国家外汇管理局关于规范金融机构资产管理业务的指导意见》出台以来，银行理财产品不再承诺保本，工商银行、交通银行都曾发生过理财产品违约事件，理财产品的安全性下降了许多。而资产证券化产品在发售前都会确保真实出售、进行信用增级，这些举措大幅提升了产品的安全性。从表2-46可以看出，目前资产证券化产品的违约率极低，2021年新发售的产品平均违约率都为0。综合考虑产品的收益率与安全性，资产证券化产品显然对投资者更具有吸引力。

从产品的流动性看，银行活期存款的流动性最强，但由于收益率太低，对投资者的吸引力不强。银行理财产品可以看作是浮动收益的定期存款，产品期限一般在七天到五年之间，并且在封闭期内不可赎回。资产证券化产品的发行期限大多在五年以内，并且通常会设置赎回条款，随着资产证券化产品的爆发式增长，其二级市场交易也越来越活跃，产品流动性不断提高。

第三章
专利与专利资产

"专利"(Patent)一词最早来源于12—13世纪的西欧国家,原意是指由国王或者王室所授予的一种对某项技术予以独占实施权利的证书。权利人在获得这种证书的同时,应该公开该项技术的内容。

从内容看,"专利"一词既可以指一项专利权,也可以指一国的专利制度。现代西方国家一般认为专利仅包括发明,而我国则将发明、实用新型和外观设计统一在一部专利法中进行规范。

各国的专利法均规定,专利权人在法定期限内对其发明创造的成果享有专有权利。从权利性质而言,专利权是国家专利行政部门授予发明人或申请人生产经营其发明创造并禁止他人生产经营其发明创造的某种特权,是独占发明创造的排他权。

第一节 专利制度的基本原理

"专利"一词译自英语 Patent。从汉语"专"和"利"这两个字的含义看,"专利"一词容易被理解为"专有其利",也就是利益只能专属于某个人所有而他人无法享受此种利益的意思,与汉语"垄断"的意思非常相近。但是,仅将"专利"理解为"专有其利"或"垄断"是不准确的。实际上,汉语中并没有一个词语能够准确地揭示英语 Patent 的完整含义。英语 Patent 实际上是 Letter Patent 的简称,意为"公开的信件",因此,Patent 的首要含义就是"公开"。从专利制度的角度来说,除了个别的例外情形,申请人只有将其发明创造向社会公开,才能换得国家对其的保护,从而获得专利权。另外,英语 Patent 还有"需要特别授权"的含义,这意味着,专利权是需要由国家经过法定程序专门授予的特权。而汉语"专""利"二字并没有反映出"公开"和"需要特别授权"这两层含义。

结合各国专利相关的法律制度,可以将专利权定义为"专利权人在法定期限内对其发明创造成果所享有的专有权利"。就权利性质而言,它是国家专利行政部门授予发明人或申请人生产经营其发明创造并禁止他人生产经营其发明创造的某种特权,是独占发明创造的排他权。一旦保护期限届满,发明创造将成为全社会的共同财富。

专利法是指调整因发明创造的开发、实施及其保护等发生的各种社会关系的法律规范的总称。通常而言,专利法有广义和狭义之分。在我国,狭义的专利法专指全国人大常委会通过的《中华人民共和国专利法》(以下简称《专利法》);广义的专利法除《专利法》外,还包括其他相关法律、行政规章中关于专利的法律规范(如《中华人民共和国专利法实施细则》《专利代理条例》《专利行政执法办法》等)。此外,我国签订和缔结的有关专利权国际保护方面的条约、协定,经批准公布具有国内法效力的,也属于广义的专利法的范畴。

一、专利的法律含义

在我国,"专利"在知识产权领域主要有以下三重含义。

第一是指专利权人对发明创造享有的专利权的简称,即国家依法在一定时期内授予发明创造者或者其权利继受者独占使用其发明创造的权利。"专利"在这里强调的是权利。专利权是一种专有权,这种权利具有独占的排他性。非专利权人要想使用他人的专利技术,必须依法征得专利权人的授权或许可,特殊情况除外。

第二是指受到专利法保护的发明创造,即专利技术,是受国家认可并在公开的基础上受到法律保护的专有技术。"专利"在这里具体指的是技术方法,是受国家法律保护的技术或者方案。

第三是指国家知识产权局颁发的确认申请人对其发明创造享有专利权的专利证书或是指记载发明创造内容的专利文献。"专利"在这里指的是具体的物质文件。

这三重含义比较容易混淆，前两个含义虽然不同，但都是指无形的物质，而第三个含义则是指有形的物质。"专利"这个词语在使用时具体表示的含义必须联系上下文来看。需要注意的是，日常生活中，人们通常会把"专利"和"专利申请"两个词语混淆使用，比如有些人在其专利申请尚未获得授权的时候即声称自己拥有专利。但实际上，专利申请在获得授权前，只能被称为专利申请，如果其最终获得授权，则可以被称为专利并对其所请求保护的技术范围拥有独占实施权；而如果其最终未获得授权，则该专利申请不会有机会成为专利。很明显，这两个词语所代表的两种结果之间的差距是巨大的。

生活中人们一般笼统地认为专利是由专利机构依据发明申请所颁发的一种文件，由这种文件叙述发明的内容，并且产生一种法律状态，即该获得专利的发明在一般情况下只有得到专利所有人的许可才能利用（包括制造、使用、销售和进口等），而且专利的保护是有时间和地域的限制。

由于专利涉及赤裸裸的利益，世界各国与专利相关的知识、法律和规定的内容多且细致甚至还各不相同。但专利的两个最基本的特征就是"独占"与"公开"，以"公开"换取"独占"是专利制度最基本的核心，这分别代表了权利与义务。"独占"是指法律授予技术发明人在一段时间内享有排他性的独占权利；"公开"是指技术发明人作为对法律授予其独占权的回报而将其技术公之于众，使社会公众可以通过正常渠道获得有关专利信息。据世界知识产权组织（World Intellectual Property Organization，WIPO）的有关统计资料表明，全世界每年90%~95%的发明创造成果都可以在专利文献中查到，其中约有70%的发明成果从未在其他非专利文献上发表过。

需要注意的是，专有技术和专利技术有很大的不同，表3-1对专有技术和专利技术进行了比较。

表3-1 专有技术和专利技术比较

比较内容	专有技术	专利技术
存在条件	保密	法律保护
时效性	无时间限制	有时间限制
保密性	技术内容保密	技术内容公开
技术要求	不一定是发明创造，但必须是成熟的、行之有效的	必须有新颖性、创造性和实用性
技术形态	是动态的，其内容可以发展改进，是可变的	是静态的，其内容是固定不变的
存在方式	以书面表示或存在于人们的头脑中	以书面表示

二、专利权的主体

根据我国《专利法》中的相关规定，专利权的主体可以是发明人或者设计人、法人或其他组织，外国人和外国组织在满足某些情况的前提下，也可以成为专利权的主体。

发明人或设计人是指对发明、实用新型或外观设计的实质性特点做出创造性贡献的人。需要注意的是，《专利法》并没有像《中华人民共和国著作权法》中视法人或非法人组织为作者那样，承认自然人之外的法人或非法人组织为发明人或设计人。在完成发明创造的过程中，只负责组织工作的人、为物质技术条件的利用提供方便的人或者从事其他辅助工作的人，不能成为发明人或者设计人。

发明创造是一种事实行为，并非法律行为。因此，自然人无论是否有行为能力，都可以进行发明创造。如果一名不满10岁的儿童完成了符合《专利法》要求的发明创造，包括发明、实用新型或外观设计，那么这名儿童就是该发明创造的发明人或设计人。

发明创造分为职务发明创造和非职务发明创造。职务发明创造是指发明人或设计人在执行单位的任务，或者主要是利用单位的物质技术条件所完成的发明创造。职务发明创造申请专利的权利属于发明人或者设计人的工作单位，但实际完成发明创造的自然人仍然有在专利申请文件或专利文献中写明自己是发明人或者设计人的权利。当一项发明创造属于职务发明创造时，发明创造人所在的单位可以成为专利权的主体。非职务发明创造申请专利的权利属于发明人或者设计人，获得授权后，发明人或者设计人即为专利权的主体。

在我国境内有经常居所或者营业所的外国人，在专利申请方面与我国居民享有同样的待遇；在我国境内没有经常居所或者营业所的外国人，申请专利时依照其所属国同中国签订的协议或共同参加的国际条约，或依照互惠原则根据《专利法》办理。

三、专利权的客体

专利权的客体是指发明创造。我国《专利法》保护的发明创造包括发明、实用新型和外观设计。

（一）发明

世界知识产权组织（WIPO）认为，发明是发明人的一项构思，该构思能在实践中解决技术领域的具体问题。美国专利法规定，可以获得授权的发明是指新颖而有用的制法、机器、制造品、物质的组成或者对他们进行的新颖而有用的改进。日本专利法规定，发明是指利用自然规律做出的高水平的技术创造。

我国《专利法》规定，发明是指对产品、方法或者其改进所提出的新的技术方案。我国《专利法》所称的发明可以分为产品发明和方法发明。产品发明是指以有形形式出现的一切发明，如机器、仪器、设备、装置、用具和各种物质的发明。方法发明是指与某种活动有关的发明，具体可分为：①产品制造方法的发明，如机械方法、物理方法、化学方法；②其他方法的发明，如通信方法、测试与计量方法、操作方法等。

（二）实用新型

实用新型，是指对产品的形状、构造或者其结合所提出的适于实用的新的技术方案。

虽然实用新型也是一种技术方案,但它与发明存在很大区别。首先,实用新型在技术的创造性上低于发明,只适用于解决一般实用技术问题,因此,实用新型又被称为"小发明";其次,实用新型只是通过对产品的形状和构造的改造来解决技术问题,不涉及方法,换言之,实用新型专利只保护产品,而不保护方法。

(三)外观设计

外观设计,也称工业品外观设计,是指对产品的整体或者局部的形状、图案或者其结合以及色彩与形状、图案的结合所做出的富有美感并适于工业应用的新设计。

我国《专利法》第五条和第二十五条规定了不能授予专利权的客体,其中,第二十五条规定,下列各项不能授予专利权:①科学发现;②智力活动的规则和方法;③疾病的诊断和治疗方法;④动物和植物品种;⑤原子核变换方法以及用原子核变换方法获得的物质;⑥对平面印刷品的图案、色彩或二者的结合做出的主要起标识作用的设计。

四、专利权的特征

专利在使用和形成过程中,具有异于机器、房屋等有形资产的一些显著特征,表现为非物质性、独占性、公开性、时效性和地域性。

(一)非物质性

专利有时表现为人们心目中的一种形象,有时则以特许权的形式出现在社会关系的范畴中。一方面,专利没有感官可感触的物质形态,人们只能从意识上理解它;另一方面,专利权在使用过程中没有有形损耗,报废时也没有残值。

(二)独占性

专利权只有权利人才能享有,他人不经权利人许可不得行使该权利。专利权是一种无形产权,它是智力创造性劳动取得的成果,并且是由智力劳动者对其成果依法享有的一种权利。权利主体可以独占智力成果,这一性质与物权中的所有权类似,所以专利权过去曾被归为财产权。

独占性又称专有性,如果非专利权人在没有经过允许的情况下,通过这项专利获取利益,那么专利权人将有权起诉其侵权。除非专利权人同意或在法律规定允许的情况下,权利人以外的任何人不得享有或使用该项权利。这表明权利的专有性受到法律的严格保护,不受他人侵犯,只有通过"强制许可"等法律程序,才能对权利的专有性进行变更。

(三)公开性

专利权的实质是给予专利权人在一段时期内技术垄断的权利来换取专利技术的公开,从而促进技术进步和科技创新,因此专利具有技术公开性。

(四)时效性

专利权受到保护的时间是有限的,一般为10~20年。不同的专利有不同的保护期限,发明专利权的保护期限为20年，实用新型专利权的保护期限为10年，外观设计专利权的保护期限为15年，这就是所谓的专利权的时效性。

专利权人应当在被授予专利权的当年开始缴纳年费，如果没有及时缴纳年费，那么专利将会被作为公共技术免费提供给公众。

一旦超过法律规定的保护期限，专利就不再受《专利法》等相关法律的保护，专利所有人也不能再以此专利来获取利益。

（五）地域性

专利只受到授予专利权的国家和地区的保护，如果一项发明创造只在国外申请了专利，那么它在中国是不受保护的，这就是专利的地域性特征。

五、专利的授权

我国《专利法》规定，被授予专利权的发明创造除了不得违反法律、社会公德或者妨害公共利益外，还要符合某些实质性的要求。

当申请专利的发明创造属于发明或实用新型时，其应当具备新颖性、创造性和实用性。

（1）新颖性

根据我国《专利法》第二十二条第二款规定："新颖性，是指该发明或者实用新型不属于现有技术；也没有任何单位或者个人就同样的发明或者实用新型在申请日以前向国务院专利行政部门提出过申请，并记载在申请日以后公布的专利申请文件或者公告的专利文件中。"

这里的"现有技术"是指申请日以前在国内外为公众所知的技术。显然，处于保密状态的技术方案由于公众不能得知，因此不属于现有技术。

"同样的发明或者实用新型"是指技术领域、技术解决手段和预期效果相同的发明或者实用新型。据此，判断发明或者实用新型专利是否具有新颖性的标准可以从以下几点把握：首先，判断新颖性的时间以专利的申请日为基准，这也是世界上绝大多数国家专利法规定的标准。我国《专利法》规定，专利行政部门以收到专利申请文件之日为申请日。如果申请文件是邮寄的，则以寄出的邮戳日为申请日。其次，判断新颖性的标准有二，分别是抵触申请和现有技术。如果一项发明创造，在专利申请日之前没有在现有技术或设计中出现过，也没有被记载在向国家知识产权局提交的专利申请文件中，则具备了新颖性的特征。新颖性能够确保所申请的专利技术是最新的，与现有技术区别开来。

（2）创造性

根据我国《专利法》第二十二条第三款规定："创造性，是指与现有技术相比，该发明具有突出的实质性特点和显著的进步，该实用新型具有实质性特点和进步。"

判断一项发明专利申请的创造性，以其具有"突出的实质性特点"和"显著的进步"

为基准，这里讲的"突出的实质性特点"是指发明与现有技术相比具有明显的本质区别，"显著的进步"是指从技术效果来看，该发明与现有技术相比具有长足的进步。

（3）实用性

根据我国《专利法》第二十二条第四款规定："实用性，是指该发明或者实用新型能够制造或者使用，并且能够产生积极效果。"这里讲的"能够产生积极效果"是指发明或者实用新型同现有技术相比，所产生的经济、技术或者社会效益应当是积极和有益的。那些明显无益、脱离社会需求、严重污染环境、严重浪费能源或资源、损害人身健康的发明或者实用新型不具备实用性。

当申请专利的发明创造属于外观设计时，其获得专利授权只需要满足新颖性和创造性两项要求。同时，该设计方案应当与以往的同类方案或权利不相冲突。

需要注意两个问题：①外观设计的新颖性是指该申请专利的外观设计，既不属于现有设计也不存在抵触申请的情况，所称"现有设计"是指申请日以前在国内外为公众所知的设计。②外观设计的创造性是指该申请专利的外观设计与现有设计或者现有设计特征的组合相比应当具有明显区别。

第二节　专利权的内容、运营与保护

企业或个人在取得技术开发成果之后，如果希望能够以独占的方式来行使对该技术成果的权利，以排除他人对自己实施技术成果的干扰，阻止竞争对手进入相关技术领域从事与本企业相竞争的技术研发工作，则该企业或个人应当迅速向国家知识产权局申请专利，以获得专利权。

一、专利权的内容

专利权的内容即《专利法》为专利权人规定的各项专有权利。专利权的内容因专利种类的不同而有所区别。

1. 发明专利权和实用新型专利权的内容

我国《专利法》第十一条明确规定，就发明专利和实用新型专利而言，除《专利法》另有规定的以外，任何单位或者个人未经专利权人许可，都不得实施其专利，即不得为生产经营目的制造、使用、许诺销售、销售、进口其专利产品，或者使用其专利方法以及使用、许诺销售、销售、进口依照该专利方法直接获得的产品。

这些专有权利是禁止权而不是自用权。换言之，享有专利权并不意味着专利权人就能自由地实施专利。例如，新型炸药只要符合专利授权条件就可以获得专利权，但专利权人并不能仅凭借其权利就自行制造和销售炸药。同样，新药的发明者即使获得了专利权，也不能自行销售新药，而必须完成系列实验和报批手续，获得销售许可。享有专利权，仅仅意味着专利权人有权阻止他人未经许可的实施行为。美国联邦最高法院早在1917年就指出："专利唯一的效果就是制止他人制造、使用或出售被发明的东西。"

另外，专利权人仅有权限制他人以"生产经营目的"实施其专利的行为。这意味着，仅为私人目的实施专利的行为并不构成专利侵权。例如，技术人员买回专利产品之后，出于兴趣在家中仿造并使用，并不会侵犯专利权人享有的"制造权"和"使用权"。但需要注意的是，"为生产经营目的"并不等同于"以营利为目的"或"为商业经营目的"。生产经营包括工农业生产，以及对商业、服务业和其他事业如公用事业、教育事业等的经营，并非必然以营利为目的。例如，某大学实验室为了节约开支，未经专利权人许可就自行制造并使用已获得专利权的化学试剂，用于进行其他化学实验。虽然这种对专利产品的制造和使用是为了进行科学研究，而不是为了研制商业产品并加以销售，但仍然属于"为生产经营目的"，因此这种行为构成侵权。

2. 外观设计专利权的内容

外观设计专利权的内容包括制造权、许诺销售权、销售权和进口权。这意味着未经专利权人许可，任何单位或者个人不得为生产经营目的制造、许诺销售、销售、进口其外观设计专利产品。外观设计专利权人只能控制他人在相同或者相近种类的产品上使用与授权外观设计相同或者近似的外观设计。他人在既不相同也不相近的产品上使用相同或近似的外观设计的行为并不受外观设计专利权的控制。

需要注意的是，外观设计专利权的内容不包括使用权。这意味着以生产经营为目的，使用未经许可制造、销售或进口的外观设计专利产品不构成侵权。例如，某人设计了新颖而富有美感的印花地毯，并获得了外观设计专利权。某公司购入他人未经许可仿造并销售的印花地毯后放置在经营大厅中使用，该行为并不侵犯外观设计专利权。这是因为外观设计不是技术方案，对外观设计产品不能像对发明、实用新型产品那样进行"功能性使用"。因此，我国《专利法》并未赋予外观设计专利权人以使用权。

二、专利权的运营

自邓小平提出"科学技术是第一生产力"的论断以来，科学技术的重要性已不言而喻。停留在纸面上的专利权无法满足建设科技强国的需要，专利权亟须被转化为生产力，而运营是将专利权转化为生产力的第一步。

根据《中华人民共和国民法典》《中华人民共和国专利法》，专利权中的财产权部分，可以转让、许可、质押、证券化。而通过这些方式将专利权转化为收益，就属于广泛意义上的专利运营，如图3-1所示。

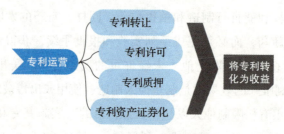

图3-1 专利权的运营

1．专利转让

由于专利权的取得经过了登记和公告,专利权人已为公众所知悉,因而要转让专利权,就应当进行登记和公告,以使公众知悉新的权利人,由此保护交易安全。我国《专利法》第十条第二款规定,专利权人转让专利权的,应向国务院专利行政部门登记,由国务院专利行政部门予以公告;专利权的转让自登记之日起生效。

2．专利许可

专利权是排他权,除法定例外情形外,他人未经许可以生产经营为目的实施他人专利将构成侵权。因此,专利权人以外的任何人想要合法实施专利,就应当与专利权人签订专利实施许可合同,取得专利权人的许可。

专利实施许可分为三类:①独占实施许可,是指专利权人在约定许可实施专利的范围内,将该专利仅许可一个被许可人实施,专利权人依约不得实施该专利;②排他实施许可,是指专利权人在约定许可实施专利的范围内,将该专利仅许可一个被许可人实施,但专利权人依约定可以自行实施该专利;③普通实施许可,是指专利权人在约定许可实施专利的范围内许可一个或多个被许可人实施该专利,并且可以自行实施该专利。

我国法律明确规定,如果当事人对专利实施许可方式没有约定或者约定不明确的,认定为普通实施许可。被许可人不能擅自许可合同约定以外的任何人实施该专利。

独占实施许可使被许可人获得在约定的范围内实施专利的垄断优势。因为,在此范围内,包括专利权人在内的其他人均被排除在专利权以外,除被许可人以外,任何人都不能合法地以同样方式实施该专利,与被许可人展开竞争;同时,如果他人在相同范围内实施该专利,独占实施许可的被许可人可以单独起诉或申请法院采取诉前措施。

排他实施许可合同的被许可人的竞争优势不如独占实施许可合同的被许可人,因为在约定的范围内,专利权人和被许可人都可以实施专利,互相之间存在竞争;如果其他人在相同范围内实施该专利,排他实施许可合同的被许可人只能和专利权人共同起诉或申请法院采取诉前措施,或在专利权人不起诉或不提出申请的情况下,自行起诉或提出申请。

普通实施许可合同的被许可人在同一市场上则需要面对较多的竞争者,因为专利权人不但自己可以在相同范围内实施该专利,还能许可其他人实施;如果其他人未经专利权人许可在同一范围内实施该专利,普通实施许可合同的被许可人只有在有专利权人明确授权的情况下才能起诉或申请法院采取诉前措施。

为了促进专利更好地实施和运用,《专利法》还规定了专利开放许可制度。这一制度被称为新修订《专利法》的亮点。根据《专利法》第五十条的规定,专利权人自愿以书面方式向国务院专利行政部门声明愿意许可任何单位或者个人实施其专利,并明确许可使用费支付方式、标准的,由国务院专利行政部门予以公告,实行开放许可。

如果专利权人就实用新型、外观设计专利提出开放许可声明的,还应当提供专利权评价报告,证明相关的实用新型和外观设计符合授权条件。

根据《专利法》第五十一条的规定,任何单位或者个人有意愿实施开放许可的专利的,以书面方式通知专利权人,并依照公告的许可使用费支付方式、标准支付许可使用费后,即获得专利实施许可。由此可见,专利权人的上述声明经国务院专利行政部门公告,即构成《民法典》意义上的要约,他人按公告的许可使用费支付方式和标准支付许可使用费即构成承诺,双方之间的许可合同即告成立。显然,开放许可制度省去了专利权人与被许可人进行逐一谈判的麻烦,有利于降低交易成本,促进专利的实施与推广。为了鼓励专利权人实行开放许可,《专利法》规定,在开放许可实施期间,对专利权人缴纳专利年费相应给予减免。

开放许可是以专利权人自愿为前提,不属于对专利权的限制,与《专利法》规定的强制许可具有不同的性质。因此,《专利法》第五十一条第三款允许实行开放许可的专利权人与被许可人就许可使用费进行协商后发放普通许可。例如,有人看到国务院专利行政部门有关开放许可的公告后有意实施相关专利,但觉得经公告的许可使用费太高,或者付费方式(如一次付清三年许可使用费)难以接受,于是找到专利权人,希望降低许可使用费或改变付费方式(如一年一付),专利权人如果同意,就可以与其签订普通许可合同。

《专利法》之所以不允许在开放许可期间,由专利权人与被许可人协商后就相关专利发放独占或者排他许可,是因为这两类许可具有排他性,专利权人不得再向其他人发放在相同期间以相同方式实施其专利的许可,这与开放许可的开放性是矛盾的。同时,既然开放许可以专利权人自愿为前提,专利权人当然也可以撤回开放许可声明。对此专利权人可以以书面方式提出撤回,并由国家知识产权局予以公告,但此前按照开放许可的条件自动给予的开放许可效力不受影响。当然,假如当事人就实施开放许可发生纠纷,双方依然可以请求国家知识产权局进行调解,也可以向人民法院起诉。

专利开发许可是对专利权运用的一种方式,有助于提高专利技术的利用率和实施率。

3. 专利质押

我国法律允许专利权人通过转让、许可、质押等方式,运营自身的专利权。我国《民法典》第四百四十条规定,知识产权中的财产权部分可以出质。专利权具有典型的财产权属性,当专利权被出质后,出质人不得转让或者许可他人使用,但经过出质人与质权人协商同意的除外。出质人转让专利权或者许可他人实施专利所得的价款,应当向质权人提前清偿债务或者提存。以专利权出质的,当事人应当订立书面合同,由出质人和质权人向国家知识产权局登记,质权自国家知识产权局登记时设立。

我国自1996年出台《专利权质押合同登记管理暂行办法》以来，专利质押融资逐步发展成为企业融资的一种常见方式，2016年，国家知识产权局在全国72家城市试点专利质押融资工作，进入2019年，中国银保监会（现国家金融监督管理总局）和国家知识产权局出台《关于进一步加强知识产权质押融资工作的通知》，专利质押融资数额和件数已经发生了飞速的变化，如图3-2所示。

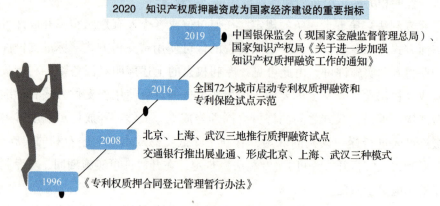

图3-2　我国专利质押发展进程

据统计，2021年全国专利转让、许可等运营次数达到48.5万次，同比增长19.7%；专利实施许可备案合同金额达到120.3亿元；专利质押融资规模达到2198.9亿元，全国累计超过7000万元，质押项目数超过1.5万项，同比增长43.8%，惠及4295家企业。

4. 专利资产证券化

2018年开始，专利资产证券化产品也方兴未艾。截至2022年6月，我国共发行以专利资产证券化为核心的知识产权证券化产品66只，融资金额达185亿元。其中，广东省以发行43只知识产权证券化产品的成绩位居全国第一，如图3-3所示。

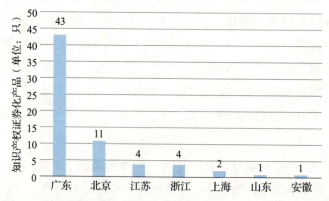

图3-3　我国知识产权证券化产品的发行情况（截至2022年6月）

伴随着专利运营方式的更新，专利保险产品也逐步被企业接受。2020年，我国首次推出知识产权海外侵权责任保险。广东省广州市黄埔区的两家企业率先投保，成为业界试水知识产权海外侵权责任保险的首批企业。

三、专利权的保护

《专利法》保护发明创造的主要目的除了奖励发明人和设计人外，还有鼓励创新。

技术的进步尤其需要建立在利用前人成果的基础之上，如果对发明创造提供永久保护或过长期限的保护，反而会妨碍创新。我国《专利法》第四十二条第一款规定："发明专利权的期限为二十年，实用新型专利权的期限为十年，外观设计专利权的期限为十五年，均自申请日起计算。"

为发明专利权规定较长的保护期，是因为发明专利的研发成本较高，在技术上具有较强的创造性。保护期届满之后，相关的发明创造就进入了法律意义上的公有领域，不再受到《专利法》的保护，任何人对该发明创造的利用无须经过原专利权人许可。

虽然发明专利的审查周期较长，但保护期是从专利申请日而不是授权日开始计算的。如果在专利审查过程中出现了不合理延迟，实际上将缩短专利权人实际可利用专利获取合法回报的期限，因为只有在授权之后，申请人才能成为专利权人，才能行使专有权利并发放许可。为此，《专利法》第四十二条第四款规定："自发明专利申请日起满四年，且自实质审查请求之日起满三年后授予发明专利权的，国务院专利行政部门应专利权人的请求，就发明专利在授权过程中的不合理延迟给予专利权期限补偿，但由申请人引起的不合理延迟除外。"

对于新药而言，取得专利权并不意味着获得了上市许可，新药只有经过药品监督管理部门的评审、取得相关批文后才能上市。此时距离专利授权日可能已经过去了较长时间，导致新药发明人只能在较短的时间内享受专利权带来的利益。为了加强对新药研发和投资的激励，《专利法》规定了新药专利保护期补偿机制。《专利法》第四十二条第三款规定："为补偿新药上市审评审批占用的时间，对在中国获得上市许可的新药相关发明专利，国务院专利行政部门应专利权人的请求给予专利权期限补偿。补偿期限不超过五年，新药批准上市后总有效专利权期限不超过十四年。"

各国专利法均规定，专利保护期届满，专利技术方案将成为全社会的共同财富。行为人可以自由地使用，不构成侵犯专利权。

第三节 专利资产及其价值构成

根据我国《企业会计准则》对资产的定义可以看出，资产具有两个必备条件：一是能够被特定权利主体拥有或控制，二是可以为权利主体带来经济利益。因此，专利可以被称为资产。但是，拥有一项专利技术并不等同于拥有专利资产。换言之，只有那些符合资产定义的专利技术方可构成专利资产。

一、专利资产的定义

专利资产是指可以为所有者或控制者带来经济利益的无形资产。专利资产的定义有广义和狭义两种。

广义的专利资产应当包括已经获得授权的专利权和虽未获授权但仍然具有独占性且可为其权利主体取得经济利益的资产（如技术秘密或专利申请权）。其原因在于，对于那些尚未获得专利权的技术方案，属于可以在工业上使用的专有技术，法律承认其权利主体的控制权利，只是这种控制权利相对于专利权显得更为弱化而已，这并不影响其获取经济利益的可能性。

狭义的专利资产仅指发明专利、实用新型专利和外观设计专利的权利人或控制人依法享有的专有权利。对于那些尚未获得专利权的技术方案，即使其可为权利人或控制人带来经济利益，仍然不能被纳入专利资产的范围。

实务界所说的专利资产通常指广义的专利资产。

二、专利资产的价值来源

专利资产的价值来源于权利人的独占性权利。当我们评估一项专利资产的价值时，实际上评估的是其独占性权利的价值。根据《专利法》的相关规定，专利权人享有独占的实施权，可以自己实施权利，也可以许可他人实施。因此，评估专利资产价值的实质，是评估专利资产独占实施权的价值。

不同的专利权，其独占实施权的内容不同。就发明专利和实用新型专利而言，专利权人的独占实施权包括制造、使用、许诺销售、销售和进口；对于外观设计专利而言，独占实施权表现为制造、许诺销售、销售和进口四项权利。这些权利可以分别归属于不同的主体，也可以由同一主体享有。不过，在实践中最为常见的，仍是评估一项专利资产的使用权价值。

一般而言，专利资产的价值包括成本价值、替代价值和收益价值三个部分。

1）成本价值。对于自创专利和外购专利，其成本价值的构成略有不同。自创专利的成本价值主要是企业或者其他主体自主研发的费用，以及该项专利技术形成专利权期间所发生的费用和耗费的资产成本。外购专利的成本价值主要包括购买该项专利资产的交易价值，以及在专利资产使用过程中所耗费的其他直接或间接成本。

2）替代价值。替代价值是指一项专利资产的使用对其他要素资产的影响，即在多大程度上减少了原要素资产的耗费，或者增加了原要素资产的收益。

3）收益价值。专利的使用对于企业经营的最终影响以及对于推进技术创新的贡献，主要体现在预期收益上。这也是专利资产价值评估的一个重要前提。

专利资产价值化是市场与资源配置的需要。对于专利资产的价值评估，需要同时考虑两大市场：一是技术产权市场，这是专利技术进行产权交易流通的媒介；二是要素资产市场，包括资本、产权、劳动力等组成的市场体系。这是因为，专利资产的价值评估是一个比较复杂的问题，其难点在于分离和定价，即如何将专利权同其他要素资产进行分离，从而单独确定专利权的贡献，再通过市场分析的方法进行定量评估。

三、专利资产的特征

专利作为依法律授权而获得独占权利的无形资产，虽然具备了一般资产的特征。但是，与一般资产相比，专利资产仍存在着明显的差异，其特征如图3-4所示。

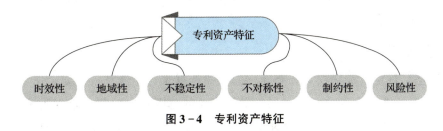

图3-4 专利资产特征

（一）时效性

专利资产的时效性是指其专利权的保护期限已由法律做出了明确的规定。我国《专利法》对三种专利的保护期限均做出了明确的规定。一旦超过了规定的保护期限，法律将不再对专利权提供保护，也不能再为专利权人带来超额的经济收益，专利资产的价值将归于零。

（二）地域性

专利资产的地域性来源于专利的地域性。其含义是指一项技术仅在其获得专利权的国家或地区享有获得收益的权利，并依当地法律的规定获得保护。这是由于《专利法》是一部国内法，专利资产的地域性对国外专利技术及国内专利技术在国际或国内市场的价值有决定作用。

（三）不稳定性

专利资产的不稳定性源于专利权的不稳定性。由于专利的授权需要经过烦琐的行政审查程序，不当授权现象难以避免。为此，《专利法》设置了专利申请异议程序和无效宣告程序，以确保所授予的专利权符合法律规定。任何人认为一项已经授权的专利技术不符合专利法的要求，均可以启动专利无效宣告程序，质疑该专利技术的有效性。同时，专利权还可能因为权利人自己的行为而导致失效（如未按时缴纳年费）。因此，专利成为资产的前提是该专利是有效专利。对专利有效性的核实，不能仅凭专利证书，而应综合多方因素进行考察。

（四）不对称性

专利资产的不对称性体现在两个方面。首先，专利资产的收益能力与其研发成本不相称。在专利资产的开发过程中，技术研制开发的成本往往与技术价值之间没有直接的对应关系，研制的成本也难以核算。其次，专利资产所存在的各种风险导致其资产收益难以有效确定。技术资产与有形资产相比，其收益能力的确定具有一定的难度，这种难度主要体现在技术资产在应用过程中存在的各种风险，如技术风险、市场风险、资金风险及管理风险。另外，由于技术资产属于无形资产，在交易过程中，存在一定的困难，这些困难包括技术交易价格的不确定性、技术移植的难度及技术交易的多样性，增加了技术价值实现的难度。

（五）制约性

《专利法》规定，专利权具有垄断性的法律依据来自于专利权利要求书所确定的范围。与有形资产具有确定的形态不同，专利资产的范围是由权利要求书确定的。因此，在评估过程中，需要通过检索分析对比权利要求书，以确定专利资产的范围。如果缺失了这个环节，将导致被评估专利资产的价值与其实际价值相距甚远。

（六）风险性

专利技术从研发到价值实现的各个环节会遇到多重风险，包括研发环节风险、转化实施环节风险、市场风险等，这些风险都是专利资产特有的固有风险，会给专利资产价值带来不同程度的影响，使得专利资产的未来收益具有不确定性，从而影响专利资产的价值。对专利资产而言，面临的风险越高，价值越低，反之，则价值越高。

第四节 专利资产价值的影响因素

影响资产价值的因素有很多，诸如资产的取得成本、机会成本、市场供求情况以及受让人情况等都有可能对资产的价值造成影响，甚至支付方式和国家政策也会间接影响到资产的价值。就专利资产而言，除去这些因素之外，专利技术的寿命、技术成熟程度、行业标准以及市场供求情况等也会造成专利资产价值的差异。学者一般将影响专利资产价值的因素分为技术因素、战略因素、市场因素、经济因素和法律因素五类。

一、技术因素

（一）所处技术领域对专利资产价值的影响

如果一项专利技术所处技术领域属于高新技术中的尖端领域，并且该专利与同类现有技术相比具有突出的创造性和显著的新颖性，那么它无疑是极为复杂的，其评估价值会得到进一步提升。如果一项专利技术所处技术领域属于极为普通的技术领域，且该专利所采用的技术方案与同类现有技术相比，差异并不显著，其价格也不会过多地偏离现有技术的价格。

对于一项专利资产来说，其所处技术领域的技术发展阶段、技术开发活跃程度以及专利技术转移都会影响专利资产价值。

专利资产的寿命分为法律寿命和技术寿命两种。专利资产的技术寿命受制于所处技术领域的技术发展水平，这是因为没有技术可以无限期地获得市场竞争优势。从人类历史来看，技术进步具有明显的阶段性和周期性。在每一个新技术周期开始时，技术进步推动设备更新，刺激投资，促使经济繁荣，然后经历下降、衰退、恢复，再转入下一周期的循环。同时，技术进步又是一个加速的过程，新技术的经济寿命在不断缩短。随着技术进步、技术扩散和技术替代，专利的生命活力呈下降趋势，专利资产和技术的价值越来越小，直至消失。此外，专利资产的技术寿命与专利资产的市场发育密切相关。从另一个角度讲，一般商品的市场变化也会导致某些专利资产技术寿命的变化。如20世纪80年代末期，传呼机在市场上一直畅销，但进入20世纪90年代以后，手机逐渐走入普通百姓生活之中。这样，原来的产品被市场淘汰，新产品取而代之。

根据技术周期理论，被评估专利资产所处的技术领域的技术发展阶段，直接影响专利资产剩余经济寿命的长短，这里的技术发展阶段分为萌芽、成长、成熟、衰退四个阶段。由于技术发展日新月异，技术更新的速度加快，以电子信息产业为例，专利更新速度超过25%。使得许多技术没有经历前述的成长周期，而提早进入了衰退期，这将严重影响专利资产的评估价值。

技术开发活跃程度对专利资产价值的影响主要表现为该领域的技术竞争强度。技术开发活跃的领域专利申请量大，且涵盖了所有的技术环节，导致该领域的技术竞争异常激烈，会存在多种替代技术。专利资产在实施过程中的关键技术诀窍和技术的竞争优势决定了专利被替代的难易程度。对一项专利资产而言，较多的替代技术将影响专利资产的未来收益能力，从而影响其资产价值。

专利技术转移是指专利技术的转让、许可、合作等多种转移方式。对一项专利资产而言，专利技术转移规模越大，带来的收益就越多，其价值就越大。

（二）技术特征对专利资产价值的影响

专利资产具有的技术特征是专利资产获得预期超额收益的基础，它对专利资产价值评估的影响是多层面的。技术特征主要是指待评估专利资产自身拥有的特性，具体包括技术的先进性、技术的创新性、技术防御能力以及专利的垄断性。

技术的先进性一般通过专利技术的性能指标和成本节约的核算额来体现。一项专利技术呈现的先进性是其被应用的前提，如果待评估的专利技术与现有的技术相比没有先进性，那么它就没有价值。更重要的是，专利技术的性能指标优于现有技术的程度或节约的成本核算额与待评估专利资产的价值存在正相关关系。

作为获得专利授权的实质要件，技术的创新性是指待评估专利资产与现有技术比较所拥有的创造性和新颖性。没有了创新性，技术就无法获得《专利法》的保护，也就失去了专利资产价值评估的意义和基础。

技术防御能力是指待评估的专利技术针对潜在技术所设立的壁垒的高低程度。如果待评估的专利技术本身比较复杂，需要投入大量的人力、物力、财力去研究，那么竞争对手将采取购买而不是自行研发的方式获得相似的技术。换句话说，如果待评估的专利技术本身比较简单，竞争对手会选择自行研发相似的技术并避开专利保护的范围，这样就会影响专利资产的价值。

专利的垄断性是专利资产价值评估时不可忽视的因素之一。专利技术的垄断性可能使专利技术的价格在一定程度上偏离价值规律。有统计数据显示，有专利的产品，其利润率是没有专利的产品的七倍。

（三）技术应用特征对专利资产价值的影响

技术应用特征是指被评估专利技术在实践运用中的特性，主要包括技术成熟度、技术应用范围及相关技术的配合度。

技术成熟度是指专利技术本身与其实际能够被运用在工业中的距离。专利技术本身只是一个完整的技术方案，但并不一定是成熟的、可直接运用于生产的技术。它还需要经历从设计到多次试验再到产业化生产的阶段。对于一项专利技术而言，处于不同的阶段，其专利资产的价值是不同的，已经完成的阶段越多，技术的成熟度就越高，相应的专利资产价值就越高。但当该专利技术进入产业化生产时，表明该项专利技术已经成熟并逐步进入衰退期，则专利资产的价值会变小。

一般情况下，一项专利技术属于一个特定的技术领域。但是在工业生产中，有的专利技术可能在不同的技术领域中运用并生产多种产品，相对于有的技术只能生产特定的专利产品而言，技术可应用的范围越广，其专利资产的价值就越高。

多数情况下，一项专利技术的产业化运用都需要与相关关联技术配合，如果与之配合的技术不存在，那么再先进的技术都无法实现规模化生产。即使相关的关联技术存在，但还不够成熟，那么该专利技术的产业化运用也将受到极大的限制。

二、战略因素

企业是否充分运用专利战略来有效地保护专利，是专利资产价值评估的重要影响因素之一。例如，有些企业采用全方位的专利申请战略，提升专利申请的数量，不仅将企业掌握的核心技术申请专利保护，而且将有关的外围技术全部申请专利；有些企业采用"篱笆"战略、专利包围战略等，在重视专利申请数量的同时，积极提升专利申请的质量。另外，专利权人是否愿意采取诉讼手段保护专利不受侵犯也会对专利资产的价值评估产生影响。

专利技术具有公开性的特征，这决定了专利侵权的情况常有发生。如果企业没有制定有效的专利保护战略，其抵抗侵害的能力较低，在市场经济环境下，专利资产的经济价值往往会因专利被侵权、有权属纠纷而受到损害，甚至会由此带来致命的损失。因此，专利资产价值的评估必须考虑专利侵权而可能带来的维权成本，以及出现的市场利润率减少的风险。

此外，专利资产的价值评估还受专利资产交易、许可、转让、出资、股权化、资本化等利益相对方实力的影响。专利权人选择交易对象的出发点是力争实现专利资产变现，通过专利交易、许可、转让、出资入股，抑或其他的变现形式，实现企业专利资产的资本化。选择交易对象可以从对方的技术研发能力、专利制度运用能力、知识产权运营战略、知识产权管理能力等方面进行分析。一方面，知识产权的科学管理可以使企业专利资产实现价值和利润最大化，在此过程中，让专利从成本中心向利润中心转变；另一方面，企业的知识产权运营战略也在很大程度上影响了专利资产的价值。知识产权运营战略主要体现在企业是否积极地保护其专利，是否建立了科学有效的知识产权管理体系和系统，是否有效地检索并运用专利信息指导研发，是否将专利融入企业研发、生产、经营、销售、财务管理、质量控制、人员招聘等各个环节等。

三、市场因素

从《专利法》的立法目的来看，它是为市场经济服务的，那么专利资产的价值必然受到市场因素的制约和影响。

市场容量的大小直接影响专利资产价值的大小。市场容量的大小也决定了生产专利产品的平均成本和产品的销路。另外，所处行业的经营和市场状况、市场前景都会影响专利资产的价值。

专利资产价值受到市场供求关系的影响和制约。当专利资产稀缺时，其交易价格会高于资产价值；当专利资产充裕时，其交易价格可能低于资产价值。

市场的不确定性对专利价值的影响比较显著。市场的不确定性主要指专利产品市场需求的变动性以及市场的竞争情况。技术具有价值的逻辑基础在于实现技术价值的潜在市场是存在的。一项技术未被使用或者没有用途时并不产生价值，只有当该技术与其他补充性资产相结合而提供市场接受的产品和服务并为技术使用者带来效益时，技术价值才得到体现；或者当该技术能够与其他技术结合而起到震慑其他企业的作用时，其隐性价值也可以得到体现。而在实现技术价值的过程中，市场需求的波动、转移等各种因素都会对技术价值产生影响。

专利资产的价值在一定程度上受到市场风险因素的影响。市场风险因素包括技术风险、行业风险、经营风险、财务风险等一系列风险。技术风险包括转化风险、整合风险、权利风险、替代风险；行业风险包括市场容量的大小、市场现有的竞争强度和充分程度以及市场潜在竞争风险；经营风险包括销售服务能力、质量管理及技术开发实力等；财务风险包括融资风险和流动资金风险。专利资产面临的风险越大，专利资产的价值就越低。

四、经济因素

经济因素主要包括专利资产的直接成本和间接成本。此外，还要考虑资产历史收益情况以及后续持有或转让授权所产生的衍生成本和费用。

专利制度保障了专利权人获得的预期垄断收益可以补偿其发明创造而投入的研发成本，因此，专利资产的研发成本和获利能力会对专利资产的价值评估构成影响。

专利资产在研发阶段投入的各项成本及费用，包括投入的人力、物力、财力的总投入额，专利的申请费用以及维持费用等，是专利资产价值变化的基础。一般来说，专利资产的价值与研发成本呈正相关关系，这也是成本法进行专利资产价值评估的理论基础。

专利资产的预期收益能力，是影响专利资产价值评估的重要因素之一。一项专利资产，在环境和制度允许的情况下，获利能力越强，其价值就越高。获利能力分析主要考虑影响待评估专利资产获利能力的因素、待评估专利资产的获利方式以及待评估专利资产利润的取得与其他资产的相关性。

五、法律因素

专利资产的寿命分为法律寿命和技术寿命两种。其中，法律寿命是根据法律规定和合同约定确定的。在专利资产价值评估中，专利权剩余的保护时间就是这项专利资产剩余的法定寿命。

专利权是《专利法》赋予的权利，法律不仅确定了专利权的保护对象、保护期限及相应的权利内容，也对专利权的获得做出了详细的规定，这些规定不仅决定了专利资产所具有的法律特性，也对专利资产的价值有较大的影响。

（一）专利权的法律状态对专利资产价值的影响

专利权的法律状态主要是指专利权所处的阶段以及权利要求的完整性两个方面。具体来说，专利权所处的阶段包括专利申请审查阶段、实质性审查阶段、已经获得授权阶段；权利要求的完整性除了要考虑专利权所处的阶段，还要考虑专利年费缴纳情况，以及专利权是否处于法律诉讼或复审、宣告无效的状态等。

专利权是经国务院专利行政主管部门审查并授予的权利。发明专利申请需要经过实质性审查，而实用新型、外观设计专利仅需经过初步审查。因此，发明专利的效力强度大于实用新型专利和外观设计专利，其保护范围合理，权利相对稳定，技术含量较高，因此其资产价值相对较高。

专利申请获得授权后，其他利害关系人在国家知识产权局授予专利申请人专利权之日起的任何时间，可向专利复审委员会提出宣告该专利无效的要求。若待评估的专利资产经过了无效宣告请求程序，且异议经审查不成立，那么该专利权相对于未被提出无效宣告请求程序的专利权，其保护范围更稳固，权利更稳定，在同等条件下其专利资产的价值也更高。

一般情形下，专利被卷入诉讼，无形中增加了专利权人的成本，同时使专利资产的经济价值降低。但涉及专利有效性的诉讼，实际相当于对专利再一次进行实质审查，因此，经过诉讼程序而仍然有效的专利更可靠，其资产价值更高。另外，侵权诉讼的赔偿金额，可以作为确定专利资产价值的参考因素，可能使待评估专利资产的价值上升。

（二）专利特征对专利资产价值的影响

专利权的保护范围、专利资产的时效性和地域性特征、专利资产在专利族中的地位及其同族专利等专利特征都对专利资产价值产生直接影响。

专利权的保护范围主要由专利的权利要求书确定，如果专利资产的保护范围越大，那么专利权人技术垄断的范围就越大，获得预期超额收益的能力就越强，即该专利资产的价值越高；反之，如果专利权利要求书确定的保护范围越小，其专利资产价值就越低。还需指出的是，专利保护范围的大小，决定了该项专利技术被规避的难度和需要投入的时间和资金成本，规避越困难或者规避需投入的研发成本越多，该专利资产的价值就越高。

专利资产的时效性必定会影响其价值，剩余使用年限越长，专利资产的价值越大。在价值评估中，专利资产的地域性是指当在我国申请专利权的专利产品进入国际市场时，则要考虑其在其他国家是否也进行了专利权申请，以及其他国家的专利法是否具有域外效力的条款。

专利族是指一件专利后续衍生的不同技术方案。在对专利资产进行价值评估时，应从技术的角度考虑被评估专利是否与企业的其他专利构成专利族。若该专利属于某一专利族成员，则其价值高于孤立的单一的专利价值。一旦确认被评估专利属于专利族的一部分，还需进一步分析其在专利族中的地位，属于外围专利还是核心专利，一般情况下，核心专利的价值高于外围专利的价值。

所谓同族专利是指依照专利权的地域性，该专利仅在依法取得专利权的国家或地区有效，为了扩大专利保护的地域范围，专利权人将同一专利向不同国家或者地区申请专利权，从而形成一系列内容大致相同，产生依据不同的专利权，这一系列专利被称为同族专利。在具体的专利评估中，在专利出资的场合，如果权利人将依照中国法律获得的专利权作为出资转让给拟设立的外国公司，这时同族专利的权利人就有两个。如果公司成立后在同族专利所在的外国或地区使用该专利，或者向该外国或地区出口或利用该专利生产的产品就可能会产生侵权问题，在专利法上就是平行进口问题。平行进口是否构成侵权，不同的国家和地区采取不同的态度。一般来说，同族专利多且所在地允许平行进口的国家和地区多，专利权人的专利资产价值就相应的高。

(三)侵权判定难度对专利资产价值的影响

侵权判定难度是指根据对某产品的分析,判断该产品是否构成对被评估专利资产侵权的难易程度。由于侵权判定的依据是权利要求,因此,权利要求所记载的必要技术特征便是判断的标准,这些标准检测的难易程度,决定了侵权判定难度。对专利资产而言,侵权判定简易,则其实际获得的保护力度强,专利价值易获得保证。因为侵权判定简易,不仅可使专利权人尽早发现侵权行为,从而予以制止,及时保证自身的权益不被侵害,而且还可以使专利纠纷中的取证简易,从而制止侵权并可获得赔偿。因此,侵权判定难度较低的专利资产难以受到侵害,更易获得赔偿,其评估价值也越高。

第四章
专利资产价值评估理论与实践

专利资产证券化是连通专利主体创新和资本市场的纽带，组建充分分散且有稳定收益的资产池是发行专利资产证券化产品的先决条件，而对专利资产价值展开评估并对其未来现金流进行计算是专利资产证券化的必要前提和核心步骤。因此，专利资产价值评估是专利资产证券化的核心，是首要也是最重要的工作。相较于一般的资产，专利资产价值涉及的风险点更多，波动性更大，只有对专利资产的价值加以准确客观的评估，才能迎合证券市场的价格需求。

知识经济时代，以专利为核心的知识产权已成为个人致富、企业生存发展甚至国家富强的重要依靠。由于其蕴涵着巨大的经济价值，知识产权（特别是专利）的转让、许可、质押融资等交易日益活跃。与此同时，侵害知识产权的情形也频繁出现。不论是在交易中确定知识产权的对价，还是侵权后核定知识产权损害赔偿额，都需要面临一个至关重要的问题：如何评估相关知识产权的价值。因此，对包括专利资产在内的知识产权进行价值评估，既是创新主体和市场主体的客观需求，也是银行、法院等为创新主体和市场主体提供资金和发展保障的各类机构的现实需求。

专利资产价值评估涵盖了从技术追踪与研发、专利挖掘与布局到专利管理与运营的全部环节。因而，专利资产价值评估工作是一项系统工程，需要兼顾专利资产在前期、中期、后期三个阶段的不同需求：前期培育阶段的专利技术追踪需求，中期确权阶段的专利挖掘布局需求，后期用权阶段的专利管理运营需求。

第一节 专利资产价值评估内涵

进入知识经济时代以来，专利技术逐渐成为企业最为重要的无形资产，专利技术的价值评估成为企业管理工作的重要内容之一。为了切实加强对专利资产评估工作的管理，进一步规范专利资产评估行为，1997年4月20日，国家知识产权局专利局和国家国有资产管理局联合发布了《专利资产评估管理暂行办法》（现已废止），该办法的实施为我国专利资产评估的发展奠定了法律基础。

2000年以后，我国政府日益重视知识产权资产评估体系的建设。2006年4月，国家知识产权局联合财政部联合颁布了《关于加强知识产权资产评估管理工作若干问题的通知》，对知识产权的评估对象、评估机构等方面进行了严格规定。2007年1月，国家知识产权局与中国资产评估协会联合启动了知识产权资产评估促进工程，在综合多方机构和人员的意见反馈和建议的基础上，于2008年7月形成了《资产评估准则——无形资产》（修订征求意见稿）和《专利资产评估指导意见》（征求意见稿）。2012年10月，国家知识产权局组织编发了《专利价值分析指标体系》，从法律、技术、经济等三个层面细化指标，为更好指导专利价值评估工作提供了有力支撑。2017年8月，财政部颁布了《资产评估基本准则》。2017年9月，在财政部和国家知识产权局的指导下，中国资产评估协会制定了《资产评估执业准则——无形资产》，修订了《知识产权资产评估指南》和《专利资产评估指导意见》。《专利资产评估指导意见》第二十六条指出"确定专利资产价值的评估方法包括市场法、收益法和成本法三种基本方法及其衍生方法。执行专利资产评估业务，应当根据评估目的、评估对象、价值类型、资料收集等情况，分析上述三种基本方法的适用性，选择评估方法"。2020年11月，国务院对国务院令第91号《国有资产评估管理办法》进行了修订，颁布了国务院令第91号《国有资产评估管理办法》（2020年修订版），做出了以下要求：国有资产评估应当遵循真实性、科学性、可行性原则，按照申请立项、资产清查、评定估算、验证确认的法定程序进行；国有资产重估价值应当根据资产原值、净值、新旧程度、重置成本、获利能力等因素，采用收益现值法、重置成本法、现行市价法、清算价格法以及国务院国有资产管理行政主管部门规定的其他评估方法评定。企业知识产权评估当然也应按照国有资产评估的有关规定进行。

2014年4月，深圳市市场监督管理局首次发布了《专利交易价值评估指南》，开启了专利资产价值评估的地方标准制定。目前，广东、江苏、安徽、上海、深圳、成都、佛山等地都制定了专利资产价值评估的地方标准。2021年7月，国家知识产权局也明确表示"将加快推动专利评估指引国家标准制定,着力解决知识产权价值鉴定难、评估难的问题,完善知识产权运营平台体系,畅通知识产权交易运营渠道"。

一、专利资产价值评估在专利资产证券化中的重要性

在专利资产证券化的过程中,组建基础资产池是不可缺少的关键步骤,而组建基础资产池的第一步就是对基础专利资产价值进行评估,由此可见专利资产价值评估的重要性,从而也体现了评估方法在专利资产证券化过程中的重要性和必要性。

首先,科学准确地评估专利资产的价值是专利资产证券化的必要前提,客观合理的专利资产价值有助于专利资产在金融市场中获得准确的定位,为投资者以及寻求融资的企业提供交流的条件和前提,提升融资的成功率,推动我国专利技术的产业化进程。

其次,完善专利资产价值评估,可以推动我国知识产权金融市场制度的规范。毫无疑问,专利作为知识科技的集中体现,具有极为深刻的经济与社会效益。因此,科学有效的专利资产价值评估手段,可以促使人们对专利资产的价值有更直观的认知以及了解,从而提升专利技术的社会地位,推动专利技术产业化的发展进程,使得专利租赁、转让、许可、出资、抵押等各种专利资产融资交易日益活跃,有利于建立规范有序的专利资产交易市场。

另外,专利资产价值评估有助于企业合理运用专利权并选择恰当的资产证券化战略。企业将自身拥有的专利资产作为融资工具,在确立市场优势、利润源泉以及战略重组的过程中,均需对其价值有充分的了解,在此基础上企业才能充分挖掘专利资产的战略价值,确立符合市场环境和自身经营条件的战略。

最后,专利资产价值评估有利于加强对专利技术的保护力度。专利技术的无形性导致了专利权人权利受侵害的情形频繁出现。专利资产价值评估可以为侵害赔偿金额的确定提供依据,在保护专利权人利益的同时也增加了法律对专利权的保护能力,在法律层面为专利资产证券化提供相应的保障。

二、专利资产价值评估的内容

2000 年以来,随着我国加入 WTO,创新型企业在我国快速发展起来。专利成为工业企业和信息企业价值和资产的重要组成部分,是这类企业未来扩展、占领市场的重要武器。新兴企业在创造新的产品和服务时,不再依靠自然资源和有形资产的支持,而是依赖于以专利资产为核心的知识产权。

专利资产价值评估是对专利资产潜在的市场价值进行评估,价值评估结果可以用于专利权的交易、许可使用、质押融资、证券化等多个方面。

专利资产价值评估的内容非常复杂,因为专利资产种类繁多、千差万别,可比性差,并且受客观环境影响较大,其效用的发挥期限、无形损耗以及风险等各种不确定因素较

多。专利资产的评估价值是评估机构考虑相关因素并依据一定的计算方法对专利资产价值给出的一个估价，由于不可能充分、准确地考虑一切未来将出现并起作用的实际因素，因此估价并不一定等于实际的市场价值。现实中有很多这样的实例，如某项专利资产估价为 100 万元，却有可能被人以 600 万元的价格买走，并通过利用产生高于 600 万元的收益。"估价"说明了它们本身不是真正的价值（交换价值），是用"估"或"评"的办法求得的与真正客观价值相符合或相近似的主观价值；人们可以对周围的一切进行估价，但这些估价最后都要拿到市场上去检验。也就是说，专利资产价值评估只能是一种预测性的活动，评估者的结论必须是建立在相关市场情况的分析和预测基础上，是对市场价值的估计和判断，而最终由市场决定和反映出的价值才是真正的专利资产价值，也是对评估值的一个检验。

根据国家知识产权局、财政部联合颁布的《关于加强知识产权资产评估管理工作若干问题的通知》，专利权占有单位符合下列情形之一的，应当进行专利资产价值评估：

1) 根据《公司法》第二十七条规定，以专利资产作价出资成立有限责任公司或股份有限公司的；

2) 以专利权质押，市场没有参照价格，质权人要求评估的；

3) 行政单位拍卖、转让、置换专利权的；

4) 国有事业单位改制、合并、分立、清算、投资、转让、置换、拍卖涉及专利权的；

5) 企业改制、上市、合并、分立、清算、投资、转让、置换、拍卖、偿还债务涉及专利权的；

6) 国有企业收购或通过置换取得非国有单位的专利权，或接受非国有单位以专利权出资的；

7) 国有企业以专利权许可外国公司、企业、其他经济组织或个人使用，市场没有参照价格的；

8) 确定涉及专利权诉讼价值，人民法院、仲裁机关或当事人要求评估的；

9) 法律、行政法规规定的其他需要进行资产评估的事项。

专利资产在不同的适用条件下会体现出不同的价值，比如专利资产在质押融资时体现出的价值一般会低于专利资产直接交易的价值。鉴于此，在专利资产价值评估前，应当要确定评估目的、范围、基准日、行为依据、评估模型等。专利资产价值评估的一般步骤如图 4-1 所示。

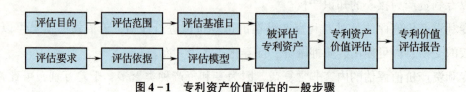

图 4-1 专利资产价值评估的一般步骤

专利资产价值评估所需时间，一般是自合同签订之日起，七个工作日内完成全部工作并向委托方交付正式报告。具体工作及时间安排通常是：①现场三个工作日左右，工作内容主要是通过座谈考察，了解企业的发展历史、经验及未来发展规划（一个工作日），让企业按照评估机构提出的资料清单提供评估基础材料（两个工作日）；②市场调查、行业调研、撰写报告、三级审核（10个工作日左右）；③出具评估报告征求意见稿并征求委托方意见（一个工作日）；④出具正式评估报告并做项目移交（一个工作日）。

三、专利资产价值评估的目的、功能与作用

专利资产的评估价值是通过货币形式表现出来的。

（一）专利资产价值评估的目的

专利资产价值评估的目的既可以是专利资产业务引发的经济行为对资产评估结果的要求（如需要出资），也可以是资产评估结果的具体用途（如专利资产转让）。专利资产价值评估的目的，包括转让、许可使用、出资、拍卖、质押、诉讼、损失赔偿、财务报告、纳税等九个目的。

实践中需要进行专利资产价值评估的事项则远不止这些。例如，企业在吸引风险投资、股份制改造、资产重组、兼并合并、破产清算时需要对所涉及的专利资产进行价值评估；企业在奖励职务发明人和在分享委托项目的知识产权成果、专利申请权和其他利益时，甚至在确立研发设计选题、规划专利技术检索和部署策略、开展市场布局、进行广告宣传时，也需要进行相关专利资产的评估。另外，在遗产分割、财产赠予时也需要评估相关专利资产的价值。

以下几种是较为常见的专利资产评估目的。

1. 企业兼并与出售

企业兼并是指企业以承担债务、购买、股份化和控股等形式有偿接收其他企业产权，使被兼并方丧失法人资格或改变法人实体的经济行为。企业出售是指独立核算的企业或企业内部分厂、车间及其他整体资产产权出售行为。

企业兼并与出售除要评估企业整体价值，还要分析企业是否存在专利资产，并将专利资产作为企业整体价值中的重要资产来评估。

2. 企业联营与中外合资

企业联营是指国内企业、单位之间以固定资产、流动资产、无形资产包括专利资产及其他资产投入组成各种形式的联合经营实体的行为。中外合资是指我国的企业和其他经济组织与外国企业或个人在我国境内举办合资或合作经营企业的行为，专利资产通常是合资中最重要的资产。

公司法第二十七条明确规定：股东可以用货币出资，也可以用实物、知识产权、土地使用权等可以用货币估价并可以依法转让的非货币财产作价出资。

3. 吸引风险投资

专利资产所具有的科技含量、新颖性、成长性对风险投资公司有很强的吸引力。但是风险投资公司不会让自己的钱打水漂，他们对项目的筛选极其慎重，他们非常关注专利资产的成熟性、风险性和市场获利能力。

一个处于初试、中试时期的专利研发项目如果没有风险投资的注入，往往会前功尽弃。但如果这些专利研发项目能够取得权威资产评估机构对其专利资产出具的评估报告，则会得到风险投资公司的青睐从而获得风险投资注入，取得事半功倍的效果。

4. 资产转让、拍卖与许可使用

资产转让是指资产拥有单位有偿转让其拥有的专利资产，通常是指转让那些非整体性资产的经济行为。

转让、拍卖、许可使用等情况都要对包括专利资产在内的知识产权资产进行价值评估。

5. 担保与质押贷款

担保是资产占有单位，以本企业的资产为其他单位经济行为担保，并承担连带责任的行为。

担保通常包括抵押、质押、保证等。《担保法》第七十九条规定，专利权、商标权、著作权等知识产权可以出资进行质押贷款。要使产权人及银行对知识产权的价值认同统一，就需要资产评估机构为其评估客观的公允价值。目前，以专利资产作为质押标的是最常用的知识产权融资方式。

6. 为侵权索赔提供价值依据

我国加入 WTO 后，涉及专利等知识产权领域的侵权官司会越来越多，计算知识产权损失的价值就需要资产评估机构的介入。

（二）专利资产价值评估的功能

专利资产作为企业发展的战略性资源和市场竞争力的核心要素，已经成为企业掌握发展先机和主动权的关键，而专利资产价值评估是这个关键能否被顺利掌握的重要手段和工具。

通过健全专利资产价值评估准则、构建合适的价值评估模型、遴选专业评估机构，专利资产的评估价值可以得到法律的保护和认定，也可以将之应用到专利转让、许可使用、质押融资、专利法律案件审理等各种经济活动中。专利资产价值评估的功能主要有以下四项。

1）帮助企业投资入股。任何资产的价值都是实时变化的，一项资产只能按照价值评估所得出的价值结果与其他商品进行等价交换。专利权人能够将依法转让的专利所有权或使用权根据价值评估结果作价，作为获得股东资格的一种出资方式。从立法的趋势可见，我国法律支持并推荐企业用专利等无形资产出资。随着与日俱增的专利交易，企业在确定投资和引进技术方面越来越迫切地要求对其自身的专利资产以及准备购买的专利资产进行价值评估，这已经成为企业确定经营战略的一项重要内容。

2）质押融资的需要。专利资产作为企业发展最重要、最核心的竞争力，是专利权人、创造者参与经济活动的重要资源。很多企业在技术研发的时候，都会面临资金短缺问题，如果能够将企业自己拥有的专利资产进行价值评估后抵押给银行进行贷款，那么这样做不但解决了企业的资金短缺问题，也扩展了企业继续创新的空间。

3）确认法律经济价值。随着经济全球化的发展，专利侵权纠纷频频发生。由于缺少合适的专利资产价值评估理论及标准，很多专利侵权案件的当事人无法得到应有的赔偿。如果能对专利资产按照一定的标准进行价值评估，那么评估出来的专利资产价值就能帮助法院在处理专利纠纷案件时提供一个价值定量结果，更好地帮助法院进行判决，进而使得侵权赔偿能充分反映和实现专利的真实价值，并以此激发市场的创新活力。

4）促进创新和经济发展。专利资产所有人为社会带来的价值贡献，是通过对专利产品和方法的开发、使用，进而产生超额利润来实现的。这个价值贡献只有通过评估才能体现出来，所以专利资产价值评估是非常重要的。

（三）专利资产价值评估的作用

随着改革开放的深入和社会主义市场经济体制的建立和完善，我国资产评估行业作为一个独立的专业化市场中介服务行业，在专利资产价值评估领域得到了长足的发展，在深化企业改革、规范资本市场、促进合资合作、优化资源配置、维护专利资产所有人和投资者的合法利益等方面发挥着越来越重要的作用，已经成为市场经济体系不可分割的组成部分。

1．专利资产价值评估是建立、完善市场经济体制的重要环节

我国经济体制改革的基本目标就是要建立和完善社会主义市场经济体制。完善的市场经济体系不仅包括商品市场、资本市场，而且还包括房地产市场、产权市场、技术市场等。技术的投资与转让的形成与发展都必须以科学的专利资产价值评估为基础，只有这样，各种专利资产的交易才能更加公平、合理，完善、规范的市场体系才有可能逐步建立。从宏观上看，专利资产价值评估是市场经济发展到一定阶段的产物，但它反过来又服务于市场经济建设，对市场经济建设起促进作用。进行市场经济建设，就要转换企业经营机制，让市场机制发挥主导作用，让市场来优化专利资产的配置，而这些活动都离不开专利资产价值评估的发展。因此，资产评估是市场经济规范运作的基础，在规范资产运作、维护经济秩序、促进经济发展等方面具有重要的作用。大力培育和发展资产评估中介组织，既是经济社会发展的迫切需要，也是发展社会主义市场经济的内在要求，同时，资产评估行业正处在全面深化改革的新阶段，要广泛参与社会经济活动，拓展新的服务领域和业务范围，积极支持各项改革，推进完善社会主义市场经济体制，切实为改革发展提供服务保障和智力支持；充分发挥资产评估专业优势，积极拓展涉外业务，

力争在"引进来"和"走出去"两个方面有更大的作为,促进建立更加开放的经济体系;积极参与经济、社会事务的监督管理,推动政府职能转变,促进依法行政,建立新的社会管理结构;切实加强资产评估法制建设,强化和完善行业监管,充分发挥行业协会的自律管理作用,规范资产评估执业行为;加强教育和培训,提高资产评估执业队伍的专业能力,培育形成良好的职业道德,建设一支高素质的资产评估队伍。

2. 专利资产价值评估有利于促进技术交易

专利资产价值评估,使专利资产价值在经济活动中得到了确认,促进了专利技术的成功交易。例如,奥地利理查德·费尔辛格(Richard Felsinger)国际沥青集团公司是一家有着150年历史的跨国公司,该公司1975年推出了 NOVOPHALT 改性沥青技术,并将此技术推广应用到许多国家的工程项目中。1989年,我国引进此技术用于建设"国门第一路"——首都机场高速公路。1989年10月,改性沥青技术项目被列为中、奥之间经济技术合作项目,双方签署了相关协议。在项目合作过程中,双方均需量化该技术的价值。经连城资产评估公司对该技术进行公正、客观的价值评估后,中、奥双方关于此项目的谈判得以顺利进行。

3. 专利资产价值评估有利于增强外资吸引力

我国的对外开放政策吸引了大批外商来投资,在弥补我国经济发展中资金的不足和提高生产技术水平方面起到了重要作用。然而由于专利资产价值评估发展滞后,导致我国专利资产大量流失,致使许多合资项目难以真正地建立在平等互利的原则基础之上。在吸引外资的过程中,广泛地开展与强化专利资产价值评估,有利于减少外方有意高报其专利资产价值或我方有意、无意中低估自己拥有的专利资产价值的情况,进而促成吸引外资的行为更加规范与合理,促成对外开放质量的提升。中外合资、合作企业设立业务,境外投资及各种设备进出口业务中相关专利资产的价值评估,有效地维护了专利资产所有人和投资人的合法权益,推进了我国经济对外开放的进程,促进了经济、技术合作。

4. 专利资产价值评估有利于促进专利权的司法保护

专利资产价值评估保护了专利所有人的合法权益,促进了高新技术成果的转化。在专利资产转让交易和涉及专利资产的诉讼案件中,难点与重点就是评定专利资产的价值或因专利资产受到损害所蒙受损失的价值。只有科学地评估专利资产的价值,才能合理、公正地处理涉及专利资产的经济问题与司法问题。随着专利资产交易和涉及专利资产案例的大量增加,专利资产价值评估在这一领域发挥着越来越重要的作用。

5. 专利资产价值评估有助于实现国有专利资产的保值与增值

在我国经济转轨中,专利资产价值评估为国有企业的兼并、改制、重组等涉及产权变动的经济行为中的专利资产提供了价值鉴定服务,将国有企业的兼并、改制、重组等涉及产权变动的经济行为中的专利资产资本化,有力地支持了国有企业改革和国有经济的战略性重组，有助于优化国有专利资产管理，实现国有专利资产的保值与增值，防止在产权变动时发生不应有的流失。忽视专利资产的价值评估，则会导致国家蒙受重大经济损失，侵害国有资产所有者的权益。

6．专利资产价值评估有利于促进专利资产质押融资活动

可转移的专利资产可以作为银行贷款担保标的，使专利产业化进程有了资金支持，然而对专利资产进行质押担保，其难度在于对专利资产价值的估价。过去，我国有关担保的法规中曾规定专利技术不能作为抵押物。1995 年，新实施的《中华人民共和国担保法》中明确规定专利资产可以作为抵押物。但由于专利资产自身的独特性，银行部门很难界定其真实价值，因此，银行对其收益能力、还贷能力和变现能力一直不持乐观态度。再加上以专利资产作抵押本身就是一项很新的业务，银行放贷时尤为慎重。然而，就一个公司来说，其拥有的专利技术可能是它的主要财产，这样的话，它需要以此为质押物向银行贷款来获得发展。而专利技术本身要快速、有效地向现实生产力转化，初期没有大量的资金投入也难以完成。再者，一项好的专利技术往往有很高的回报率，这正是银行所追求的。因此，在大力发展社会主义市场经济的今天，以专利资产为质押物获取贷款的做法实为势在必行。可以发现，在"贷"与"不贷"之间关键是专利资产价值的确定。因此，专利资产价值评估解决了专利资产作为质押担保中的专利资产价值问题，在银行进行专利资产质押贷款活动中发挥了极其重要的作用。

7．专利资产价值评估有利于确定专利资产的股权在公司中所占的比例

根据 2005 年修订的《公司法》，全体股东的货币出资金额不得低于有限责任公司注册资本的 30%，这就意味着法律允许非货币出资额达到 70%。而 2013 年新修订的《公司法》将这个 70% 的限制也去除了，也就是说，现在企业可以不用货币资金，100% 通过专利资产等无形资产出资成立公司。这些革命性、时代性的规定充分发挥了非货币资产，特别是专利资产在市场经济中的重要作用。专利资产所有人可以用专利资产作价入股，以获取经济回报，然而如何正确、有效、合法地确定专利资产价值，明确专利资产的股权在公司中所占的比例，专利资产价值评估则发挥了极其重要的作用。

四、专利资产价值评估要求

2017 年 9 月，中国资产评估协会颁布的《专利资产评估指导意见》明确了专利资产价值评估的基本要求、评估对象、操作要求和披露要求。

（一）基本要求

资产评估机构及其资产评估专业人员开展专利资产评估业务，应当遵守法律、行政法规的规定，坚持独立、客观、公正的原则，诚实守信，勤勉尽责，谨慎从业，遵守职业道德规范，自觉维护职业形象，不得从事损害职业形象的活动。

资产评估机构及其资产评估专业人员开展专利资产评估业务，应当独立进行分析和

估算并形成专业意见，拒绝委托人或者其他相关当事人的干预，不得直接以预先设定的价值作为评估结论。

执行专利资产评估业务，应当具备专利资产评估的专业知识和实践经验，能够胜任所执行的专利资产评估业务；执行某项特定业务缺乏特定的专业知识和经验时，应当采取弥补措施，包括利用专家工作及相关报告等。

执行企业价值评估中的专利资产评估业务，应当了解在对持续经营前提下的企业价值进行评估时，专利资产作为企业资产的组成部分的价值可能有别于作为单项资产的价值，其价值取决于它对企业价值的贡献程度。

执行专利资产评估业务，应当在考虑评估目的、市场条件、评估对象自身条件等因素的基础上，选择价值类型；以质押为目的可以选择市场价值或者市场价值以外的价值类型，以交易为目的通常选择市场价值或者投资价值，以财务报告为目的通常根据会计准则相关要求选择相应的价值类型。

执行专利资产评估业务，应当确定评估假设和限制条件。

（二）评估对象

专利资产评估业务的评估对象是指专利资产权益，包括专利所有权和专利使用权。专利使用权是指专利实施许可权，具体包括专利权独占许可、独家许可、普通许可和其他许可形式。

执行专利资产评估业务，应当明确专利资产的权利属性。评估对象为专利所有权的，应当关注专利权是否已经许可他人使用及使用权的具体形式，并关注其对专利所有权价值的影响。评估对象为专利使用权的，应当明确专利使用权的许可形式、许可内容及许可期限。

执行专利资产评估业务，应当要求委托人明确专利资产的基本状况。专利资产的基本状况通常包括：①专利名称；②专利类别；③专利申请的国别或者地区；④专利申请号或者专利号；⑤专利的法律状态；⑥专利申请日；⑦专利授权日；⑧专利权利要求书所记载的权利要求；⑨专利使用权利。

执行专利资产评估业务，应当关注专利的法律状态。专利的法律状态通常包括专利申请人或者专利权人及其变更情况，专利所处的专利审批阶段、年费缴纳情况、专利权的终止、专利权的恢复、专利权的质押，以及是否涉及法律诉讼或者处于复审、宣告无效状态。

执行专利资产评估业务，应当关注专利资产的技术状况、实施状况及获利状况。

执行专利资产评估业务，应当在要求委托人根据评估对象的具体情况和评估目的对专利资产进行合理的分离或者合并的基础上，恰当进行单项专利资产或者专利资产组合的评估。

执行质押、诉讼目的的专利资产评估业务，应当要求委托人提交由国家知识产权局出具的专利登记簿副本。评估对象为实用新型、外观设计专利的，应当要求委托人提供专利检索报告，当实用新型、外观设计专利数量较多时，应当选取部分专利由委托人提供检索报告。

（三）操作要求

执行专利资产评估业务，应当对专利及其实施情况进行调查，包括必要的现场调查、市场调查，并收集相关信息、资料等。

调查过程收集的相关信息、资料通常包括：①专利资产的权利人及实施企业基本情况；②专利证书、最近一期的专利缴费凭证；③专利权利要求书、专利说明书及其附图；④专利技术的研发过程、技术实验报告，专利资产所属技术领域的发展状况、技术水平、技术成熟度、同类技术竞争状况、技术更新速度等有关信息、资料；如果技术效果需要检测，还应当收集相关产品检测报告；⑤与分析专利产品的适用范围、市场需求、市场前景及市场寿命、相关行业政策发展状况、宏观经济、同类产品的竞争状况、专利产品的获利能力等相关的信息、资料；⑥以往的评估和交易情况，包括专利权转让合同、实施许可合同及其他交易情况。

执行专利资产评估业务，应当尽可能获取与专利资产相关的财务数据及专利实施企业经审计的财务报表，对专利资产的相关财务数据进行分析。

执行专利资产价值评估业务，应当分析下列事项及其对专利资产价值的影响：①专利权利要求书、专利说明书及其附图的内容；②专利权利要求书所记载的专利技术产品与其实施企业所生产产品的对应性。

执行专利资产价值评估业务，应当对影响专利资产价值的法律因素进行分析，通常包括专利资产的权利属性及权利限制、专利类别、专利的法律状态、专利剩余法定保护期限、专利的保护范围等。资产评估专业人员应当关注专利所有权与使用权的差异、专利使用权的具体形式、以往许可和转让的情况对专利资产价值的影响。资产评估专业人员应当关注发明、实用新型、外观设计的审批条件、审批程序、保护范围、保护期限、审批阶段的差异对专利资产价值的影响。资产评估专业人员应当关注专利所处审批阶段，专利是否涉及法律诉讼或者处于复审、宣告无效状态，以及专利有效性维持情况对专利资产价值的影响。

执行专利资产评估业务，应当对影响专利资产价值的技术因素进行分析，通常包括替代性、先进性、创新性、成熟度、实用性、防御性、垄断性等。

对影响专利资产价值的经济因素进行分析时，通常包括专利资产的取得成本、获利状况、许可费、类似资产的交易价格、市场应用情况、市场规模情况、市场占有率、竞争情况等。

当专利资产与其他资产共同发挥作用时，资产评估专业人员应当分析专利资产的作用，确定该专利资产的价值。

执行专利资产评估业务，应当关注经营条件等对专利资产作用和价值的影响。

执行专利资产法律诉讼评估业务，应当关注相关案情基本情况、经过质证的资料以及专利权的历史诉讼情况。

确定专利资产价值的评估方法包括市场法、收益法和成本法三种基本方法及其衍生方法。执行专利资产评估业务，应当根据评估目的、评估对象、价值类型、资料收集等情况，分析上述三种基本方法的适用性，选择评估方法。

运用收益法进行专利资产评估时，应当收集专利产品的相关收入、成本、费用等数据。资产评估专业人员应当对委托人或者其他相关当事人提供的专利未来实施情况和收益状况的预测进行分析、判断和调整，确信相关预测的合理性。资产评估专业人员应当根据专利资产的具体情况选择收益口径。

采用收益法进行专利资产评估时，应当确定预期收益。专利资产的预期收益应当是专利的使用而额外带来的收益，可以通过增量收益、节省许可费、收益分成或者超额收益等方式估算。确定预期收益时，应当区分并剔除与委托评估的专利资产无关的业务产生的收益，并关注专利产品或者服务所属行业的市场规模、市场地位及相关企业的经营情况。

采用收益法进行专利资产评估时，应当合理确定专利资产收益期限。收益期限可以通过分析专利资产的技术寿命、技术成熟度、专利法定寿命及与专利资产相关的合同约定期限等确定。

采用收益法进行专利资产评估时，应当合理确定折现率。折现率可以通过分析评估基准日的利率、投资回报率，以及专利实施过程中的技术、经营、市场、资金等因素确定。专利资产折现率可以采用无风险报酬率加风险报酬率的方式确定。专利资产折现率应当与预期收益的口径保持一致。

采用市场法进行专利资产评估时，应当收集足够的可比交易案例，并对专利资产与可比交易案例之间的各种差异因素进行分析、比较和调整。

采用成本法进行专利资产评估时，应当合理确定专利资产的重置成本。重置成本包括合理的成本、利润和相关税费等。确定专利资产重置成本时，应当确定形成专利资产所需的直接成本、间接费用、合理的利润及相关的税费等。

采用成本法进行专利资产评估时，应当合理确定贬值。

（四）披露要求

编制专利资产评估报告应当反映专利资产的特点，通常包括下列内容：①评估对象的详细情况，通常包括专利资产的权利属性、使用权具体形式、法律状态、专利申请号及专利权利要求等；②专利资产的技术状况和实施状况；③对影响专利资产价值的法律因素、技术因素、经济因素的分析过程；④专利的实施经营条件；⑤使用的评估假设及限制条件；⑥专利权许可、转让、诉讼、无效请求及质押情况；⑦有关评估方法的主要内容，包括评估方法的选取及其理由，评估方法中的运算和逻辑推理方式，各重要参数的来源、分析、比较与测算过程，对测算结果进行分析并形成评估结论的过程；⑧其他必要信息。

五、我国在专利资产价值评估方面存在的主要问题

目前我国在专利资产价值评估方面存在的主要问题包括专利资产价值的实质定位存在偏差、对专利资产法律关系认识不清、对专利资产价值评估参数选取的随意性大、没有严格规范的评估操作标准等。

（一）专利资产价值的实质定位存在偏差

评估机构对专利资产的实质价值定位不准确，将直接导致评估结果的不准确，同时使公众对专利资产价值究竟是多少产生怀疑。目前，社会上对专利资产价值评估结果的不信任，从一定意义上讲，是由于评估机构没有运用科学的方法对专利资产进行价值评估。这类问题的产生主要是由于以下两个原因。

1. 评估人员的业务素质

我国资产评估业在20世纪80年代兴起，目前执业的大多数评估机构是会计师事务所。由于执业人员的知识背景不同，他们对专利资产的理解就存在较多偏差。尽管资产评估师职业资格的取得需要经过考试，但该考试中，有关专利资产的考题仅涉及一些最基本的知识。评估师仅掌握这些基本知识是难以胜任专利资产价值评估工作的。这也导致在评估过程中，评估师对于一些专利资产价值的本质内容不清楚，只是简单地套用评估公式进行计算，导致评估报告中缺少对专利资产增值内容的分析以及对专利资产价值存在范围的界定。

2. 评估人员长期受传统科技成果经济价值计算的影响

专利资产价值从评估角度是指专利资产所有人通过专利资产获取的收益。而有的评估机构评估人员长期受传统科技成果经济价值计算的影响，把技术创造的间接价值，乃至社会价值计算在专利资产价值内，导致了对专利资产价值的高估。例如，湖南一家机构对某知名教授杂交水稻技术的评估认为该杂交水稻技术的价值是1000多亿元，创了中国无形资产价值之最。这份报告的错误在于将该杂交水稻技术推广所产生的所有价值，全部计算在该杂交水稻技术价值之中。用专利资产价值评估方法来分析，该杂交水稻技术的价值应指该项技术的所有人通过许可或自己实施该技术而得到的收益。然而推广这项技术并不能使技术的所有人得到1000多亿元，因此推广这一技术产生的间接收益不能计入无形资产价值之中。

（二）对专利资产法律关系认识不清

专利权是依法获得的权利，相关法律不仅确定了其保护对象、保护期限及相应权利，而且对权利的获得及要求均做出了详细的规定，这些规定不仅决定了专利资产的法律特

性，同时对专利资产的价值有着显著的影响。目前，很多评估机构在评估过程中，对专利资产的法律关系不进行分析，导致评估结果并非被评估专利资产的真实价值。

由于专利权的范围应由权利要求书决定，因此，在评估专利资产时，评估师应根据权利要求书记载的专利权利范围来进行评估。如果评估人员看不懂或理解不清专利权的要求范围，就无法准确评估专利的价值。在实际的评估中，大部分专利资产价值评估报告都没有分析专利权的范围，仅探讨了该专利技术的特征或该技术产品的特性。然而，如果这些技术或产品的特性没有出现在权利要求书中，就无法得到《专利法》的保护，也无法为权利人带来经济收益。依据这些不受法律保护的特性做出的价值评估，肯定也是错误的。在评估实践中，评估人员应该根据自己或者有关专家对权利要求书做出的判断，确定评估对象的范围。

（三）对专利资产价值评估参数选取的随意性大

目前，我国专利资产价值评估领域的混乱还体现在选取评估参数的随意性上。我国目前大多采用收益法进行专利资产价值评估，但是收益法相对成本法及市场法而言，具有一定的难度及复杂性，这种难度及复杂性主要体现在对评估参数的选取上。运用收益法进行评估，参数的选取对最终的评估结果有着极大的影响，有时可能相差几倍甚至更多。然而，我国尚未颁布相关规范性意见，致使专利资产价值评估参数选取的随意性未得到控制，导致评估结果缺乏说服力，也违背了科学、公正的评估原则。参数选取随意性大的影响突出表现为收益额、市场占有率等数据缺乏科学依据。

（四）没有严格规范的评估操作标准

目前我国在专利资产价值评估方面并没有严格的操作规范，而专利资产自身的特性，使其价值评估更复杂，因此，没有规范的操作标准，是导致目前专利资产价值评估领域存在问题较多的原因之一。

上述专利资产价值评估领域存在的问题，造成社会各界人士对专利资产价值评估结果的怀疑与否定，同时也导致专利资产评估价值存在"两边差"：一方面，投资者对评估得到的专利资产价值大打折扣；另一方面，专利资产权利人因与其他同类专利资产评估价值相比较产生攀比心态，无限放大自身拥有专利资产的价值。这些问题不仅影响了人们对专利资产价值的正确认识，还严重阻碍了与专利资产相关的正常经济活动。

第二节 现行专利资产价值评估方法及其实践

专利资产价值评估是评估机构考虑相关因素并依据一定的计算方法对专利资产价值所做的评价、估计或预测。专利资产价值评估与价值是两个不同的概念。价值是客体对主体的反映，价值评估则是人们对客观价值的评判。价值决定评估，评估反映价值。

由于专利资产价值是由市场决定的，因此专利资产价值评估不是凭空进行的，而是以特定市场为依据，在综合考虑被评估专利资产本身的性质和特点、市场的认可和接受程度、可被利用的期限、有关的交易惯例等多种相关因素的基础上进行的一项工作。

2017年9月，中国资产评估协会颁布的《专利资产评估指导意见》第二十六条指出："确定专利资产价值的评估方法包括市场法、收益法和成本法三种基本方法及其衍生方法。执行专利资产评估业务，应当根据评估目的、评估对象、价值类型、资料收集等情况，分析上述三种基本方法的适用性，选择评估方法。"也就是说，我国各类评估机构在进行专利资产价值评估时，主要采用的方法是成本法、市场法和收益法。成本法是先估测被评估资产的重置成本，然后估测被评估资产已存在的各种贬值因素，并将其从重置成本中予以扣除而得到被评估资产价值的方法。市场法是利用市场上同样或类似资产的近期交易价格，经过直接或类比分析以估测资产价值的评估方法。收益法是通过估测被评估资产未来预期收益的现值来判断资产价值的评估方法。

随着人们对专利资产价值的变化和影响因素的深入研究，专利资产价值评估理论研究者通过分析成本法、市场法和收益法的适用性，结合专利资产价值的影响因素分析、价值类型分析、保护期限结构分析、价值增值分析以及现代金融理论的发展状况，利用各种数理工具，提出了托宾Q值模型、实物期权模型、欧式看涨期权模型、层次分析模型、模糊评价模型等各种方法。

近年来，随着我国知识产权强国战略的实施，上海、安徽、成都等地政府都制定了专利资产价值评估标准，这些标准是以成本法、市场法、收益法和实物期权模型为基础，结合专利资产价值的特点进行了适当修正后得出的评估标准。因此，目前我国的专利资产价值评估实践主要采取的方法有成本法、市场法、收益法和实物期权模型四种评估方法及其修正模型。本节主要对前三种方法进行展开介绍。

一、成本法及其实践

成本法，是通过统计专利研发成本来计算资产价值的方法。由于评估依据不同，成本法可分为重置成本法和更新重置成本法两种。重置成本就是为开发专利而实际发生的费用的总和，包括研发成本和法律成本。

重置成本法，是以被评估专利资产的历史的、实际的开发条件为依据，再以现行市价进行折算，求得评估值的方法。

更新重置成本法，是以新的开发条件为依据，假设重新开发或购买同一专利资产，再以现行市价计算，求得评估值的方法。

（一）成本法计算公式

《专利资产评估指导意见》的第三十二条指出："采用成本法进行专利资产评估时，

应当合理确定专利资产的重置成本。重置成本包括合理的成本、利润和相关税费等。确定专利资产重置成本时，应当确定形成专利资产所需的直接成本、间接费用、合理的利润及相关的税费等。"第三十三条则指出："采用成本法进行专利资产评估时，应当合理确定贬值。"

具体而言，成本法是指在评估专利资产价值时按被评估专利资产的现时重置成本扣减各项贬值来确定其价值的方法，计算公式为

$$V = V_C - d - e \quad (4-1)$$

式中，V 是被评估专利资产的价值；V_C 是被评估专利资产的重置成本，是在现在的价格标准下，按照过去开发该专利所消耗的人力、物力等计算成本；d 是功能性贬值，是指选用一个与被评估专利资产相适应的参照专利资产，将被评估专利资产与参照专利资产相比较，对成本、转让费用及许可使用费进行综合分析，计算被评估专利资产与参照专利资产之间的成本增加值或交易费用减少值，该值即被视为被评估专利资产的功能性贬值；e 是经济性贬值，是指市场环境变化所造成的被评估专利资产价值的增加或减少。

一般来说，在专利资产价值评估中，成本法主要应用于摊销专利资产成本、确定资产清查中专利资产的价值、帮助确定专利技术制成品的销售价格、向侵权者提出索赔额等情况。专利资产成本包括研制或取得、持有期间的全部物化劳动和活劳动的费用支出。此外，在专利资产的未来收益难以预测或风险难以量化的情况下，也可以使用成本法。

采用成本法评估专利资产，如果不能确定具体的功能性贬值和经济性贬值，只知道成本的贬值率，则公式变为

$$V = V_C \times (1 - R) \quad (4-2)$$

式中，V 是被评估专利资产的价值；V_C 是被评估专利资产的重置成本；R 是被评估专利资产的贬值率。

（二）专利资产重置成本的估算

专利资产的重置成本是指市场条件下重新创造或购置一项全新的专利资产所耗费的全部货币总额。

根据企业取得专利资产的来源情况，专利资产可以划分为自创专利资产和外购专利资产。

1. 自创专利资产的重置成本

自创专利资产的重置成本 V_C 包括专利研发成本、期间费用和专利费，即

$$V_C = 专利研发成本 + 期间费用 + 专利费 \quad (4-3)$$

专利研发成本包括直接成本和间接成本两大类。直接成本是指在专利研发过程中投入的直接费用，间接成本是指与专利研发有关的费用。

直接成本一般包括：①材料费用，研制专利技术所耗费的各种材料费用；②工资费

用,参与专利技术开发的科研人员和相关人员的费用;③专用设备费,为研制开发专利技术购置专用设备的费用及摊销;④资料费,专利技术研发所需的图书、资料、文献、印刷等费用;⑤咨询鉴定费,为完成专利技术研发项目所产生的技术咨询、技术鉴定费用;⑥协作费,专利技术研发过程中某些零部件的外加工费以及使用外单位资源的费用;⑦培训费,为完成专利技术研发项目,委派有关人员接受技术培训的各种费用;⑧差旅费,为完成专利技术研发项目发生的差旅费用;⑨其他费用。

间接成本主要包括:①管理费,为管理、组织本项目开发所负担的管理费用;②非专用设备折旧费,采用通用设备或其他设备所负担的折旧费;③应分摊的公共费用及能源费用。

期间费用主要包括:①技术服务费,如专家指导、技术培训、设备仪器安装调试费用及市场的开拓费等;②手续费,即指有关的公证费、审查注册费、法律咨询费等;③税金,专利资产在交易、转让过程中应缴纳的营业税。

专利费是为申请和维护专利权所发生的费用,包括专利代理费、专利申请费、实质审查请求费、维护费、证书费、年费等。

对于投入智力比较多的技术型专利资产,考虑到科研劳动的复杂性和风险性,需要对科研人员的劳动力成本进行修正,用以下公式来估算专利资产的重置成本 V_C:

$$V_C = \frac{C + \beta_1 L}{1 - \beta_2} \times (1 + r) \qquad (4-4)$$

式中,C 是专利研发中的物化劳动消耗;L 是专利研发中的人力成本;β_1 是专利研发人员创造性劳动倍加系数;β_2 是专利研发的平均风险系数;r 是专利资产投资报酬率。

2. 外购专利资产的重置成本

外购专利资产有购置费用的原始记录,也有可以参照的现行交易价格,评估相对比较容易。外购专利资产的重置成本包括购买价和购置费用两部分,一般采用市价类比法和物价指数法进行核算。

市价类比法,是在专利资产交易市场中选择类似的参照物,再根据功能和技术先进性、适用性对其价格进行调整,从而确定外购专利资产的现行购买价格,购置费用可根据现行标准和实际情况进行核定。

物价指数法,是以专利资产的账面历史成本为依据,用物价指数进行调整,进而估算其重置成本 V_C,计算公式为

$$V_C = 专利资产账面成本 \times \frac{评估时物价指数}{购置时物价指数} \qquad (4-5)$$

从专利资产价值构成来看,专利资产主要有两类消耗费用:一是物质消耗费用;二是人工消耗费用。前者与生产资料物价指数相关度较高,后者与生活资料物价指数相关度较高,并且最终通过工资、福利标准的调整体现出来。不同专利资产的两类费用的比

重可能有较大差别，一些需利用现代科研和实验手段的专利资产，物质消耗的比重比较大。在生产资料物价指数与生活资料物价指数差别较大的情况下，可依据两类费用的大致比例，分别采用生产资料物价指数与生活资料物价指数估算；在两种价格指数比较接近且两类费用的比重有较大倾斜的情况下，可按比重较大的费用所适用的物价指数来估算。

（三）专利资产贬值率的估算

在讨论专利资产重置成本的核算后，有必要对式（4-2）中的贬值率 R 进行分析。通常情况下，专利资产贬值率 R 可以采用专家鉴定法和剩余经济寿命预测法确定。

专家鉴定法，是邀请有关技术领域的专家，对被评估专利资产的先进性、适用性做出判断，从而确定其贬值率的方法。

剩余经济寿命预测法，是由评估人员通过对专利资产剩余经济寿命进行预测和判断，从而确定其贬值率的方法。贬值率 R 的计算公式为

$$R = \frac{已使用年限}{已使用年限 + 剩余使用年限} \times 100\% \tag{4-6}$$

在式（4-6）中，已使用年限比较容易确定，剩余使用年限应由评估人员根据专利资产的特征，分析判断获得。

贬值率是运用成本法评估有形资产时的一个重要概念。然而，专利资产不存在有形损耗，运用成本法评估专利资产时借用这一概念只是为了操作上的方便，因此它的运用也受到较大程度的限制。在评估实践中，一般情况下，应先综合考虑被评估专利资产的各种无形损耗（功能和经济方面），再选择一个恰当的折算比率。

在确定适用的贬值率时，应注意专利资产使用效用与时间的关系，这种关系通常是非线性的。

（四）成本法的地方标准

成本法虽然计算公式简单，但重置成本的确定却很复杂。为了规范成本法的使用条件及重置成本的确定，各地知识产权管理部门在国务院令第91号《国有资产评估管理办法》（2020年修订版）的指导和引领下，出台了专业的成本法评估标准，其中最具代表性的是安徽标准。

2022年6月，安徽省市场监督管理局发布了《专利价值评估技术规范》（DB34/T 3582—2020），其中规定，成本法是通过计算重置具有类似或相同服务功能的专利权所要付出的成本，以确定被评估专利资产价值的评估方法。

《专利价值评估技术规范》认为，当专利技术的重置成本可以合理确定时，可采用成本法进行专利资产价值评估。在测算专利技术的重置成本时，应当确定形成专利技术所需的直接成本、间接费用、合理的利润和相关税费，包括专利技术的研制成本、技术人员劳动报酬、技术服务费、专利技术形成成本、交易手续费、交易税金等，并根据当前

专利质量测算专利技术的贬值率,按照式(4-2)进行评估。

式(4-2)中的贬值率 R 的计算方法是

$$R = 1 - \exp\left(\frac{Q}{Q_{\text{avg}}} - 1\right) \qquad (4-7)$$

式中,Q 是被评估专利技术的专利质量;Q_{avg} 是被评估专利技术所在领域的平均专利质量。

式(4-7)中专利质量 Q 的计算方法是

$$Q = \sum_{k=1}^{m} Q_k W_k \qquad (4-8)$$

式中,Q_k 是专利质量的第 k 个评价指标得分;W_k 是专利质量的第 k 个评价指标的权重,权重赋值是根据评价指标对于专利质量评价的重要程度进行的;m 是专利质量评价指标的数量。

二、市场法及其实践

市场法,是指在市场上选择若干相同或近似的资产作为参照物,针对各项价值影响因素,分别将被评估资产与参照物进行比较调整,再综合分析各项调整结果,确定资产价值的方法。

(一)市场法计算公式

《专利资产评估指导意见》的第三十一条指出:"采用市场法进行专利资产评估时,应当收集足够的可比交易案例,并对专利资产与可比交易案例之间的各种差异因素进行分析、比较和调整。"

在使用市场法对专利资产进行评估时,首先要以已经发生交易的类似专利资产的交易价格为基础。具体来说,采用市场法评估专利资产时,应选择相同或相近的(指效用水平相同或相近)、近期已成交的可比专利资产作为参照物,并以其市场交易价格为基础价格,同时充分考虑被评估专利资产与可比专利资产在交易时间、交易价格、效用水平(品质)以及交易的公允性上的差异等因素,测算待评估专利资产的价值 V,计算公式为

$$V = 可比专利资产的市场交易价格 \times \beta_1 \times \beta_2 \times \cdots \times \beta_n \qquad (4-9)$$

式中,β 表示各项价值因素差异的修正比率。

由于市场法是在市场中寻找类似的可比专利资产,并将一系列可比因素经过调整后最终得出专利资产评估价值,因此该方法相对客观合理,更易被接受。

市场法的逻辑依据是替代原则:根据替代原则,一个精明的投资者在购置一项专利资产时,他所愿意支付的价格不会高于市场上具有相同性能的替代专利资产的市场价格。该方法的应用实质是套利原理,即当资本市场相对比较有效时,市场中相似的资源由相似因素决定,它们的价值可以互用。通俗来说,市场法是运用市场比较的思路,也就是

将与被评估专利资产相似的已交易专利资产的价值作为参照，并且将两项专利资产进行一定的比较分析，做出一定的调整，从而估测目标专利资产的价值。

很显然，运用市场法得到的评估结果是专利资产整体的价值，不像成本法那样是通过将费用一一相加减得到评估价值。市场法解决了单个专利资产评估价值的相加与企业整体专利资产评估价值可能存在不同的问题，得出的评估价值是市场的现实价格，即考虑了市场变化因素的企业专利资产的整体价值，这个价格也比较容易被交易双方接受和理解。

（二）市场法的缺陷

专利具有的垄断性、受法律保护等特征，决定了在采用市场法评估专利资产时很难在市场上找到合适的参照专利。同时，我国也缺少专利市场交易数据库，因此市场法在实务中的应用受到很大限制。另外，随着经济环境的日益复杂和信息技术的高速发展，仅依赖传统的市场法来评估专利资产价值已不能满足目前复杂的市场条件，有必要在传统的市场法的基础上推陈出新。

1. 缺乏较全面的专利资产价值数据库

出于商业利益和保护客户隐私的考虑，评估机构彼此之间的数据很难形成互联互通。这直接导致单独的某一评估机构很难获得市场中全部专利资产价值评估项目的信息，仅凭评估机构自身的力量，难以自然形成全面的专利资产价值数据库。然而，市场法的运用离不开大量的可比案例。

专利资产价值数据库的缺位与相关信息披露的不完善，约束了市场法在专利资产价值评估领域的运用。数据库的缺位问题，给专利资产价值评估实务带来了严重的负面影响。因此，亟待构建在交易案例容量与标的专利基本情况参数两方面均有所改进的、较为全面的专利资产价值数据库。

2. 缺少专利资产价值评估市场法可比指标体系

有关专利资产价值评估市场法可比指标的研究文献，大多是从理论逻辑分析出发，对不同指标的重要性定性地进行判断，该过程通常会涉及专家打分或咨询专家意见等主观环节，选出相对重要的可比指标并赋予其一定的权重，从而得到可比指标体系。这导致完善客观的专利资产价值评估市场法可比指标体系长期处于缺位状态，削弱了交易双方对运用市场法得到的专利资产价值评估结果的信任度，阻碍了市场法适用性的拓展。

较为全面地构建可能会对不同行业专利资产价值产生影响的可比指标体系，并通过实际交易案例数据来支撑评价测算，对可比指标加以筛选与赋权，从而得出较为客观的专利资产价值评估市场法可比指标体系，是提升市场法在专利资产价值评估领域适用性的重要前提。实际上，不同行业的专利资产价值的评估体系可能完全不同。

3. 可比案例价值影响因素修正值测算缺乏标准

运用市场法评估专利资产价值时，除可比指标体系的构建之外，可比指标取值的标准化，也是评估实务中的一个难题。例如，获奖情况、引用与被引用情况、同领域专利成果的数量等，都是能够对专利资产价值产生重要影响的因素。与之对应的原始数据信息在提取、标准化与修正方面，同样存在着困难。

一方面，此类信息并不一定都是以定量数据的形式呈现，而可能表现为定性数据（如获奖等级），甚至是大段的文字描述。将这些信息录入专利资产价值评估数据库前的数据清洗与标准化过程就尤为重要，同时也困难重重。

另一方面，不同影响因素对专利资产价值的影响程度与方式，亦是多样的，未必是单一的线性关系。在对可比案例影响因素进行修正时，如何从线性、幂函数、指数函数、对数函数等多种可供选择的模型中，选择最为恰当的修正模式，有待实证研究的支持。

4. 数字技术在指标确定和参数选取中未能得到充分利用

由于在评估实务中的使用频率不高，市场法在专利资产价值评估业务中的运用表现出明显的滞后性，不能与时俱进地充分享受数字技术等最新科技成果带来的便利。相关的评估数据库，以及与之相匹配的代码软件等产品的缺失，恰恰最为直观地证明了该问题的存在。

随着信息化时代的不断发展与专利资产交易市场的日渐成熟，专利资产交易案例的数量在未来很可能呈现指数爆炸型的增长趋势，这恰恰是数字技术最能发挥其优势的情形。专利资产交易愈发频繁地发生，意味着大量优质可比参照案例信息的涌入。如何从海量数据中，迅速且低成本地找到与评估对象具有较高可比性的可比案例，是拓展市场法在专利资产价值评估领域应用过程中，必须面对的难题，而数字技术与评估方法的结合，正是打破僵局的关键。

（三）市场法的地方评估标准

由前文可知，运用市场法进行专利资产价值评估时存在很多实践障碍，因此，实际运用时需要对相关参数进行一些处理，并对式（4-9）进行必要的修正。为了规范对市场法相关参数的处理和计算修正，在国务院令第 91 号《国有资产评估管理办法》（2020年修订版）的指导和引领下，一些地方知识产权管理部门出台了一些专业的评估标准和科学的市场法评估办法，其中最具代表性的是成都标准和安徽标准。

1. 成都标准

2021 年 12 月，成都知识产权协会颁布了《知识产权价值评估规范》（T/CDIP 001—2021），认为市场法是指参照市场上相同或相似知识产权的交易价格，确定被评估知识产权价值的评估方法。

《知识产权价值评估规范》规定，采用市场法评估专利资产价值时，应当满足以下五项要求：①考虑该专利资产或者类似专利资产是否存在活跃的市场，考虑市场法的适用性；②收集类似专利资产交易案例的市场交易价格、交易时间及交易条件等交易信息；③选择具有比较基础的可比专利资产的交易案例；④收集被评估专利资产近期的交易信息；⑤对可比交易案例和被评估专利资产近期交易信息进行必要调整。

在成都标准中，运用市场法评估专利资产价值的计算公式为

$$V = \frac{1}{n}\sum_{i=1}^{n} S_i V_i \qquad (4-10)$$

式中，V 是被评估专利资产的价值；S_i 是可比专利资产与被评估专利资产的相似程度；V_i 是第 i 个具有比较基础的可比专利资产的交易值的修正值；n 是具有比较基础的可比专利资产交易的数量。

成都标准已经开始有意识地认识到，在专利资产价值评估领域采用市场法时，需要考虑专利资产的相似程度以及要对参考专利资产的价值进行修正。但是成都标准本身没有说明应该怎么对参考专利资产价值进行修正，同时对于怎么定义可比专利资产与被评估专利资产的相似程度，也没有给出详细说明。最后，成都标准认为专利资产的相似程度与专利资产价值之间存在简单的线性函数关系，然而实际上专利资产的相似程度和专利资产价值之间的关系是近似幂函数的关系。

2. 安徽标准

2022 年 6 月，安徽省市场监督管理局发布了《专利价值评估技术规范》（DB34/T 3582—2020），认为当可以收集到足够多的可比专利资产投融资案例时，可采用市场法进行专利资产价值评估。评估时，应先测算专利资产投融资案例中的专利质量，然后采用如下公式进行专利资产价值评估：

$$V = \left(\frac{1}{n}\sum_{i=1}^{n} V_i\right)\exp\left[Q \div \left(\frac{1}{n}\sum_{i=1}^{n} Q_i W_i\right) - 1\right] \qquad (4-11)$$

式中，V 是被评估专利资产的价值；V_i 是第 i 件可比专利资产的价值；Q 是被评估专利资产的专利质量；n 是可比专利资产的数量；Q_i 是第 i 件可比专利资产的专利质量；W_i 是第 i 件可比专利资产的专利质量权重。

式（4-11）中的专利质量 Q 及 Q_i 是根据评价目的，从法律、技术、经济方面，运用式（4-8）计算得到的。

式（4-11）有效地将专利资产的价值以及专利资产的质量进行了联系，所得到的待评估专利资产价值在一定程度上能够反映该专利资产的市场价值。

然而，安徽标准以及式（4-11）和专利质量式（4-8）在实际应用过程中仍存在一定缺陷。

首先，安徽标准没有对式（4-8）中专利质量 Q 涉及的评价指标进行介绍，仅进行了笼统概述。如何对评价指标进行打分及其赋权，安徽标准没有给出可操作的具体做法，甚至都没有给出专利质量评价指标的数量。

其次，式（4-11）忽略了来自不同领域的专利资产之间的差异，对所有专利资产的质量权重系数一视同仁。实际上，来自不同行业、不同领域的专利资产质量权重系数可

能是天差地别的。以基础化工行业和建筑装饰行业为例，通过大数据分析可知基础化工行业内的专利普遍具有高法律价值的特征，说明基础化工行业的专利稳定性较强，有效期限较长；而建筑装饰行业的专利普遍具有高经济价值的特征，说明建筑装饰行业的专利存在更多的商业应用。这意味着市场法不仅需要考虑可比专利资产和被评估专利资产的相似程度和价值，更需要有的放矢地对各个行业展开大数据参数分析。

三、收益法及其实践

收益法是指在专利权有效使用期间，将专利资产的预期收益按折现率转换为现值作为专利资产评估价值的评估方法。与成本法和市场法相比较而言，收益法是最适合进行专利资产价值评估的方法。由于对专利资产未来的获利能力进行评估，体现了预期收益原则，其结果也更加准确，更能最大化地体现出专利资产的潜在价值。

收益法的优势在于考虑了货币时间价值的影响，考虑了专利资产的未来收益，再通过折现率折合成现值进行计算，得到的评估价值更科学、更合理、更符合客观现实的实际需求。

（一）收益法计算公式

《专利资产评估指导意见》的第二十七条指出："运用收益法进行专利资产评估时，应当收集专利产品的相关收入、成本、费用等数据。资产评估专业人员应当对委托人或者其他相关当事人提供的专利未来实施情况和收益状况的预测进行分析、判断和调整，确信相关预测的合理性。资产评估专业人员应当根据专利资产的具体情况选择收益口径。"《专利资产评估指导意见》的第二十八条至第三十条则分别指出，"采用收益法进行专利资产评估时，应当确定预期收益。专利资产的预期收益应当是专利的使用而额外带来的收益，可以通过增量收益、节省许可费、收益分成或者超额收益等方式估算。确定预期收益时，应当区分并剔除与委托评估的专利资产无关的业务产生的收益，并关注专利产品或者服务所属行业的市场规模、市场地位及相关企业的经营情况""采用收益法进行专利资产评估时应当合理确定专利资产收益期限。收益期限可以通过分析专利资产的技术寿命、技术成熟度、专利法定寿命及与专利资产相关的合同约定期限等确定""采用收益法进行专利资产评估时应当合理确定折现率。折现率可以通过分析评估基准日的利率、投资回报率，以及专利实施过程中的技术、经营、市场、资金等因素确定。专利资产折现率可以采用无风险报酬率加风险报酬率的方式确定。专利资产折现率应当与预期收益的口径保持一致"。

收益法的基本思想是"将利求本"：一个理智的投资者在购置和投资某项专利资产时，所愿意支付或投资的货币数额不会高于其所配置或投资的专利资产在未来能给其带来的回报的现值。收益法的基本公式为

$$V = \sum_{t=1}^{n} \frac{R_t}{(1+i)^t} \tag{4-12}$$

式中，V 表示被评估专利资产的价值；i 表示折现率；R_t 表示专利资产的第 t 期收益额；n 表示专利资产的剩余经济寿命。

从式（4-12）可以看出，相比成本法和市场法，收益法是一种比较好的专利资产价值评估方法。首先，收益法评估的基本原理体现了专利资产价值的本质，专利资产价值的高低从根本上取决于专利技术能够在未来给企业带来的超额收益；其次，收益法的思路明了，便于评估报告使用人正确理解评估过程和结果；再次，在企业进行有关专利资产的交易、投资、质押等经济活动时，交易双方非常看重专利权未来能够带来的经济收益，因此用收益法评估得出的价值结果更有影响力、说服力和实用性；最后，收益法在专利资产价值评估中运用得最多，其理论基础和实践经验都比其他方法更为丰富和全面，评估人在评估时也更加有理可依、有据可循，因此评估得到的结果也更加权威。

（二）折现率的确定

折现率是资本的收益率，它与通常所说的利率不同。利率是资金的报酬，表示资金（资产）本身最基本的获利能力，与使用条件、用途以及占有者没有直接关系；而折现率的确定则要综合考虑资产的使用条件、用途和占有者等因素对资产获利能力的影响。

折现率的数学表达式为

$$i = i_f + i_r \quad (4-13)$$

式中，i 表示折现率；i_f 表示无风险报酬率；i_r 表示风险报酬率。

在折现率的测算过程中，无风险报酬率的选择相对比较容易，通常是以政府债券利率和银行储蓄利率为参考依据。而风险报酬率的测算相对比较困难，它因评估对象、评估时点的不同而不同。从企业的角度看，未来的经营过程要面临经营风险、财务风险、行业风险、通货膨胀风险等。从投资者的角度看，投资承担的风险，应该获得相应的投资收益补偿，风险越大，投资收益补偿的数额就越大，相对于风险投资额的风险补偿额比率即为风险报酬率。

测算风险报酬率时，应注意以下四点：①被评估企业在国民经济中的地位；②被评估企业所在行业的发展状况及被评估企业在行业中的地位；③被评估企业所在的行业投资风险；④企业在未来的经营中可能承担的风险等。

对上述因素进行综合分析后，可获得折现率中的风险报酬率 i_r 如下：

$$i_r = 行业风险报酬率 + 财务风险报酬率 + 其他风险报酬率 \quad (4-14)$$

行业风险，是指企业所在行业的市场特点、投资开发特点以及国家产业政策等因素造成的行业发展不确定性给企业预期收益带来的影响。

财务风险，是指经营过程中资金在融通、调度、周转等方面可能出现的不确定性因素给企业预期收益带来的影响。

其他风险，包括经济景气状况、通货膨胀、市场需求、生产要素供给条件等因素的变化。

对上述各种风险所要求的报酬率进行量化，要充分了解经济运行态势、行业发展方向、市场状况等各种情况，采取参照物类比加经验判断的方式进行。在条件许可的情况下，应尽量采取统计和数理分析的方法对风险报酬率进行量化。

（三）专利资产的经济寿命

专利资产的经济寿命对企业、银行、法院和政府管理部门来说都很重要，因为它与专利资产的价值是直接联系的。从式（4-12）可以看出，专利资产的经济寿命越长，其价值越高；经济寿命越短，其价值越低。

专利资产的经济寿命，是指专利资产能够产生收益的持续时间。也就是说，当专利资产不再有利润产生时，专利资产的经济寿命便结束了。

专利资产的经济寿命，是法定寿命或合同寿命与技术寿命、获利能力寿命的结合体。

1. 法定寿命或合同寿命

专利资产的经济寿命受法律条文规定的影响。世界上绝大多数国家对发明专利权保护期限的规定是 10~20 年。西方工业发达国家，如德国规定发明专利权的保护期限为 20 年，美国的发明专利权保护期限同样也为 20 年。而专利技术的平均使用寿命为 9 年，很少有达到 20 年以上的。

随着科学技术的发展，专利技术的发明，如对药品和化学物质生产方法等新技术的开发，往往需要较长时间，只有长时间的保护才能补偿发明人的巨额投资。鉴于这些情况，我国专利法把发明专利权的保护期限规定为 20 年，体现了我国的开放政策和满足某些技术领域发明需要较长保护期限的实际需要，有利于引进重要的发明创造。

专利资产的法定寿命或合同寿命多种多样，在实际评估时应该给予充分考虑。

2. 实际经济寿命

由于大部分专利资产的经济寿命不能用法律条文或合同来确定，因此有必要对专利资产进行分析，以便确定它剩下的实际经济寿命。

大多数情况下，专利资产的经济寿命比法定寿命短。比如，法定寿命为 17 年的某项专利权，当科学技术进步或是其所生产的产品在市场上没有销路时，该专利资产的经济寿命就必须在其法定寿命之内终止。但是，高精专利的经济寿命达到或超过其法定寿命的情况也很普遍。

总之，专利资产的实际经济寿命与法定寿命或合同寿命是既有联系又有偏差的。对于不同的专利资产，在进行评估时，必须充分考虑两者的关系。

（四）收益法的缺陷

收益法是目前知识产权评估中应用最广泛的评估方法，相比于其他方法，它具有一定的优势，但在实际应用过程中它也存在些许不足之处。

1. 需要对未来进行预测

在专利资产评估中，运用收益法必须具备三个前提：①在评估过程中，被评估专利资产的未来收益是可以被预计且可用货币进行计量的；②专利资产的所有人为取得资产带来的未来收益要承担的亏损也是可以被预计且可用货币进行计量的；③被评估专利资产的未来获利年限是可以预测的。

2. 参数难以准确确定

由式（4-12）可以看出，运用收益法评估专利资产价值，需要计算专利资产的超额收益、折现率、收益年限等参数。

超额收益不容易计算。首先，专利资产是无形资产，不能单独被评估，必须依附于具体的实物资产，专利资产价值就要从整体实物资产的价值中分离出来计算。然而，彻底分离出专利资产本身的价值是很难的。其次，评估时容易将专利资产的当前收益与预期收益混为一体，不能明确区分出预期收益容易导致对专利资产的高估或是低估。另外，超额收益还受到外界因素的影响（如市场环境、经济发展趋势、法律政策等），这些因素影响了评估的准确性，使其结果缺乏合理性和可靠性。

折现率选取困难。折现率也称资本化率，是收益法中最基本、最重要的参数，确定折现率要考虑通胀率、无风险回报率、风险回报率等。折现率的微小波动对于整个评估结果的影响是巨大的。通常折现率的选取方法有很多种，选择不同的方法得到的折现率结果也不同。由于受到评估风险等多种因素的制约，折现率没办法制定统一的标准。

收益年限不容易判定。对于收益法来说，收益年限是专利资产预期能给企业带来收益的年限，是重要的评估因素，对评估结果有重要影响，不同的专利资产有不同的收益年限。对于专利资产收益年限的判定，不同的人使用不同的方法给出的判定值都不同。与有形资产随时间变化产生实体性贬值不同，专利资产的价值不仅因时间改变而产生损耗，而且还取决于市场环境的变更。因此，没有统一的标准来确定专利资产的收益年限。通常情况下，预期收益年限与合同的剩余年份是一致的。但随着科技的发展，专利资产的使用年限也在逐渐缩短，导致专利资产的收益年限也可能短于合同的剩余年限。

3. 专利资产信息难以全面掌握

信息技术在各个行业高速渗透，逐渐成为提高企业竞争力不可小觑的因素。我国专利资产交易尚处于初级阶段，交易市场小、情况隐秘、交易信息难以及时掌握，导致整个市场的专利资产交易信息严重滞后，市场上可寻的专利资产交易案例较少，公开的交易数据更是很难取得，收益法评估结果易出偏差，因而导致专利资产信息的准确性降低。再加上对收益年限的判断不准确，影响评估结果，在一定程度上不利于国家对整个市场的掌控和信息的整合。

（五）业界针对收益法存在的缺陷做出的调整

在运用收益法进行专利资产价值评估的实践工作中，要根据具体情况，对收益法做一些调整。实践中常用的调整方法包括节省许可费法、增量收益法、直接估算法、差额法、收益分成法、剩余法等，不同的方法反映了评估人对于专利价值的不同理解。

1. 节省许可费法

节省许可费法是基于专利资产未来可以节省许可费的预期,并对所节省的许可费采用适当的折现率折现后累加从而确定专利资产价值的一种评估方法。具体的思路是,测算由于拥有专利资产而节省的向第三方定期支付许可费的金额,并通过适当的折现率将该专利资产经济寿命期内每年节省的许可费支出折现到评估基准日时点,以此作为该专利资产的价值。

节省许可费通常是由与被评估专利资产类似或者相近的专利资产的平均许可费率水平或者一般许可费率水平决定。在某些情况下,许可费可能包括一笔期初入门费和建立在每年经营业绩基础上的分成费。因此,用节省许可费法对专利资产价值进行评估的计算公式为

$$V = Y + \sum_{t=1}^{n} \frac{K \times R_t}{(1+i)^t} \quad (4-15)$$

式中,V 是被评估专利资产的价值;Y 是入门费或最低收费额;K 是类似或者相近的专利资产的平均许可费率;R_t 是企业在第 t 年的经营业绩分成基数;n 是许可期限;i 是折现率。

节省许可费法,一般用于评估专利资产的使用权价值,比专利资产的所有权价值低,适用于侵权损失价值评估。

2. 增量收益法

增量收益法是基于对未来增量收益的预期并对增量收益采用适当的折现率折现后确定专利资产价值的一种评估方法。具体的思路为,预测该企业因专利资产所得到的利润或者现金流,和另一个不具有该专利资产的企业财务业绩进行对比,将二者的差异作为被评估专利资产所创造的增量收益,再采用适当的折现率,将预测的每期的增量利润或现金流量转换成现值,或者运用一个资本化倍数,将恒定的增量利润或现金流量进行资本化,以得到专利资产的价值。使用增量收益法进行评估时,预测现金流比利润所得的评估值更加可靠。

增量收益法的计算公式为

$$V = \sum_{t=1}^{n} \frac{R_t}{(1+i)^t} \quad (4-16)$$

式中,V 是被评估专利资产的价值;R_t 是第 t 年专利资产的预期增量收益;i 是折现率或资本化率;n 是收益年限。

在使用增量收益法的过程中,合理判断和计算被评估专利资产所产生的增量收益至关重要。尤其是企业因战略管理需要或受到多种因素的综合影响,在未来可能对生产经营规模进行调整,都可能导致预期收益出现异动。对增量收益加以综合性的运用和测算,既不能简单地把增量收益归为仅由专利资产形成的增量收益,也不能将实际由专利资产带来的增量收益错误归属于其他因素所得,从而避免"多评"或"漏评"。

增量收益法主要用于两种情况，第一种是使用专利技术可以产生额外的利润或现金流量，即增加收入的情况；另一种是使用专利技术可以带来成本的节省，即节省成本的情况。

3. 直接估算法

直接估算法是通过计算由专利技术单独创造的收益，得到被评估专利资产的价值的方法。这种方法主要应用于专利资产创造的收益易于确定的情况，其基本计算公式如下：

$$V = \sum_{t=1}^{n} \Delta F(1+i)^{-t} \qquad (4-17)$$

式中，V 是被评估专利资产的价值；ΔF 是专利技术创造的超额收益；i 是折现率；t 是年份；n 是专利技术的剩余经济寿命。

式（4-17）中的超额收益 ΔF 可通过对比使用专利资产前后的收益情况来确定。

从专利资产为特定持有主体带来的经济利益上看，专利资产可以被划分为收入增长型和成本费用节约型。

收入增长型专利资产，是指专利资产在生产经营过程中的应用，能够使产品的销售收入大幅度增加。增加的原因在于：①生产的产品能够以高出同类产品的价格销售；②生产的产品采用与同类产品相同价格的情况下，销售数量大幅度增加，市场占有率扩大，从而获得超额收益。

在销售量和单位成本不变的情况下，第一种原因形成的超额收益 ΔF 是

$$\Delta F = (P_2 - P_1)Q(1-T) \qquad (4-18)$$

式中，P_2 是使用被评估专利资产后的产品价格；P_1 是使用被评估专利资产前的产品价格；Q 是产品销售量；T 是所得税税率。

在单位价格和单位成本不变的情况下，第二种原因形成的超额收益 ΔF 是

$$\Delta F = (Q_2 - Q_1)(P - C)(1-T) \qquad (4-19)$$

式中，Q_2 是使用被评估专利资产后产品的销售量；Q_1 是使用被评估专利资产前产品的销售量；P 是产品价格；C 是产品的单位成本。

应该注意的是，销售收入增加可以引起收益的增加，它们是正相关关系，但由于存在着税收因素，销售收入和收益一般不是同比例变动，计算时应予以考虑。

成本费用节约型专利资产，是指专利资产的应用使生产产品所耗费的成本费用降低，从而形成超额收益。假定销售量不变、价格不变时，专利资产为投资者带来的超额收益 ΔF 是

$$\Delta F = (C_2 - C_1)Q(1-T) \qquad (4-20)$$

式中，C_2 是使用被评估专利资产后产品的单位成本；C_1 是使用被评估专利资产前产品的单位成本；Q 是产品销售量（此处假定销售量不变）。

收入增长型专利资产和费用节约型专利资产的划分,是假定其他资产因素不变的情况下,为明晰专利资产形成超额收益来源情况的人为划分方法。实际上,在使用被评估专利资产后,其他资产因素也会发生变化。因此,超额收益实际上是各资产因素共同作用的结果。应该根据具体情况综合性考虑后,测算超额收益,不能简单地把超额收益归为仅由专利资产形成的超额收益。

4. 差额法

不能对使用了专利资产和没有使用专利资产的收益情况进行比较时,可以将专利资产和其他类型资产在经济活动中的综合收益与行业平均水平进行对比,得到专利资产的获利能力,这种方法就是差额法。

用差额法测算专利资产的超额收益的计算过程分为四步:①收集有关使用专利资产的产品生产经营活动的财务资料,进行盈利分析,得到经营利润和销售利润率等基本数据;②对上述生产经营活动中的资金占用情况(固定资产、流动资产和已有账面价值的其他专利资产)进行统计;③收集行业平均收益率等指标;④计算专利资产带来的超额收益 ΔF,计算公式为

$$\Delta F = 净利润 - 净资产总额 \times 行业平均净利润 \tag{4-21}$$

使用差额法计算出的专利资产的超额收益,有时不完全是由被评估专利资产带来的(除非能够认定只有这种专利资产存在),这里的超额收益往往是一种组合专利资产的超额收益,还须进行必要的分解处理。

5. 收益分成法

收益分成法主要是基于未来的收益是由有形资产和无形资产共同产生的,因此,收益可按一定分成率在有形资产及无形资产之间进行分成,其计算公式如下:

$$V = \sum_{t=1}^{n} \frac{R_t \times r}{(1+i)^t} \tag{4-22}$$

式中,V 是被评估专利资产的价值;R_t 是第 t 年的分成基数(可以是产品的销售收入、利润总额、净利润或净现金流量);r 是与分成基数对应的分成率;i 是折现率;t 是年份;n 是专利技术的剩余经济寿命。

国际市场在进行技术许可、技术转让等许可证贸易活动时,普遍采用的是按销售收入提成或按销售利润提成作为专利技术的收益数额的方法,其公式为

$$V = R \times r \times (1 - T) \tag{4-23}$$

式中,V 是被评估专利资产的价值;R 是专利技术产品的销售收入或销售利润;r 是销售收入或销售利润的分成率;T 是所得税税率。

对于销售收入(销售利润)的测算已不是较难解决的问题,重要的是确定分成率。既然分成对象是销售收入或销售利润,就有两个不同的分成率。实际上,由于销售收入

与销售利润有内在的联系,可以根据销售利润分成率推算出销售收入分成率,反之亦然。

因为

$$专利资产价值 = 销售收入 \times 销售收入分成率 \times (1-所得税税率)$$
$$= 销售利润 \times 销售利润分成率 \times (1-所得税税率) \quad (4-24)$$

所以

$$销售收入分成率 = 销售利润分成率 \times 销售利润率 \quad (4-25)$$

$$销售利润分成率 = 销售收入分成率 \div 销售利润率 \quad (4-26)$$

在专利资产转让实务中,一般是确定销售收入分成率,俗称"抽头"。例如,在国际市场上,专利技术转让费一般不超过销售收入的1%~10%,如果按社会平均销售利润率8%推算,当专利技术转让费为销售收入的5%时,则销售利润分成率为40%。从销售收入分成率本身很难看出转让价格是否合理,但是,换算成销售利润分成率,则可以加以判断。

运用收益分成法计算专利资产价值时,分成率的确定是至关重要的,但是目前在评估实践中,人们对它并没有充分的研究,国家既没有发布规范性的操作意见,行业内部也没有对其取值应考虑的因素进行指导,致使它的取值存在很大的随意性。另外,由于分成率的取值具有很大的伸缩性,不同的取值对评估结果的影响极大。

6. 剩余法

剩余法,又称"整体扣减部分法",是通过从企业总体收益中,减去除专利资产外其他资产的收益,得到专利资产的收益,从而确定待评估专利资产的价值,其计算公式如下:

$$V = \sum_{t=1}^{n} \frac{R_{zt} - R_{jt}}{(1+i)^t} \quad (4-27)$$

式中,V 是被评估专利资产的价值;t 是年份;R_{zt} 是企业在第 t 年的总收益;R_{jt} 是企业的第 j 项资产在第 t 年的收益;i 是折现率。

运用剩余法计算专利资产价值时,企业的整体资产收益额可以通过计算纯利润而获得,除专利资产之外其他资产的收益是用相应资产额乘以该行业或该类有形资产在社会上的正常利润率而得到。根据式(4-27),剩余法没有将有形资产投资在专利技术方面的风险报酬计算进去,导致应用剩余法评估得到的专利资产价值偏高。

(六)收益法的地方评估标准

前文介绍了在实践运用中实务界针对收益法存在的缺陷做出的一些调整和修正。为了规范实务界针对收益法的这些修正,在国务院令第91号《国有资产评估管理办法》(2020年修订版)的指导和引领下,许多地方知识产权管理部门出台了专业的收益法评估标准,其中最具代表性的是成都标准和安徽标准。

1. 成都标准

2021年成都知识产权协会颁布的《知识产权价值评估规范》（T/CDIP 001—2021）认为采用收益法评估专利资产价值时，应当满足以下要求：①在获取专利资产相关信息的基础上，根据该专利资产或者类似专利资产的历史实施情况及未来应用前景，结合专利技术实施或者拟实施企业经营状况，重点分析专利资产经济收益的可预测性，考虑收益法的适用性；②估算专利资产带来的预期收益，区分被评估专利资产与其他资产所获得的收益，分析与之有关的预期变动、收益期限、与收益有关的成本费用、配套资产、现金流量、风险因素；③保持预期收益口径与折现率口径一致；④根据专利技术实施过程中的风险因素及货币时间价值等因素估算折现率；⑤综合分析专利资产的剩余经济寿命、法定寿命及其他相关因素，确定收益年限。

成都标准规定收益法评估专利资产价值的具体计算公式为

$$V = k \times \sum_{t=1}^{n} \frac{R_t}{(1+i)^t} \qquad (4-28)$$

式中，V 是被评估专利资产的价值；k 是分成率；n 是专利资产的收益年限；t 是专利资产带来收益的具体年份；R_t 是专利资产在第 t 年可得的预期收益；i 是折现率。

式（4-28）中的分成率的确定原则：①分成率一般参照三分法的30%原则，再结合实际情况调整确定；②对于分成率达到40%以上、具有超高附加值的专利资产的分成率，建议采用边际分析法，按照超额利润分配原理确定。

2. 安徽标准

2022年6月安徽省市场监督管理局颁布的《专利价值评估技术规范》（DB34/T 3582—2020）认为根据实际评估对象和评估目的，专利资产价值评估宜采用收益法进行评估，特别是采用多周期超额收益法进行评估，计算公式为

$$V_B = V_P + \sum_{t=1}^{T} \frac{F_{BC,t}}{(1+R)^t} + \frac{F_{BC,T+1}}{R-g} \times \frac{1}{(1+R)^T} \qquad (4-29)$$

式中，V_P 是专利技术转化形成成本；V_B 是被评估专利资产的价值；T 是行业增长期，一般为 2~5 年；$F_{BC,t}$ 是第 t 年度专利现金流，一般为第 t 年度企业净利润减去有形资产收益后归因于待投融资专利的部分；$F_{BC,T+1}$ 是第 $T+1$ 年度专利资产的现金流；g 是永续增长率；R 是专利资产价值折现率。

式（4-29）中的专利资产价值折现率 R 的计算公式为

$$R = \frac{1}{\left(1 + \frac{Q \times E}{T}\right)^T - 1} \qquad (4-30)$$

式中，Q 是专利质量，按照式（4-8）计算；E 是专利价值度。

式（4-30）中的专利价值度 E，是按照国家知识产权局专利管理司在2012年出版的

《专利价值分析指标体系操作手册》进行分析测算的，其公式为

$$E = \alpha LVD + \beta TVD + \gamma EVD \qquad (4-31)$$

式中，LVD 是专利资产的法律价值度；TVD 是专利资产的技术价值度；EVD 是专利资产的经济价值度；α、β、γ 分别是 LVD、TVD、EVD 的系数，满足 $\alpha + \beta + \gamma = 1$，且都大于 0。

第三节　专利价值度与专利质量

前文探讨了传统的成本法、市场法和收益法在实践应用时的技术处理，同时以安徽、成都为例阐述了地方在使用这三种方法时的具体标准。这些标准都涉及了两个专业术语——专利价值度和专利质量，而且它们都是通过构建指标体系，并对指标体系中的各个指标进行打分，将打分结果进行加权平均后获得的。

一、专利价值度

专利价值度是由中国技术交易所和国家知识产权局专利管理司在 2012 年提出的概念，是通过考察专利各方面的要素后，构建的一个含有二级指标的专利价值度指标体系，由专家对各个二级指标按 0~10 分进行打分，并对专家打分结果平均后按照确定的权重求和，获得一级指标分数，再按式（4-31）对一级指标得分进行加权平均后得到的一个分数。

专利价值度指标体系的一级指标分别是法律价值度、技术价值度和经济价值度三个指标，每个一级指标包含五至七个二级指标，指标体系的各级指标见表 4-1。

表 4-1　专利价值度指标体系

一级指标	二级指标	定义	评判标准
法律价值度	稳定性	被授权的专利在行使权利的过程中被宣布无效的可能性	权利要求特征有多少；上位或下位；同族专利授权情况；本专利或同族专利经过复审、无效程序或涉及诉讼的结果
	不可规避性	权利要求的保护范围是否合适	将独立权要求的每个特征分解出来进行分析和评分，再对该权利要求的所有特征的不可规避性评分
	依赖性	专利实施是否依赖于现有授权专利的许可；本专利是否可以作为后续申请专利的基础	通常可由专利权利人提供或通过检索确定在先专利及衍生专利
	专利侵权可判定性	专利的权利要求，是否容易发现和判断侵权行为的发生，是否容易取证，进而行使诉讼权利	将独立权要求的每个特征分解出来进行分析和评分，再对该权利要求的所有特征的专利侵权可判定性评分
	有效性	专利剩余保护时间	检索报告

(续)

一级指标	二级指标	定义	评判标准
法律价值度	多国申请	专利是否在本国以外的其他国家提交过申请	检索报告
	专利许可状态	是否将专利许可他人使用或经历侵权诉讼	检索报告
技术价值度	先进性	专利技术在分析时点是否处于本领域领先地位	技术手段、所解决问题、技术效果等情况
	行业发展趋势	专利技术所在的技术领域的发展方向	行业发展报告，专利国际分类号的小类或大组的专利数量的发布情况
	适用范围	专利技术可以应用的范围	专利说明书的背景技术对技术问题的描述以及独立权利要求
	配套技术依存度	专利技术独立还是依赖于其他技术进行实施	现有技术发展状况，专利说明书的背景技术和技术方案描述
	可替代性	是否存在解决相同或类似问题的替代技术	专利引用的背景技术及后续专利；解决相同或类似问题的其他技术方案
	成熟度	专利技术所处的发展阶段	国家标准《科学技术研究项目评价通则》（GB/T 22900—2009）
经济价值度	市场应用情况	专利技术是否投入使用；若未投入市场，将来的市场应用前景	市场是否有与专利对应的产品或基于专利技术生产的产品；行业专家判断
	市场规模前景	经过推广后，基于专利技术的产品或工艺在未来可能实现的销售收益	同类产品的市场规模乘以专利产品可能占到的市场份额
	市场占有率	经过推广后，专利技术可能占有的市场份额	类似专利技术的产品和工艺的市场份额
	竞争情况	市场上是否存在与专利技术持有人形成竞争关系的对手以及对手规模	将与专利技术构成直接竞争关系的产品或技术的持有者或实施者同专利持有人进行实力对比
	政策适应性	专利技术领域是否被政策鼓励或扶持	高新技术产业和技术指导目录

对二级指标打分前，必须把各二级指标的情况进行分层，并给出各层的具体分值。中国技术交易所和国家知识产权局专利管理司在 2012 年给出了相关标准。其中，法律价值度的评价指标和评分标准，如图 4-2 和表 4-2 所示；技术价值度的评价指标和评分标准，如图 4-3 和表 4-3 所示；经济价值度的评价指标和评分标准，如图 4-4 和表 4-4 所示。

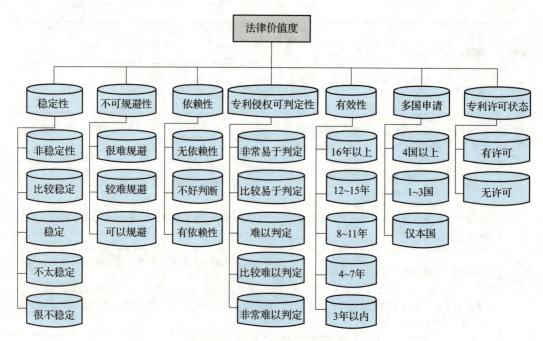

图 4-2 法律价值度的评价指标

表 4-2 法律价值度的评分标准

二级指标	10 分	8 分	6 分	4 分	2 分
稳定性	非常稳定	比较稳定	稳定	不太稳定	很不稳定
不可规避性	很难规避		很难规避		可以规避
依赖性	无依赖性		不好判断		有依赖性
专利侵权可判定性	非常易于判定	比较易于判定	难以判定	比较难以判定	非常难以判定
有效性	16 年以上	12~15 年	8~11 年	4~7 年	3 年以内
多国申请	4 国以上	1~3 国		仅本国	
专利许可状态	有许可			无许可	

从法律价值度对一项专利技术进行价值分析的过程如下：①由若干技术专家和知识产权专家按照表 4-2 的标准对被评估专利技术进行打分；②对专家的打分结果求平均，得到被评估专利技术在法律价值度的各二级指标的评分；③计算被评估专利技术的法律价值度 LVD 得分。法律价值度 LVD 得分的计算公式为

$$LVD = 稳定性 \times (0.3 \times 不可规避性 + 0.15 \times 依赖性 + \\ 0.2 \times 专利侵权可判定性 + 0.15 \times 有效性 + \\ 0.15 \times 多国申请 + 0.05 \times 专利许可状态) \tag{4-32}$$

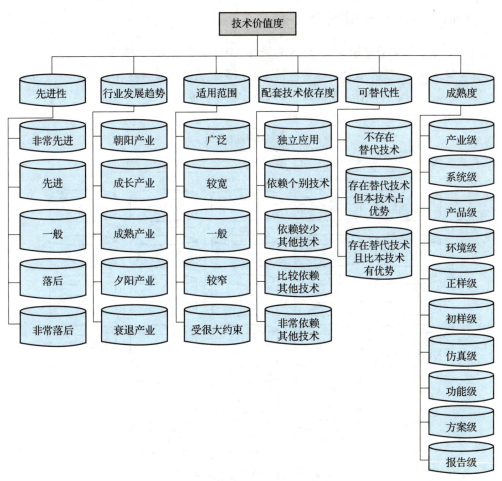

图 4-3 技术价值度的评价指标

表 4-3 技术价值度的评分标准

二级指标	10 分	8 分		6 分		4 分		2 分	
先进性	非常先进	先进		一般		落后		非常落后	
行业发展趋势	朝阳产业	成长产业		成熟产业		夕阳产业		衰退产业	
适用范围	广泛	较宽		一般		较窄		受很大约束	
配套技术依存度	独立应用	依赖个别技术		依赖较少其他技术		比较依赖其他技术		非常依赖其他技术	
可替代性	不存在替代技术	存在替代技术但本技术占优势				存在替代技术且比本技术有优势			
成熟度	10 分	9 分	8 分	7 分	6 分	5 分	4 分	3 分	2 分	1 分
	产业级	系统级	产品级	环境级	正样级	初样级	仿真级	功能级	方案级	报告级

从技术价值度对一项专利技术进行价值分析的过程如下：①由若干技术专家按照表 4-3 的标准对被评估专利技术进行打分；②对专家的打分结果求平均，得到被评估专利技术在技术价值度的各二级指标的评分；③计算被评估专利技术的技术价值度 TVD 得

分。技术价值度 TVD 得分的计算公式为

$$TVD = 10 \times (0.15 \times 先进性 + 0.1 \times 行业发展趋势 + \\ 0.2 \times 适用范围 + 0.15 \times 配套技术依存度 + \\ 0.2 \times 可替代性 + 0.2 \times 成熟度) \tag{4-33}$$

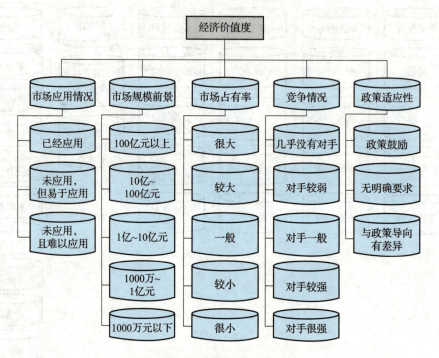

图 4-4 经济价值度的评价指标

表 4-4 经济价值度的评分标准

二级指标	10 分	8 分	6 分	4 分	2 分
市场应用情况	已经应用	未应用，但易于应用		未应用，且难以应用	
市场规模前景	100 亿元以上	10 亿~100 亿元	1 亿~10 亿元	1000 万~1 亿元	1000 万元以下
市场占有率	很大	较大	一般	较小	很小
竞争情况	几乎没有对手	对手较弱	对手一般	对手较强	对手很强
政策适应性	政策鼓励		无明确要求		与政策导向有差异

从经济价值度对一项专利技术进行价值分析的过程如下：①由若干技术专家、知识产权专家和市场营销专家按照表 4-4 的标准对被评估专利技术进行打分；②对专家的打分结果求平均，得到被评估专利技术在经济价值度的各二级指标的评分；③计算被评估专利技术的经济价值度 EVD 得分。经济价值度 EVD 得分的计算公式为

$$EVD = 10 \times (0.25 \times 市场应用情况 + 0.2 \times 市场规模前景 + \\ 0.2 \times 市场占有率 + 0.2 \times 竞争情况 + 0.15 \times 政策适应性) \tag{4-34}$$

得到专利技术的法律价值度、技术价值度和经济价值度后，根据被评估专利技术的具体情况，确定式（4-31）中的系数 α、β、γ，经计算就可获得被评估专利技术的专利价值度 E。

二、专利质量

专利质量是安徽标准中的专业术语，是成本法和收益法中折现率的一个重要影响因子，也是市场法中价值调整系数的一个重要影响因子。

根据安徽标准，专利质量是由技术原创度、技术被引度、专利族大小、专利维持度等指标加权平均获得的，其计算思路与专利价值度的计算思路大同小异，区别仅仅是各级指标的不同。

评价专利质量的指标大体上涉及权利要求数量、同族专利中的已授权专利和再审专利的数量、专利审查持续时间、专利技术领域、维持费的支付情况、后向引用和前向引用情况、专利权转移、专利质押、专利许可、专利诉讼情况等。目前，市场上有很多对专利质量进行估算的模型和平台，业界比较常用的模型和平台有 Innography 专利质量分析模型、IncoPat 数据平台和智慧芽 PatSnap 专利价值评估模型。

（一）Innography 专利质量分析模型

Innography 专利质量分析模型（以下简称 Innography 模型）是 ProQuestDialog 公司推出的具有核心专利挖掘功能、基于网络的专利检索与分析平台，可检索和获取包含 90 多个国家和地区的专利全文、专利诉讼和专利权人财务数据。Innography 模型还可以进行专利无效检索、侵权检索，以及诉讼专利的检索与分析。

Innography 模型提出了挖掘核心专利的专利价值评价指标——专利质量。专利质量采用复合指标算法模型，涉及 10 多个影响因素，包括权利要求数量、专利分类、引用次数和被引次数、异议与再审查情况、专利族情况、专利申请时长、专利年龄、法律状态等。Innography 模型在计算专利质量时，将各指标的分值设置为 0~100，并根据分值高低将专利分为三个等级，分值在 0~30 的为一般专利，30~80 的为重要专利，80~100 的则为核心专利。

Innography 模型在专利情报挖掘与分析研究中具有重要的作用，很多学者在研究中利用专利质量进行核心专利和重要专利的挖掘与解读。

此外，Innography 模型独有的相似度算法，可以生成专利相似度指标，帮助快速查找相似专利；可以应用到专利的无效分析、侵权分析等工作当中去，为深入地挖掘、分析相关专利提供有力支持。

然而，影响专利质量的因素实际上远超过 Innography 模型所列举的因子，并且 Innography 模型笼统地采用百分比定义专利质量的方法也过于粗糙。

(二)IncoPat 数据平台

IncoPat 数据平台是北京合享智慧科技有限公司开发的用于检索和浏览全球专利的科技创新情报平台,涵盖了包括中国、英国、美国、PCT、EPO 等 120 个国家、组织和地区超过 1.4 亿件专利数据,数据采购自各国知识产权官方和商业机构,全球专利信息每周更新四次。

IncoPat 数据平台可以对申请/公开趋势、技术、申请人、地域、法律及运营、代理等多个维度进行分析。IncoPat 数据平台提供了四十余种分析模板,包括折线图、饼图、柱形图、条形图、气泡图、雷达图等。此外,IncoPat 数据平台还提供聚类分析功能,该功能基于语义算法,通过提取专利标题、摘要和权利要求中的关键词,根据语义相关度得出不同类别的主题,进行技术类别分析。

IncoPat 数据平台引入了专利价值的评价指标——专利价值度,通过专利价值度排序,第一时间聚焦最重要的技术情报,提高专利运用效率。IncoPat 专利价值度是采用数据挖掘、迭代优化的方法,设置了专利技术稳定性、技术先进性、保护范围等方面的 20 多个参数创建的客观评价体系,IncoPat 专利价值度以 1~10 分的形式评价专利价值的高低。IncoPat 数据平台专利价值度的评价参数如图 4-5 所示。

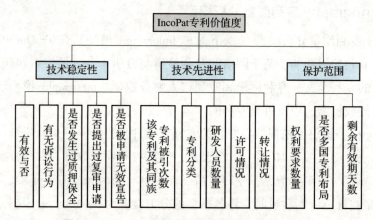

图 4-5　IncoPat 数据平台专利价值度的评价参数

整体而言,IncoPat 数据平台在进行专利价值度评价时考虑的因素更多、更加全面,但给出的专利价值度更多的是在技术维度中进行的评价,没有涉及法律和经济维度。这就使得 IncoPat 数据平台的专利价值度与中国技术交易所和国家知识产权局专利管理司提出的专利价值度完全不是一回事。

实际上,从指标内容看,IncoPat 数据平台的专利价值度就是专利质量。

(三)智慧芽 PatSnap 专利价值评估模型

智慧芽 PatSnap 专利检索分析系统的专利价值评估模型与前述模型不同,它是以货币形式给出专利估值的,同时其算法是基于机器学习的。该模型整合了专利价值相关的 25

个不同的维度（包括引用、被引用、专利族规模、家族覆盖区域、专利年龄、法律状态等），同时根据历史专利成交案例进行调整。其中，五个主要维度分别为法律、技术质量、申请人、市场覆盖和市场吸引力，如图4-6所示。

图4-6 智慧芽 PatSnap 专利价值评估模型的五个主要维度

目前来看，智慧芽 PatSnap 专利价值评估模型考虑的因素最全面，同时以货币形式给出估值也能够有效地打通专利价值评估与市场交易价值之间的关联。

从专利价值度和专利质量的定义和实际操作看，它们都是从专利资产价值的影响因素出发，分析这些因素对专利资产价值的影响程度，并通过专家打分，从各个专利技术的多个角度分析专利资产价值。

利用专利价值度和专利质量的思想和实践成果，可以对专利资产价值进行深入分析，开发出更能体现专利资产实际价值的专利资产价值评估模型。

第四节 基于欧氏距离的专利资产价值评估方法及其应用

前文提到的市场法认为，如果一项专利与另外一项专利在法律、技术、经济等维度方面都比较一致，那么它们的专利资产价值应当相等。基于这种考虑，可以将欧几里得空间（又称欧氏空间）代入市场法在专利资产价值评估中的应用。

在数学中，欧氏空间指的是满足如下条件的线性空间：设 V 是实数域 $\mathbf{R}$ 上的线性空间，在 V 上定义一个二元实函数，称为内积，记作 $(\boldsymbol{\alpha}, \boldsymbol{\beta})$，它具有以下性质：

1) $(\boldsymbol{\alpha}, \boldsymbol{\beta}) = (\boldsymbol{\beta}, \boldsymbol{\alpha})$；
2) $(k\boldsymbol{\alpha}, \boldsymbol{\beta}) = k(\boldsymbol{\beta}, \boldsymbol{\alpha})$；
3) $(\boldsymbol{\alpha}+\boldsymbol{\beta}, \boldsymbol{\gamma}) = (\boldsymbol{\alpha}, \boldsymbol{\gamma}) + (\boldsymbol{\beta}, \boldsymbol{\gamma})$；
4) $(\boldsymbol{\alpha}, \boldsymbol{\alpha}) \geqslant 0$，当且仅当 $\boldsymbol{\alpha} = 0$ 时，$(\boldsymbol{\alpha}, \boldsymbol{\alpha}) = 0$。

这里 $\boldsymbol{\alpha}$、$\boldsymbol{\beta}$、$\boldsymbol{\gamma}$ 是 V 中任意的向量，k 是任意实数。欧几里得空间的定义对其作为线性空间的维数并无要求，欧氏空间可以是有限维的，也可以是无限维的。

将专利资产在法律、技术、经济等专利价值维度的分值作为欧氏空间不同维度的数据，构建欧氏空间距离，可以衡量不同专利资产价值的差异大小。如果两个专利资产价值的欧氏空间距离近，则说明这两个专利资产价值的差距较小；如果两个专利资产价值的欧氏空间距离远，则说明这两个专利资产价值的差距较大。

一、专利资产价值的欧氏空间维度分析

计算专利资产价值的欧氏空间距离，必须对专利资产在欧氏空间的各个维度上的价值进行分析。在对分析专利资产价值的各种数字平台进行筛选对比后，我们选用智慧芽PatSnap系统进行专利资产价值的检索分析，这是因为PatSnap系统的数据全面，几乎涵盖了所有授权专利和申请专利。

智慧芽PatSnap系统的专利资产价值评估模型包括技术价值、战略价值、市场价值、经济价值、法律价值五个维度，下面我们将从这五个维度对专利资产价值的内涵进行剖析。

（一）技术价值

技术价值，是指专利资产由于技术本身具有与技术相关的属性特点而具备的价值。与专利技术相关的属性特点包括技术独创性、成熟度、垄断性及应用情况等。任何一件专利都记载了能够解决技术问题的技术方案，其能否获得专利权在技术上的基本要求在于其是否满足专利法意义上的新颖性、创造性和实用性。技术方案的不可替代性、技术先进性、技术难度以及技术复杂程度是衡量技术价值的重要因素。通常，知识产权的价值与技术的独创性、成熟度及垄断性呈正相关，这些因素也会使知识产权的评估难度随之增加。

在实践中，并不是每种技术方案都有实际应用的价值，当有更好的可替代性技术时，原技术就很容易被淘汰或直接抛弃。有些技术先进性很高的专利技术，由于缺乏配套技术等很难具体实施，并不能成为高价值专利；而有些专利技术方案看似简单，却容易被普遍应用，也有可能成为高价值专利。可见，专利价值的高低不完全取决于技术方案的不可替代性、技术先进性、技术难度或是技术复杂程度。技术价值是高价值发明专利的立足之本。如果一项发明专利的技术都未过关，其未来前景必然也会变成"无源之水"，最终经不住考验而被淘汰，更何谈成为高价值发明专利。因而，发明专利本身的技术含量越高、技术越先进、技术越创新，代表其价值越高。

在智慧芽PatSnap系统中，影响专利资产价值评估的技术因素包括七项：①专利被引数量；②专利自引数量；③审查员引用类型；④权利要求数量；⑤独立权利要求数量；⑥专利IPC分布数量；⑦专利IPC大组分布数量。

被引频次的高低能够作为识别高价值专利的指标之一；一项专利若被多国专利引用，表明该专利在世界范围内具有技术的开创性和核心性，是领域内的基础专利；专利IPC分

布数量是指一项专利涉及的 IPC 数，该指标可用以考察专利保护的范围，也可用以考察目标专利与其他领域技术的融合程度。

（二）战略维度

企业战略有长期发展战略和竞争战略，它们对企业的高价值专利技术的影响很大。专利权人在申请专利时，专利申请主要来自研发项目中细微创新点的一般性保护，绝大多数是研发过程中的惯性使然，并未赋予其明确的战略考量。然而，当前国内外一些知名企业的知识产权管理人员也越来越多地认识到，高价值专利要么能用于较强地攻击和威胁竞争对手，要么能用于构筑牢固的技术壁垒，要么能作为重要的谈判筹码，或者兼而有之。因此，在专利申请时，基于一定战略考虑在某技术领域布局的基本专利和核心专利，或者为了应对竞争对手而在核心专利周围布置的具备组合价值或战略价值的钳制专利，除了具备基本的技术价值和法律价值之外，还具有极高的战略价值，属于高战略价值专利。

从战略维度出发，专利资产的价值主要体现在以下七个方面。

1）对企业长期发展战略的价值。有的专利资产虽然不能为企业带来当前盈利或未来盈利，但其所拥有的选择与机会可能为企业的未来发展做出贡献。

2）开发新产品的机会。专利资产在专利期限内享有排他的独占权允许企业有开发和制造某种新产品的权利所带来的机会。

3）开拓新市场的能力。开发未来可能给投资者带来超额利润的专有技术可以使企业占有某个市场，提高市场份额。

4）采用新流程的权利。拥有采用某个新流程的权利可以使企业实现战略发展。

5）对企业竞争战略的价值。有的专利资产可以为企业提高核心竞争力、形成超过其他商业对手的战略竞争优势做出贡献。

6）提高进入成本的能力。专利的排他性使得企业的竞争者进入市场时要支付高额的进入成本。

7）降低运营成本的能力。专利技术蕴含的技术进步、工艺创新等可以降低企业的运营成本。

8）增加客户价值的能力。专利资产独有的表现特点对客户来说是至关重要的，竞争对手无法简单效仿。

专利资产的战略价值高，意味着专利可以用于构建牢固的技术壁垒，或者可以成为与竞争对手谈判过程中的重要筹码。根据国家知识产权局发布的数据显示，2020 年我国专利密集型产业增加值达到 12.13 万亿元，占 GDP 比重达到 11.97%，较上年提高 0.35 个百分点，而其中高达 90% 的行业都属于战略性新兴产业。由此可见，战略性新兴产业对于引领行业乃至国家的发展起到了至关重要的作用。因此，战略价值是界定高价值专利资产的首要条件，具有一票否决的权利。

在智慧芽 PatSnap 系统中，专利资产的战略价值体现在以下九个方面：①原始申请人数量；②当前权利人数量；③当前权利人公司类型占比；④申请人公司市场覆盖；⑤申请人公司的市场竞争力；⑥申请人公司的市场占比；⑦专利转让次数；⑧专利许可次数；⑨专利质押次数。

专利许可次数和专利转让次数这两个指标体现了专利在市场中的被接受程度，是否经得起市场考验是衡量专利价值的重要因素；专利质押次数是指将专利权作为质押标的物的次数，专利权的质押登记是表征专利价值的一个重要指标。

（三）市场价值

专利资产具有商品属性，其价值必受市场因素的影响。对于企业而言，在获取和运用专利技术的策略制定中，经济效益是其直接驱动力，因此，专利资产的市场价值与其所能产生的经济效益有直接关系。对于知识经济时代的专利资产来说，市场价值是对专利资产现在及未来盈利能力的期望，是由拥有及使用该专利资产给企业带来的垄断利润、超额利润等超额收益决定的盈利贡献。从盈利的实现时间来看，市场价值又可分为现有市场价值和未来市场价值，当前或预期未来能在市场上应用并因此获得主导地位、竞争优势或巨额收益的专利资产，均属于现实意义上的高市场价值专利资产。

从与技术价值和法律价值之间的关系上看，高市场价值的专利资产须同时具备技术价值和法律价值，其中，技术价值是基础，法律价值是保障。

专利资产的市场价值是企业在制定专利战略时的直接驱动力。如果某项发明专利不能在市场上得以转化和应用，那么这项专利只能沉睡在档案里，最多被称为一纸证书。如柯达公司，曾是世界上最大的影像产品与相关服务生产和供应商，在胶卷技术行业创造了数个行业第一，同时也是第一台数码相机的制造商，拥有 1000 多项与数码相机的相关专利，但是该公司并不看好其数码技术专利的市场价值，在对该技术及其相关专利价值进行评估时，未能正确分析评估该技术的行业前景、市场需求、市场占有率及其盈利能力，错失发展良机，最终于 2012 年 1 月 19 日申请破产保护。高市场价值的发明专利能够帮助专利权人获得更多的市场份额，即高价值发明专利可以为专利权人带来丰厚的经济效益和商业价值。

在智慧芽 PatSnap 系统中，影响专利资产价值评估的市场因素包括七项：①专利类型；②同族大小；③同族专利覆盖国家数量；④专利引用数量；⑤专利审查员引用数量；⑥文献引用数量；⑦专利许可次数。

专利引用数量是指专利权利人被引用专利的次数，与权利人的迭代创新能力密切相关，是专利权利人构建技术壁垒、抢占市场份额的重要信号。

（四）经济价值

专利所带来的经济效益往往难以衡量，一般而言，专利资产的经济价值可以用专利直接带来的现金流来衡量。高经济价值的专利资产一方面包括大部分高市场价值的专利资产，另一方面包括在专利资产质押、专利资产作价入股或专利技术转让许可等专利资产交易和运营过程中体现出高价格的其他专利资产。由此可见，专利资产的经济价值与市场价值有一定程度的交叉。

由于专利权人不作为、法律环境或战略时机考虑等因素，高市场价值的专利资产并不必然具有高经济价值。以移动存储产业为例，1997年，随着英特尔公司在主板芯片组对USB支持的不断加强，大量外部设备开始采用USB接口。于是，一种针对USB接口的移动存储设备应运而生。2002年和2004年，中国深圳朗科科技有限公司分别获得我国关于"用于数据处理系统的快闪电子式外存储方法及其装置"和"全电子式快闪外存储方法及装置"的全球开拓性发明专利授权，引发了一场"闪存革命"，创始人邓国顺也因此被行业称为"U盘之父"，2013年用于数据处理系统的快闪电子式外存储方法及装置发明专利获得了我国第十五届发明专利金奖。但其后续技术研究、产品研发、市场营销和盈利模式未能持续进行创新投入。以技术研发为例，朗科并未持续不断地进行技术创新，没有多元化地发展其他技术（如存储元器件Flash等）。在研发团队方面，自2006年之后，朗科的发明人数基本维持在10人左右，且研发力量趋于集中，邓国顺、程晓华、向锋等核心研发人员对朗科的技术研发起着关键作用，特别是2010年企业创始人邓国顺离开朗科并卸任董事长一职，对朗科的技术研发前景产生了一定影响。由于技术研发没有跟上，与核心专利技术相关的改进专利和外围专利被联想等公司抢先申请专利，朗科开拓性专利的差异性被弱化，替代性被增强，最终致使朗科在竞争中未有效确立先发优势。对企业来说，如果仅仅拥有专利而没有将其转换成实际的产品进入市场，专利的经济价值也是镜中花水中月。

在智慧芽PatSnap系统中，影响专利资产价值评估的经济因素包括三项：①专利技术近五年的增量比例（IPC大组）；②专利技术近五年的增量比例（IPC大类）；③同族稳定性趋势。

同族稳定性越差，对抗无效请求的能力就越差；同族稳定性越强，对抗无效请求的能力就越强。专利技术近五年的增量比例（IPC大类）以及专利技术近五年的增量比例（IPC大组）可用以考察权利人对核心技术的防御保护力。

（五）法律价值

专利权是法律意义上的一种私权，专利资产的法律价值是专利权能够存在并发挥价值的根基，是专利资产技术价值以及市场价值的保障，失去法律保护外衣的专利资产将如"无壳之蛋""无土之木"。权利要求稳定性、保护强度、不可规避性和侵权可判定性是衡量法律价值的重要方面。如果一项专利在专利申请之时仅从经济评价的角度得出其具有很高价值的结论，却没有最终获得专利权，那这项专利也无法达到所预计的经济价值。可见，法律价值是发明专利发挥其创新作用的根基。根据专利法可知，无效的专利权被视为自始就不存在，更何谈发挥其高价值的作用。因此，要想成为高价值的发明专利，需要具备一定的法律价值，这样才能稳固其在行业中的地位，并发挥出相应的价值。专利权的法律保护坚实程度是专利技术实现其真正价值的保障，是专利价值一票否决的因素。

此外，国家通常运用政策及法律等手段来管理知识产权，这些手段主要包括国家税收政策、法律保护程度及年限等。例如，在美国的知识产权交易中，企业需向政府缴纳一定额度的财产转移税，纳税额度根据知识产权的评估价值来确定。我国专利法规定，专利的最长保护期限为 20 年，通常专利的保护年限越长，专利的价值越大，同时专利保护的成本也越高，由此可知，专利资产评估价值受国家政策法律因素的影响。因此，在对专利资产价值进行评估时，也必须考虑国家法律和政策。

在智慧芽 PatSnap 系统中，影响专利资产价值评估的法律因素包括以下七项：①诉讼国家；②诉讼数量；③是否发生过复审无效；④专利法律状态；⑤专利年龄；⑥专利预期剩余寿命；⑦专利等待期限。

专利年龄是指专利存续的时间，权利人若认为专利资产能够为其带来较高经济收益或社会收益，那么会通过持续缴纳年费的方式来维持专利的有效状态。是否发生过复审无效，是指专利是否经历了复审后再被确权的情况，该指标可用以考察专利的稳定性。

二、基于欧氏空间的专利质量

通过智慧芽 PatSnap 系统的检索分析，我们能够对专利资产在技术价值、战略价值、市场价值、经济价值、法律价值五个维度进行有效量化，利用这些量化数据，由式（4-8）求得专利资产的专利质量。计算公式如下：

$$Q = \alpha TV + \beta SV + \gamma MV + \eta EV + \lambda LV \tag{4-35}$$

式中，Q 表示专利资产的专利质量；TV 表示专利资产的技术价值；SV 表示专利资产的战略价值；MV 表示专利资产的市场价值；EV 表示专利资产的经济价值；LV 表示专利资产的法律价值；α、β、γ、η、λ 分别表示技术价值、战略价值、市场价值、经济价值和法律价值的价值参数，满足 $\alpha + \beta + \gamma + \eta + \lambda = 1$。

由于技术因素、战略因素、市场因素、经济因素、法律因素对不同行业的专利资产价值的影响是不一样的，因此式（4-35）中的价值参数 α、β、γ、η、λ 应该按行业进行大数据分析后确定。

目前，市场上最权威的行业分类标准是由申万宏源证券研究所发布的，俗称"申万行业分类标准"，共划分三级，分别为一级、二级和三级行业分类。

"申万行业分类标准"最新版共有 31 个一级行业、134 个二级行业和 346 个三级行业。在行业分类上，"申万行业分类标准"主要考虑了上市公司产品与服务的关联性，并充分考虑了我国的行业发展现状及特点，有别于其他基于经济统计和监管目的的行业分类标准，因此，在业界得到了广泛的认可和应用。

在"申万行业分类标准"的 31 个一级行业中，食品饮料、纺织服饰等行业本身的专利技术密集属性程度较低，其盈利主要来自于生产要素的投入，因此对于这些行业进行专利价值评估的必要性较低。在剔除农林牧渔、食品饮料、纺织服饰、公用事业、交通运输、房地产、商贸零售、社会服务、综合、计算机、传媒、银行、非银金融以及煤炭等 14 个缺少专利资产的行业后，利用智慧芽 PatSnap 系统提供的专利资产数据，对剩余 17 个行业开展专利资产在技术价值、战略价值、市场价值、经济价值和法律价值等五个维度的大数据分析，对不同行业内所有专利资产的价值特征进行分析，从而确认每个行业的技术价值、战略价值、市场价值、经济价值和法律价值等五个维度在式（4-35）中的参数，结果见表 4-5。

表 4-5 一级行业专利资产五个维度的价值参数

行业名称	价值参数				
	α	β	γ	η	λ
基础化工	0.199	0.132	0.199	0.146	0.324
钢铁	0.204	0.133	0.192	0.188	0.283
有色金属	0.187	0.135	0.216	0.134	0.328
电子	0.166	0.109	0.255	0.149	0.320
家用电器	0.206	0.155	0.245	0.142	0.252
轻工制造	0.172	0.135	0.231	0.184	0.278
医药生物	0.184	0.131	0.209	0.173	0.303
建筑材料	0.190	0.139	0.223	0.180	0.269
建筑装饰	0.187	0.145	0.199	0.252	0.216
电力设备	0.152	0.118	0.251	0.163	0.316
国防军工	0.223	0.160	0.213	0.085	0.318
通信	0.217	0.163	0.177	0.149	0.294
汽车	0.216	0.164	0.201	0.121	0.299
机械设备	0.204	0.152	0.205	0.177	0.261
石油石化	0.208	0.171	0.238	0.065	0.318
环保	0.164	0.128	0.183	0.215	0.310
美容护理	0.203	0.142	0.189	0.248	0.218

表 4-5 中各行业的价值参数的估算过程如下：①针对具体行业，在智慧芽 PatSnap 系统中收集该行业所有专利资产的技术价值、战略价值、市场价值、经济价值、法律价值的评分值；②分别将技术价值、战略价值、市场价值、经济价值、法律价值的评分值进行平均，获得五个平均数；③将五个平均数相加，并计算五个平均在总数中的比重，这五个比重就是本行业的五个价值参数。

为了说明这个估算过程，可以以一个具体行业为例进行计算。

【案例 4-1】 以国防军工行业为例，计算该行业的五个价值参数

【案例分析】 从智慧芽 PatSnap 系统中导入国防军工行业全部专利的技术价值、战略价值、市场价值、经济价值、法律价值，计算其平均值，结果见表 4-6。

表 4-6 国防军工行业全部专利五个维度的价值平均值

行业名称	五个维度				
	技术价值	战略价值	市场价值	经济价值	法律价值
国防军工	35.8	23.1	35.8	25.6	56.7

对表 4-6 中专利价值度的平均值进行归一化处理，得到国防军工行业专利质量五个维度的价值参数，见表 4-7。

表 4-7 国防军工行业专利质量五个维度的价值参数

行业名称	价值参数				
	α	β	γ	η	λ
国防军工	0.223	0.160	0.213	0.085	0.318

三、基于欧氏空间距离的专利资产价值评估模型

专利价值一般是由专利的技术价值、战略价值、市场价值、经济价值和法律价值构成的。在相同行业领域内，如果一项专利与另外一项专利在技术价值、战略价值、市场价值、经济价值和法律价值等方面都相同的话，它们的专利价值应该相等。因此，在专利价值评估过程中，可以利用已有的交易数据，建立基于技术价值、战略价值、市场价值、经济价值和法律价值等五个价值维度的专利画像，并针对被评估专利构建欧氏空间距离。两个专利之间的欧氏空间距离越近，它们的专利价值应该越接近。

根据上述原理，针对一项专利资产，对其进行价值评估，评估步骤包括六个阶段。

（1）从智慧芽 PatSnap 系统中导出专利资产各个维度的价值

针对被评估专利资产及其所在的行业领域，从智慧芽 PatSnap 系统中导出该专利资产的技术价值（TV_0）、战略价值（SV_0）、市场价值（MV_0）、经济价值（EV_0）和法律价值（LV_0），以及该领域所有专利的技术价值（TV_i）、战略价值（SV_i）、市场价值（MV_i）、经济价值（EV_i）和法律价值（LV_i）。

（2）构建被评估专利资产与同领域中其他专利资产的欧氏空间距离

$$d_i = \sqrt{(TV_i - TV_0)^2 + (SV_i - SV_0)^2 + (MV_i - MV_0)^2 + (EV_i - EV_0)^2 + (LV_i - LV_0)^2}$$

(4-36)

式中，d_i 表示同领域中第 i 件专利与被评估专利的欧氏空间距离；TV_0 表示被评估专利资

产的技术价值；SV_0 表示被评估专利资产的战略价值；MV_0 表示被评估专利资产的市场价值；EV_0 表示被评估专利资产的经济价值；LV_0 表示被评估专利资产的法律价值；TV_i 表示同领域中第 i 件专利资产的技术价值；SV_i 表示同领域中第 i 件专利资产的战略价值；MV_i 表示同领域中第 i 件专利资产的市场价值；EV_i 表示同领域中第 i 件专利资产的经济价值；LV_i 表示同领域中第 i 件专利资产的法律价值。

根据式（4-36），可以得到被评估专利资产所在行业领域内的所有专利资产与被评估专利资产的欧氏空间距离集合 $\{d_i\}$。

对 d_i 进行排序，满足 $d_1 \leq d_2 \leq \cdots \leq d_n$。

（3）确定待评估专利资产的欧式空间半径 r

欧氏空间距离集合 $\{d_i\}$，如果包含过多的专利资产，会导致与被评估专利资产距离较远的专利资产也影响被评估专利资产的价值，降低价值评估的准确程度；如果包含较少的专利资产，会导致没有足够的样本用来分析被评估专利资产。通过大数据分析我们发现，当欧氏空间距离集合 $\{d_i\}$ 中包含 5~10 个专利资产时，专利资产价值评估产生的置信水平最高。因此，可以将 r 取值为使得欧氏空间距离集合 $\{d_i\}$ 内包含至少 5 个至多 10 个专利资产的一个实数。

将欧氏空间距离集合 $\{d_i\}$ 内满足 $d_1 \leq d_2 \leq \cdots \leq d_n \leq r$ 的专利资产定义为参考专利资产，并从交易数据中找到它们的专利资产价值 $\{V_1, V_2, \cdots, V_n\}$。

（4）计算参考专利资产和被评估专利资产的专利质量 Q_i

$$Q_i = \alpha TV_i + \beta SV_i + \gamma MV_i + \eta EV_i + \lambda LV_i \quad (i=0, 1, 2, \cdots, n) \quad (4-37)$$

式中，Q_i 表示第 i 件参考专利资产（或被评估专利资产，$i=0$）的专利质量；TV_i 表示第 i 件参考专利资产（或被评估专利资产，$i=0$）的技术价值；SV_i 表示第 i 件参考专利资产（或被评估专利资产，$i=0$）的战略价值；MV_i 表示第 i 件参考专利资产（或被评估专利资产，$i=0$）的市场价值；EV_i 表示第 i 件参考专利资产（或被评估专利资产，$i=0$）的经济价值；LV_i 表示第 i 件参考专利资产（或被评估专利资产，$i=0$）的法律价值；α、β、γ、η、λ 表示第 i 件参考专利资产（或被评估专利资产，$i=0$）的价值系数，通过查表 4-5 获取。

（5）计算按专利质量进行调整后的参考专利资产价值 V'_i

由于专利资产之间的距离与专利资产之间的价值差的关系呈现非线性的特征，因此，借鉴安徽标准，可以采用幂函数对参考专利资产的价值按专利质量进行调整，得到参照价值 $\{V'_1, V'_2, \cdots, V'_n\}$。

$$V'_i = V_i \exp\left(\frac{Q_0}{Q_i} - 1\right) \quad (4-38)$$

式中，V_i 表示第 i 件参考专利资产的价值；V'_i 表示第 i 件参考专利资产的调整后价值；Q_0 表示被评估专利的专利质量；Q_i 表示第 i 件参考专利资产的专利质量。

(6) 计算被评估专利资产的价值

根据步骤（4）和步骤（2），已经可以得到参考专利资产与被评估专利资产的价值以及它们之间的欧氏空间距离。利用这些数据，借鉴安徽标准，可以计算出待评估专利资产的价值。

在安徽标准中，式（4-11）将参考专利资产价值进行了等权重处理。该标准认为所有参考专利资产的价值对被评估专利资产价值的影响是相同的，实际上，参考专利资产价值对被评估专利资产价值的影响程度是随着两者之间的欧氏空间距离变化而变化的，欧氏空间距离远的参考专利资产的价值对被评估专利资产价值影响小，欧氏空间距离近的参考专利资产价值对被评估专利资产价值影响大。因此，可以对式（4-12）进行调整和修改，得到待评估专利资产的价值：

$$V_0 = \frac{d_n V'_1 + d_{n-1} V'_2 + \cdots + d_1 V'_n}{d_1 + d_2 + \cdots + d_n} \tag{4-39}$$

综上，基于欧氏空间距离的专利资产价值评估步骤如图 4-7 所示。

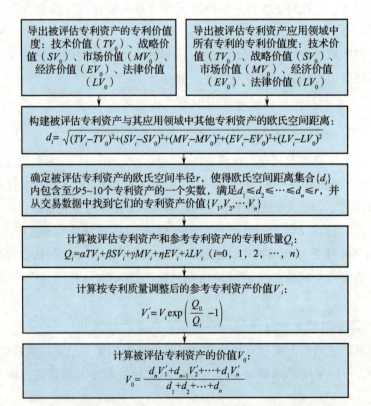

图 4-7 基于欧氏空间距离的专利资产价值评估步骤

为了说明基于欧氏空间距离的专利资产价值评估模型的实践应用过程，我们可以通过一个具体案例进行分析。

【**案例 4-2**】通过在智慧芽 PatSnap 系统中的检索和数据援引可知，专利资产 A 属于通信行业，专利资产 A 的技术价值维度得分为 36 分，战略价值维度得分为 29 分，市场价值维度得分为 23 分，经济价值维度得分为 19 分，法律价值维度得分为 47 分。请运用基于欧氏空间距离的专利资产价值评估模型对专利资产 A 进行价值评估。

【**案例分析**】首先，利用智慧芽 PatSnap 系统，导出通信行业中所有专利资产的技术价值（TV_i）、战略价值（SV_i）、市场价值（MV_i）、经济价值（EV_i）和法律价值（LV_i）。然后，利用式（4-36），确定专利资产 A 的五个参考专利资产，并通过智慧芽 PatSnap 系统查询这些参考专利资产的专利价值度及其交易价格，查询结果见表 4-8。

表 4-8 参考专利资产的专利价值度及其交易价格

项目	技术价值	战略价值	市场价值	经济价值	法律价值	交易价格（万元）
参考专利 1	32	23	18	24	39	50
参考专利 2	44	32	22	29	34	40
参考专利 3	32	27	21	37	53	65
参考专利 4	28	42	17	39	49	60
参考专利 5	34	24	52	35	51	80

通过查表 4-5，可以得到通信行业专利资产的各项价值参数，见表 4-9。

表 4-9 通信行业专利资产的价值参数

行业名称	价值参数				
	α	β	γ	η	λ
通信	0.217	0.163	0.177	0.149	0.294

将表 4-9 的价值参数代入式（4-37），可得专利资产 A 和参考专利资产的专利质量，见表 4-10。

表 4-10 专利资产 A 和参考专利资产的专利质量

项目	技术价值	战略价值	市场价值	经济价值	法律价值	专利质量 Q
专利资产 A	36	29	23	19	47	33.259
参考专利 1	32	23	18	24	39	28.921
参考专利 2	44	32	22	29	34	32.975
参考专利 3	32	27	21	37	53	36.157
参考专利 4	28	42	17	39	49	36.148
参考专利 5	34	24	52	35	51	40.703

运用式（4-38），可得按专利质量进行调整后各个参考专利资产的价值，见表4-11。

表4-11 按专利质量调整后各个参考专利资产的价值

项目	专利质量 Q	市场价值 V（万元）	调整后价值 V'（万元）
参考专利1	28.921	50	58.09
参考专利2	32.975	40	40.35
参考专利3	36.157	65	59.99
参考专利4	36.148	60	55.39
参考专利5	40.703	80	66.63

再次利用式（4-36），计算参考专利资产与专利资产A的欧氏空间距离，结果见表4-12。

表4-12 参考专利资产与专利资产A的欧氏空间距离

项目	技术价值	战略价值	市场价值	经济价值	法律价值	空间距离 d
专利资产A	36	29	23	19	47	0
参考专利1	32	23	18	24	39	12.88
参考专利2	44	32	22	29	34	18.52
参考专利3	32	27	21	37	53	19.60
参考专利4	28	42	17	39	49	25.94
参考专利5	34	24	52	35	51	33.79

最后，由式（4-39）可以得到专利资产A的评估价值。

$$V_0 = \frac{d_n V_1' + d_{n-1} V_2' + \cdots + d_1 V_n'}{d_1 + d_2 + \cdots + d_n} = 54.82（万元）$$

第五节 基于布林带与VaR的专利资产价值评估方法及其应用

目前应用最广泛的专利资产价值评估方法是收益法，但受到各种客观条件的限制，用收益法评估得到的专利资产价值往往与专利资产本身的交易价值大相径庭。

在式（4-12）中，专利资产的每期收益额 R_t 一般是指专利资产的预期许可交易使用费或企业的预期净利润。然而，无论是专利资产的预期许可交易使用费还是企业的预期净利润，对二者的估计均存在主观因素的介入，基于这种主观估计，收益法难以给出较为准确的估计结果。

在专利的质押融资过程中，银行往往会基于专利资产的评估价值给予相应的贷款额。通常情况下，银行给予的专利资产质押融资额往往低于专利资产的评估价值。这种现象一方面不利于科技型中小企业的资金融通和发展，另一方面也不利于专利资产质押融资市场的良性发展，长此以往将形成"企业不愿借，银行不愿贷"的恶性循环。

如果能基于收益法的特点，赋予专利资产的评估价值一个下限，并将其作为银行质押融资额的最低值，不仅能够有效保护科技型中小企业的合法权益，也能给专利资产质押融资市场提供科学的参考；同时，基于收益法的特征赋予专利资产评估价值一个上限，构造科学有效的区间估计，能有效提高收益法进行专利资产价值评估的精确度并解决专利资产质押融资的实际问题。金融量化投资中的布林带与有效区间估计的概念不谋而合，用布林带评估专利资产价值是一个有益的尝试。

一、布林带

布林带是利用统计原理，求出评估标的物的标准差及其信赖区间，从而确定评估标的物的波动范围及未来走势的一种技术分析工具，其核心原理为使用移动平均法和统计理论构造出三条轨道线，以此来对标的物的价格进行分析。

在统计学中，布林带一般由上轨 U、中轨 Mid 和下轨 D 三条线共同组成。其中，中轨道 Mid 是价格移动平均线，Mid_n 是由第 t 期的前 n 个交易日的价格（P_{t+1-n}，P_{t+2-n}，P_{t+1-n}，…，P_{t-1}，P_t）组成的，根据 n 的不同，布林带分为日布林带、周布林带、月布林带、年布林带等。

布林带中轨 Mid 的计算公式为

$$Mid_n = \frac{1}{n}\sum_{i=1}^{n} P_i \quad (4-40)$$

布林带的上下轨是由价格移动平均线中轨 Mid 上下位移 m 个标准差 σ_n 得到的，m 作为调整参数。其中，

$$\sigma_n = \sqrt{\frac{1}{n-1}\sum_{i=1}^{n}(P_i - Mid_n)^2} \quad (4-41)$$

布林带上轨 U 的计算公式为

$$U = Mid + m \times \sigma_n \quad (4-42)$$

布林带下轨 D 的计算公式为

$$D = Mid - m \times \sigma_n \quad (4-43)$$

布林带原理假设，市场中标的物价格走势呈现出正态分布，且正态分布是关于 Mid_n 为均值的概率对称分布。例如，当随机变量 t 服从一个数学期望为 Mid_n、标准差为 σ_n 的正态分布，记做 $N(Mid_n, \sigma_n)$，其中 Mid_n 是正态分布的概率期望值。

布林带在股票市场中的运行原理如下：

1）当标的物价格由下向上穿越下轨线时，买入信号就会出现，当标的物价格由下向上穿越上轨线时，可以看成是卖出信号；

2）标的物价格从下向上穿越中轨线时，表明价格处于强势，可能会加速上行，这是加仓买入信号；

3）标的物价格在中轨线和上轨线之间运行时，走势偏强，处于多头市场，可持仓观望；

4）标的物价格在较长的时间里运行在中轨线与上轨线之间，从上向下跌穿中轨线时，是卖出信号；

5）标的物价格向上穿越中轨线时，买入信号出现，当标的物价格由上向下穿越上轨线时，是卖出信号；

6）某些时候标的物价格会短期向上穿过布林线的上轨，一旦上穿上轨线过多，成交量没有跟上，没办法持续放量，需要注意短期的回调压力，如果价格回落跌破上轨线，这是卖出信号。

布林带的应用重点是要注意带宽的变动和价格对上轨、中轨、下轨的穿越，实际应用时还可结合其他方法，识别价格趋势，使做出正确判断的效率更高。

二、布林带在专利资产质押融资中的应用

通过将布林带原理应用至具体的专利资产价值评估，一方面能够有效解决收益法评估中存在的精确度和准确度问题，给质押融资额度一个行之有效的区间估计；另一方面也能够将布林带原理应用于质押融资行为中。

当银行给出的专利资产质押融资额位于布林带的中轨线和上轨线之间时，说明此时银行给出的质押融资额偏高，企业乐于接受；而当银行给出的专利资产质押融资额位于布林带的中轨线和下轨线之间甚至冲出下轨线时，则说明银行给出的质押融资额过低，不利于企业有效融资。

【案例4-3】A公司在2020年9月以专利资产作为抵押物向银行申请质押融资，该专利资产的剩余寿命为9年。根据公开数据可知，A公司最近一个会计年度的折现率为8%。通过基于布林带的专利资产价值评估方法对专利资产价值进行评估，得到专利资产给A公司未来带来的预期收益见表4-13。假设未来折现率不变，银行给出的质押融资额为275万元，请问A公司是否能接受目前的融资计划？

表4-13 专利资产给A公司未来带来的预期收益

年份	预期收益（万元）		
	D	Mid	U
2021	29.61	36.33	43.89
2022	31.02	38.06	46.64
2023	32.43	39.79	47.38
2024	33.84	41.52	47.04
2025	37.75	43.25	54.5
2026	29.38	44.98	53.56
2027	38.07	46.71	55.62
2028	38.92	48.44	57.68
2029	47.27	50.17	59.74

【案例分析】 对专利资产的预期收益按折现率8%分别进行折现,并对布林带的 U、Mid 和 D 分别进行汇总求和,可得表4-14。

表4-14 A公司专利资产的预期收益折现值

年份	折现值（万元）			折现因子
	D	Mid	U	
2021	27.42	33.64	40.64	0.93
2022	26.59	32.63	39.99	0.86
2023	25.74	31.59	37.61	0.79
2024	24.87	30.52	34.58	0.74
2025	25.69	29.44	37.09	0.68
2026	18.51	28.35	33.75	0.63
2027	22.21	27.25	32.45	0.58
2028	21.03	26.17	31.16	0.54
2029	23.65	25.10	29.88	0.50
合计	215.72	264.68	317.16	

由表4-14中数据,可得A公司专利资产的预期收益布林带,如图4-8所示。

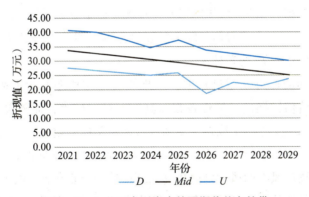

图4-8 A公司专利资产的预期收益布林带

从表4-14的最后一行数据可以看出,银行给出的质押融资额275万元位于布林带的上轨 $U=317.16$ 万元和中轨 $Mid=264.68$ 万元之间,因此,A公司能够接受这个质押融资方案,而且这个方案更有利于A公司。

三、基于布林带与VaR的专利资产价值评估原理

实践中,大多数专利资产并不是通过直接转让获利的,而是利用专利许可使用来获利,因此专利资产价值的实际评估一般采用节省许可费法进行。然而,当专利资产所有人持着利用节省许可费法得到的专利资产价值评估结果去银行进行质押融资时,银行给出的专利资产质押融资额往往会低于专利资产的评估价值。

如何判断银行给出的专利资产质押融资额是否是在一个合理、可接受的价值区间呢？或者说，银行的质押融资额应该位于一个什么区间内，才能既满足专利资产的质押融资需求，又使质押融资额的风险控制在较小的风险水平内呢？为此，我们可以在节省许可费法的基础上进行修正，开展专利资产价值评估。

通过对被评估专利资产未来预期收益的预测，将未来各期的预测收益按一定的折现率折算为现值，可以估算被评估专利资产的价值，其计算公式为

$$V = \sum_{t=1}^{n} \frac{F_t}{(1+i_t)^t} \quad (4-44)$$

式中，V 是被评估专利资产的价值；F_t 是被评估专利资产在第 t 年的预期收益；n 是被评估专利资产的剩余保护年限；i_t 是第 t 年的专利折现率。

针对被评估专利资产，其第 t 年的预期收益 F_t 可以通过下式计算：

$$F_t = L_t + \theta G_t \quad (4-45)$$

式中，L_t 是被评估专利资产在第 t 年的许可使用费；G_t 是被评估专利资产所属企业在第 t 年的预期毛利润，通常是由被评估专利资产的持有人给出的；θ 是被评估专利资产所在行业领域的毛利贡献率，可以通过大数据分析获取。

针对式（4-45）中的被评估专利资产许可使用费 L_t，由于被评估专利资产所在行业领域中的专利资产在第 t 年的许可使用费差异较大，概率分布近似服从正态分布，因此可以运用统计方法确定 L_t 在一定置信区间上的取值范围，即 L_t 的上限和下限，进而得到被评估专利资产许可使用费 L_t 的布林带。

在专利资产实际的许可使用过程中，不难发现，专利许可使用费在专利使用初期，由于市场对其实际价值预期的异质性较强，其方差往往较大，而随着专利使用期限的缩短，专利技术的应用越来越趋于成熟，专利许可使用费的方差也随之缩小。

如何在给定置信水平的前提下获得被评估专利资产在第 t 期的许可使用费 L_t 的上限和下限？衡量金融资产风险的风险价值法（VaR）是一个非常有效的解决方法。

VaR 是在不同的置信水平条件下衡量金融资产风险的一种重要方法，在近 30 年内被普遍应用，已成为金融领域和部分工业投资领域中的核心风险管理工具，并由巴塞尔协议确认为衡量银行金融资产的唯一风险测度方法。

利用 VaR 和被评估专利资产所在行业领域的专利许可使用费的概率分布，可以构造出不同置信水平下，被评估专利资产的许可使用费 L_t 的上限和下限。假设被评估专利资产所处行业领域的专利许可使用费，在第 t 年服从均值为 $E(r_t)$、标准差为 σ_t 的正态分布。由大数定理可以得到被评估专利资产的专利许可使用费在第 t 年的风险值 VaR_t：

$$\text{VaR}_t = \frac{\sigma_t}{\varphi^{-1}(\alpha)(20-T+t)} \quad (4-46)$$

式中，VaR_t 表示被评估专利资产的专利许可使用费在第 t 年的风险值；σ_t 表示被评估专

利资产所处行业领域的专利许可使用费在第 t 年的标准差；φ 表示标准正态分布函数；α 表示给定的一个置信水平；T 表示被评估专利资产的剩余使用年限。

式（4-46）中的数字 20，是发明专利的保护期限。对于实用新型专利，可将式中的 20 改为 10 计算；对于外观设计专利，可将式中的 20 改为 15 计算。

由式（4-46），可以确定被评估专利资产在第 t 年的许可使用费 L_t 的上限 L_t^u 和下限 L_t^d：

$$L_t^u = E(L_t) + \text{VaR}_t \qquad (4-47)$$

$$L_t^d = E(L_t) - \text{VaR}_t \qquad (4-48)$$

式中，L_t^u 表示被评估专利资产在第 t 年的许可使用费 L_t 的上限；L_t^d 表示被评估专利资产在第 t 年的许可使用费 L_t 的下限；$E(L_t)$ 表示被评估专利资产所处行业领域的专利许可使用费在第 t 年的均值；VaR_t 表示被评估专利资产的专利许可使用费在第 t 期的风险值。

根据式（4-45），计算被评估专利资产的预期收益除了需要估计被评估专利资产的专利许可使用费，还需要估计被评估专利资产所属企业在第 t 年的预期毛利润 G_t。

基于企业过去的毛利润数据以及统计学原理，利用 SPSS 软件和 ARIMA 模型，可以对企业在第 t 年的预期毛利润 G_t 进行区间估计。ARIMA 模型的基本思想是，将预测对象随时间推移而形成的数据序列视为一个随机序列，用一定的数学模型近似描述这个序列，这个模型一旦被识别后就可以根据时间序列的过去值及现在值预测未来值。

ARIMA 模型作为时间序列模型，最主要的特征就是承认观测值之间的依赖关系和相关性，它是一种动态模型，能够应用于动态预测。时间序列预测方法的基本思想是对一现象进行预测时，用该现象的过去行为来预测未来变化，即通过时间序列的历史数据揭示现象随时间变化的规律，将这种规律延伸到未来，从而对该现象的未来做出预测。而企业过去的毛利润符合时间序列的特征和规律，能够运用 ARIMA 模型进行有效预测。运用 ARIMA 模型对企业毛利润进行预测的前提条件是预测对象是平稳的随机序列，因此在分析和建立合适的模型之前，必须对时间序列进行平稳化处理。

运用 ARIMA 模型进行预测的基本步骤如下：

1）利用自相关函数和偏自相关函数等方法进行分析，即分析时间序列的随机性、趋势性和平稳性，并选择一个合适的模型来拟合所分析的时间序列数据，即模型识别阶段。

2）通过时间序列数据对模型的参数进行估计，并对模型进行检验，判断建立的模型是否合适。如果不合适，须重新进行模型的识别，重新选择模型。

3）对未来的数值进行预测，并分析预测的准确率。

在一定的置信水平下，ARIMA 模型能给出企业在第 t 年的预期毛利润的上限和下限，从而形成企业预期毛利润 G_t 的估计区间。

在完成专利资产的许可使用交易费 L_t 和企业预期毛利润 G_t 的估计后，由式（4-45）就能得出被评估专利资产在第 t 年的预期收益 F_t 的取值范围，即预期收益 F_t 的布林带的上下轨。

由式（4-44）可知，要对专利资产进行价值评估，还需要将被评估专利资产在第 t 年的预期收益 F_t 通过折现率 i_t 进行折现，并将各年的折现值进行加总。

式（4-44）中被评估专利资产在第 t 年的折现率 i_t，可以采用资本资产定价模型来计算，计算公式为

$$i_t = r_f + \beta(r_{mt} - r_f) \qquad (4-49)$$

式中，r_f 代表无风险报酬率，一般用一年期国债的收益率来衡量；r_{mt} 表示第 t 年的市场平均报酬率，可以选取上证综合指数在过去 60 个月的平均市场收益率；$(r_{mt} - r_f)$ 表示市场在第 t 年的风险溢价；β 表示评估对象权益资本的市场风险系数。

根据 CAPM 原理，β 系数作为一种系统风险评估工具，反映的是资产相对于总体市场的波动性。通过计算被评估专利资产所属行业领域最近 60 个月的 β 值的算术平均值可以得到被评估专利资产的 β 系数。

确定被评估专利资产在第 t 年的资产折现率 i_t 后，就可以应用式（4-44）将被评估专利资产的预期收益 F_t 的布林带的上下轨按照折现率 i_t 进行折现，得到被评估专利资产价值的取值范围。

四、基于布林带与 VaR 的专利资产价值评估步骤

根据基于布林带与 VaR 的专利资产价值评估原理，对开展专利许可使用的专利资产进行价值评估的步骤如下：

1）步骤一：针对被评估专利资产的剩余寿命及其所处的行业领域，从交易数据中导出该行业领域中的所有专利资产的许可使用费数据以及专利资产所属企业的毛利润数据。

2）步骤二：根据被评估专利资产的剩余保护年限 n，将未来年份进行排序，利用 SPSS 软件和 ARIMA 模型，估计被评估专利资产所属企业在第 t 年的预期毛利润 G_t。

3）步骤三：利用步骤一导出的数据，生成被评估专利资产所在行业领域在未来各个年份的专利许可使用费散点图，并通过大数据分析，生成该行业领域在未来各个年份的专利许可使用费的概率分布。

4）步骤四：在给定的置信水平下，利用式（4-46），计算被评估专利资产的专利许可使用费在未来第 t 年的风险值 VaR_t。

5）步骤五：运用式（4-47）和式（4-48），确定被评估专利资产在第 t 年的许可使用费 L_t 的上限 L_t^u 和下限 L_t^d。

6）步骤六：运用式（4-45），确定被评估专利资产在第 t 年的预期收益 F_t 及其布林带的上下轨。

7）步骤七：运用式（4-49），确定被评估专利资产在第 t 年的折现率 i_t。

8）步骤八：运用式（4-44），计算被评估专利资产的评估价值。

综上，基于布林带与 VaR 的专利资产价值评估步骤如图 4-9 所示。

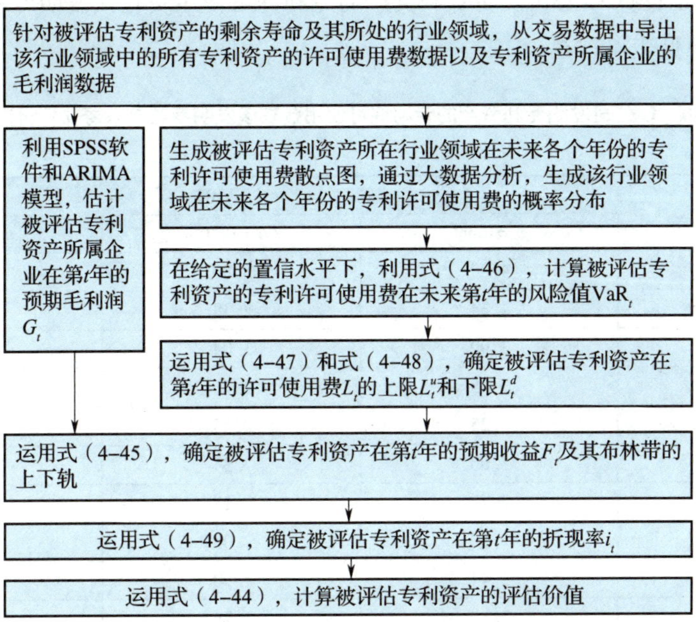

```
针对被评估专利资产的剩余寿命及其所处的行业领域，从交易数据中导出
该行业领域中的所有专利资产的许可使用费数据以及专利资产所属企业的
毛利润数据
                    ↓
利用SPSS软  →  生成被评估专利资产所在行业领域在未来各个年份的专
件和ARIMA      利许可使用费散点图，通过大数据分析，生成该行业领
模型，估计      域在未来各个年份的专利许可使用费的概率分布
被评估专利              ↓
资产所属企    在给定的置信水平下，利用式（4-46），计算被评估
业在第t年的   专利资产的专利许可使用费在未来第t年的风险值VaR_t
预期毛利润              ↓
G_t          运用式（4-47）和式（4-48），确定被评估专利资产在
              第t年的许可使用费L_t的上限L_t^u和下限L_t^d
                    ↓
        运用式（4-45），确定被评估专利资产在第t年的预期收益F_t及其布林带的
        上下轨
                    ↓
        运用式（4-49），确定被评估专利资产在第t年的折现率i_t
                    ↓
        运用式（4-44），计算被评估专利资产的评估价值
```

图 4-9　基于布林带与 VaR 的专利资产价值评估步骤

为了说明基于布林带与 VaR 的专利资产价值评估模型的实践应用过程，我们可以通过一个具体案例进行分析。

【案例 4-4】C 公司是一家家用电器企业，通过大数据分析可知，家用电器行业的专利许可使用费服从平均值为 100 万元、标准差为 25 万元的正态分布。C 公司拥有一项发明专利，该专利剩余寿命为 13 年。C 公司目前的年毛利润为 770 万元，未来预计以每年 5% 的速度增长，通过查阅公开数据可知，C 公司最近会计年度的折现率为 11%，发明专利分成率为 9.3%。假设折现率不变，请对 C 公司的该项专利资产进行价值评估。

【案例分析】由案例介绍可知，C 公司是一家家用电器企业，其拥有的专利剩余寿命是 13 年。由于 C 公司目前的年毛利润为 770 万元，未来预计以每年 5% 的速度增长，C 公司拥有的发明专利的剩余寿命为 13 年，计算 C 公司在发明专利剩余寿命年份内预期毛利润，结果见表 4-15。

表 4-15　C 公司在发明专利剩余寿命年份内的预期毛利润

年份	1	2	3	4	5	6	7
预期毛利润（万元）	808.50	848.93	891.37	935.94	982.74	1031.87	1083.47
年份	8	9	10	11	12	13	
预期毛利润（万元）	1137.64	1194.52	1254.25	1316.96	1382.81	1451.95	

计算 C 公司拥有的发明专利资产的 VaR，给定置信水平为 0.90、0.95 和 0.99，根据式（4-46）分别计算 C 公司发明专利资产的专利许可使用费在该发明专利剩余寿命年份内的 VaR，结果见表 4-16。

表 4-16 C 公司发明专利资产的专利许可使用费在该发明专利剩余寿命年份内的 VaR

（单位：万元）

年份	VaR		
	$\alpha = 0.90$	$\alpha = 0.95$	$\alpha = 0.99$
1	4.88	3.80	2.69
2	4.34	3.38	2.39
3	3.90	3.04	2.15
4	3.55	2.76	1.95
5	3.25	2.53	1.79
6	3.00	2.34	1.65
7	2.79	2.17	1.54
8	2.60	2.03	1.43
9	2.44	1.90	1.34
10	2.30	1.79	1.26
11	2.17	1.69	1.19
12	2.05	1.60	1.13
13	1.95	1.52	1.07

运用式（4-47）和式（4-48），确定 C 公司发明专利资产在专利剩余寿命年份内的专利许可使用费 L_t 的上限和下限，见表 4-17。

表 4-17 C 公司发明专利资产在专利剩余寿命年份内的专利许可使用费的上限和下限

（单位：万元）

年份	VaR ($\alpha = 0.90$)		VaR ($\alpha = 0.95$)		VaR ($\alpha = 0.99$)	
	L_t^u	L_t^d	L_t^u	L_t^d	L_t^u	L_t^d
1	104.877	95.123	103.800	96.200	102.687	97.3134
2	104.335	95.665	103.378	96.622	102.388	97.6119
3	103.902	96.098	103.040	96.960	102.149	97.8507
4	103.547	96.453	102.763	97.237	101.954	98.0461
5	103.251	96.749	102.533	97.467	101.791	98.2089
6	103.001	96.999	102.338	97.662	101.653	98.3467
7	102.787	97.213	102.171	97.829	101.535	98.4648
8	102.601	97.399	102.027	97.973	101.433	98.5671
9	102.438	97.562	101.900	98.100	101.343	98.6567
10	102.295	97.705	101.788	98.212	101.264	98.7357
11	102.168	97.832	101.689	98.311	101.194	98.8059
12	102.053	97.947	101.600	98.400	101.131	98.8688
13	101.951	98.049	101.520	98.480	101.075	98.9254

已知 C 公司拥有的发明专利资产的分成率为 9.3%，根据式（4-45），计算 C 公司发明专利资产在第 t 年的预期收益及其布林带的上下轨，结果如表 4-18 及图 4-10 所示。

表 4-18　C 公司发明专利资产在第 t 年的预期收益　　　　　　　　　（单位：万元）

年份	VaR（$\alpha=0.90$）		VaR（$\alpha=0.95$）		VaR（$\alpha=0.99$）	
	F_t 上轨	F_t 下轨	F_t 上轨	F_t 下轨	F_t 上轨	F_t 下轨
1	180.07	170.31	178.99	171.39	177.88	172.50
2	183.29	174.62	182.33	175.57	181.34	176.56
3	186.80	179.00	185.94	179.86	185.05	180.75
4	190.59	183.50	189.81	184.28	189.00	185.09
5	194.65	188.14	193.93	188.86	193.19	189.60
6	198.97	192.96	198.30	193.63	197.62	194.31
7	203.55	197.98	202.93	198.59	202.30	199.23
8	208.40	203.20	207.83	203.77	207.23	204.37
9	213.53	208.65	212.99	209.19	212.43	209.75
10	218.94	214.35	218.43	214.86	217.91	215.38
11	224.64	220.31	224.17	220.79	223.67	221.28
12	230.65	226.55	230.20	227.00	229.73	227.47
13	236.98	233.08	236.55	233.51	236.11	233.96

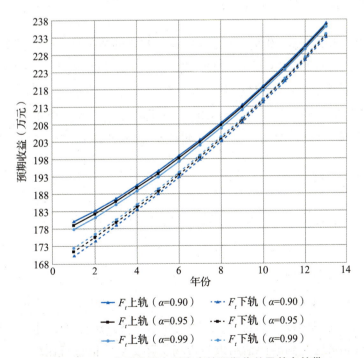

图 4-10　C 公司发明专利资产的预期收益及其布林带

已知 C 公司最近会计年度的折现率为 11%，根据式（4-44），计算 C 公司发明专利资产在剩余寿命年份内的预期收益折现值，如表 4-19 所示。

表 4-19　C 公司发明专利资产在剩余寿命年份内的预期收益折现值　　（单位：万元）

年份	VaR（$\alpha=0.90$）		VaR（$\alpha=0.95$）		VaR（$\alpha=0.99$）	
	F_t 上轨	F_t 下轨	F_t 上轨	F_t 下轨	F_t 上轨	F_t 下轨
1	162.22	153.44	161.25	154.41	160.25	155.41
2	148.76	141.72	147.98	142.50	147.18	143.30
3	136.59	130.88	135.96	131.51	135.30	132.16
4	125.55	120.87	125.03	121.39	124.50	121.92
5	115.51	111.65	115.09	112.08	114.65	112.52
6	106.38	103.17	106.02	103.52	105.65	103.89
7	98.04	95.36	97.74	95.65	97.44	95.96
8	90.43	88.17	90.18	88.42	89.92	88.68
9	83.47	81.57	83.26	81.78	83.05	82.00
10	77.11	75.49	76.93	75.67	76.74	75.85
11	71.28	69.90	71.12	70.05	70.97	70.21
12	65.93	64.76	65.80	64.89	65.67	65.02
13	61.03	60.02	60.92	60.13	60.80	60.25
合计	1342.29	1297.00	1337.29	1302.00	1332.12	1307.17

由表 4-19 可知，在 $\alpha=0.9$，即置信水平为 90% 的情况下，C 公司发明专利资产的价值评估值将位于 [1297.00 万元，1342.29 万元] 的区间内。在 $\alpha=0.95$，即置信水平为 95% 的情况下，C 公司的发明专利资产价值的评估值（单位：万元）将位于 [1302.00，1337.29] 的区间内。在 $\alpha=0.99$，即置信水平为 99% 的情况下，C 公司发明专利资产的价值评估值（单位：万元）将位于 [1307.17，1332.12] 的区间内。

第六节　一种呼吸装置的专利资产价值评估

金发科技股份有限公司拥有一种呼吸装置专利，在获得专利授权后，该公司希望通过转让交易或许可使用交易来获取收益。为此，我们采用基于欧氏空间距离的专利资产价值评估方法和基于布林带与 VaR 的专利资产价值评估方法对该专利资产价值进行评估，将使用这两种评估方法得到的评估结果与市场实际交易价格进行比较，可以定性分析这两种评估方法的合理性。

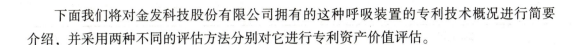

下面我们将对金发科技股份有限公司拥有的这种呼吸装置的专利技术概况进行简要介绍,并采用两种不同的评估方法分别对它进行专利资产价值评估。

一、专利技术概况

金发科技股份有限公司(以下简称金发科技公司)是一家聚焦高性能新材料的科研、生产、销售和服务,为创造更加安全、舒适、便捷的人类生活提供新材料解决方案的科技企业。

金发科技股份有限公司总部位于广州科学城,旗下拥有48家子公司,在南亚、北美、欧洲等国家和地区设有研发和生产基地。金发科技公司的产品以自主创新开发为主,覆盖了改性塑料、环保高性能再生塑料、完全生物降解塑料、特种工程塑料、碳纤维及复合材料、轻烃及氢能源和医疗健康高分子材料产品等七大类自主知识产权产品。金发科技公司的产品以其良好的环境友好度和卓越的性能远销全球130多个国家和地区,为全球1000多家知名企业提供服务。金发科技股份有限公司致力于解决人类日益严峻的环境问题,积极应对来自全球生存环境变化带来的挑战,通过均衡经济、环境社会的关系,实现可持续发展。

2021年12月31日,金发科技股份有限公司董事长为核实公司的专利资产价值,希望对公司拥有的一种呼吸装置专利进行价值评估。

金发科技股份有限公司拥有的呼吸装置专利是实用新型专利,其专利号是CN211024871U,专利申请日为2020年4月23日,授权公告日为2020年7月17日,专利权人为金发科技股份有限公司。2020年11月10日,该专利的专利权人由金发科技股份有限公司变更为广东金发科技有限公司,地址由广东省广州市高新技术产业开发区科学城科丰路33号变更为广东省清远市清城区石角镇德龙大道28号,市场转让价格为6 908 792元,专利概况见表4-20。

表4-20 金发科技公司的呼吸装置专利概况

专利名称	一种呼吸装置
专利类型	实用新型专利
公开(公告)号	CN211024871U
申请号	CN2020206271370
公开(公告)日	2020年7月17日
申请日	2020年4月23日
专利权人	金发科技股份有限公司
IPC分类号	A62B7/10;A62B18/02;A62B18/08;A62B23/02
专利权转让日	2020年11月10日
转让价格(元)	6 908 792
发明人	李成、朱秀梅、唐磊、谢湘、陈平绪、叶南飚、袁志敏

(续)

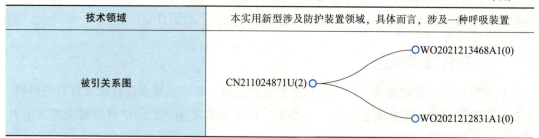

技术领域	本实用新型涉及防护装置领域，具体而言，涉及一种呼吸装置
被引关系图	

专利技术摘要："本实用新型提供了一种呼吸装置，其面罩本体包括位于其中心线一侧的第一部分和中心线另一侧的第二部分，第一部分和第二部分配置为能沿中心线折叠，以及第一可变形夹持条和第二可变形夹持条分别从第一部分跨过中心线并延伸到第二部分，第一可变形夹持条和第二可变形夹持条中的一个配置为通过变形将面罩本体夹持于用户的鼻部，第一可变形夹持条和第二可变形夹持条中的另一个配置为通过变形将面罩本体夹持于用户的下颌。与现有技术相比，能够适应更多人群的使用，且密合性和舒适性更好，功能更加丰富。"

随着防疫工作的开展，包括面罩本体的呼吸装置已成为一种具有很高实用价值的装置。呼吸装置放置在用户的鼻部和口部上，在使用时，其中的过滤结构，可以将受污染的环境空气与面罩内部分开，进而将颗粒、病菌等阻挡在面罩本体外，呼吸装置可以用于保护个人免于吸入存在于周围环境中的污染物。

在多种类型的呼吸装置中，可折叠的呼吸装置是一种性能优异的类型，面罩本体因可折叠而提供了携带的便利性。为了在面罩本体内层和用户的口鼻之间形成一定的气体空间，以及便于折叠面罩，人们在面罩的中心线上设置缝合线使面罩本体向外产生一定形变。随着技术的发展，缝合线已被通过激光焊接、超声波焊接等技术形成焊接区段实现的缝合效果所代替。然而现有技术仍然存在缺陷，例如，市面上的可折叠呼吸装置仅有一条夹持条，对呼吸装置的佩戴方向进行了限定，但这样的设计使单一规格的口罩难以适用于不同脸型的用户，具有密合性缺陷。

在金发科技公司的呼吸装置实用新型专利中，第一可变形夹持条通过变形将面罩本体夹持于用户的鼻部，第二可变形夹持条通过变形将面罩本体夹持于用户的下颌，如图4-11所示。由此，该呼吸装置实用新型专利将以往呼吸面罩中单一鼻部夹持条的设计改进为上、下两个夹持条的设计，通过第一可变形夹持条和第二可变形夹持条各自的变形，既能压紧用户鼻部，又能压紧用户下颌部，提高了面罩本体整体的密合性，进而提升了防护效果。与现有

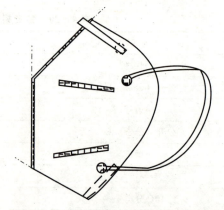

图4-11 呼吸装置实用新型专利示意图

技术相比,该实用新型专利具有显著进步。

二、基于欧氏空间距离的呼吸装置专利资产价值评估

由于呼吸装置是医疗器械,属于医药生物行业,因此,由图4-7可知,采用基于欧氏空间距离的专利资产价值评估模型对该专利资产价值进行评估时,第一步,需要先从智慧芽 PatSnap 系统中导出该专利资产及医药生物行业中所有专利资产的技术价值、战略价值、市场价值、经济价值和法律价值。金发科技公司的呼吸装置专利资产的技术价值为41,战略价值为38,市场价值为14,经济价值为27,法律价值为29。

第二步,计算医药生物行业中的所有专利资产与金发科技公司呼吸装置之间的欧氏空间距离。按照图4-7中的评估步骤,通过大数据分析,我们可以确定与该呼吸装置的欧氏空间距离最小的五个参考专利,并利用智慧芽 PatSnap 系统导出参考专利资产的专利价值度和市场交易价格,结果见表4-21。

表4-21 参考专利资产的专利价值度、市场交易价格及其与金发科技公司呼吸装置之间的欧氏空间距离

	战略价值	市场价值	技术价值	经济价值	法律价值	欧氏空间距离	市场交易价格(元)
呼吸装置专利资产	38	14	41	27	29	0.00	
参考专利资产1	38	14	44	27	29	3.00	6 910 180
参考专利资产2	35	12	29	18	25	15.94	7 090 983
参考专利资产3	46	15	25	27	35	18.89	6 908 815
参考专利资产4	35	14	28	37	39	19.44	3 064 263
参考专利资产5	33	14	27	37	37	19.62	3 061 059

第三步,金发科技公司呼吸装置专利资产所属行业为医药生物行业,通过查表4-5,可以确定医药生物行业的各项价值参数。

第四步,利用表4-21中的数据,运用式(4-37)分别计算金发科技公司呼吸装置专利资产和所有参考专利资产的专利质量,结果见表4-22。

第五步,运用式(4-38),分别对表4-21中的参考专利资产的市场交易价格按照专利质量进行调整,得到参照价值,见表4-22。

表4-22 参考专利资产按专利质量调整后的参照价值

	战略价值	市场价值	技术价值	经济价值	法律价值	专利质量	参照价值(元)
呼吸装置专利资产	38	14	41	27	29	30.854 78	
参考专利资产1	38	14	44	27	29	31.481 68	6 773 937
参考专利资产2	35	12	29	18	25	24.766 33	9 067 169
参考专利资产3	46	15	25	27	35	30.935 41	6 890 831
参考专利资产4	35	14	28	37	39	32.344 78	2 926 307
参考专利资产5	33	14	27	37	37	31.160 88	3 091 578

最后，根据式（4-39），计算金发科技公司呼吸装置专利资产的评估价值，计算结果为 6 441 127 元，具体计算过程见表 4-23。

表 4-23　金发科技公司呼吸装置专利资产的评估价值计算过程

	欧氏空间距离 d_i	参照价值 V'_i（元）	$\sum d_i$	$d_i \times V'_{6-i}$	V_0（元）
参考专利资产 1	3.00	6 773 937	76.89	9 274 734.00	6 441 127
参考专利资产 2	15.94	9 067 169		46 645 333.58	
参考专利资产 3	18.89	6 890 831		130 167 797.59	
参考专利资产 4	19.44	2 926 307		176 265 765.36	
参考专利资产 5	19.62	3 091 578		132 904 643.94	

由表 4-20 可知，金发科技公司的呼吸装置专利资产在 2020 年 11 月的市场转让价值为 6 908 792 元。因此，基于欧氏空间距离的专利资产评估方法得到评估价值与实际交易价值的误差较小，误差率只有 6.77%，这说明基于欧氏空间距离的专利资产价值评估方法能很好地反映专利资产的内在价值。

三、基于布林带与 VaR 的呼吸装置专利资产价值评估

由表 4-20 可知，金发科技公司拥有的呼吸装置是实用新型专利，因此它的保护期限是 10 年，评估时剩余保护期限为九年。

根据图 4-9 给出的评估步骤，第一步，先对金发科技公司的财务数据进行搜集整理，可以得到 2001 年—2021 年金发科技公司的毛利润数据，见表 4-24。

表 4-24　2001 年—2021 年金发科技公司的毛利润

年份	2001	2002	2003	2004	2005	2006	2007
毛利润（万元）	6752.42	14 889.66	19 285.71	24 890.88	35 745.84	57 867.26	90 903.19
年份	2008	2009	2010	2011	2012	2013	2014
毛利润（万元）	98 428.54	111 438.57	152 079.81	215 444.96	217 213.17	216 391.19	230 714.81
年份	2015	2016	2017	2018	2019	2020	2021
毛利润（万元）	258 624.35	313 145.13	313 884.54	341 369.09	469 717.27	903 634.88	668 112.18

第二步，由于金发科技公司拥有的呼吸装置专利资产的剩余保护年限为九年，利用 SPSS 软件和 ARIMA 模型的基础模型——移动平均模型，可以估计金发科技公司在 2022 年—2030 年的预期毛利润 G_t。金发科技公司毛利润拟合结果的统计检验见表 4-25。

表 4-25　金发科技公司毛利润拟合结果的统计检验

模型	预测变量数	模型拟合度统计	杨-博克斯 Q（18）			离群值数
		平均 R 方	统计	DF	显著性	
毛利润	1	0.765	15.740	18	0.611	0

由表 4-25 不难发现，移动平均模型的平均 R 方为 0.765，说明移动平均模型对金发科技股份有限公司的毛利润解释程度较高。在显著性检验中，对残差进行 Q 检验得到的 p 值为 0.611，远大于 0.05，即无法拒绝原假设，模型中的残差误差是随机的，残差是白噪声序列，且离群值数量为 0。因此移动平均模型能够很好地识别本例中的毛利润数据。残差错误的随机检验的显著性大于 0.05，其中移动平均模型的残差 ACF 与残差 PACF 随时间序列数据变化的情况如图 4-12 所示。

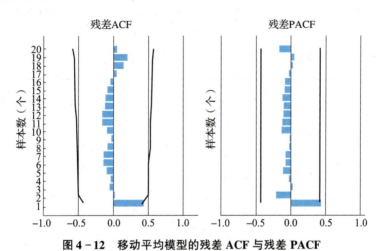

图 4-12　移动平均模型的残差 ACF 与残差 PACF

从图 4-12 可以看出，随时间序列数据的变化，残差不存在显著的自相关性和偏向性，由此可得金发科技公司的毛利润拟合预测结果，如图 4-13 所示。

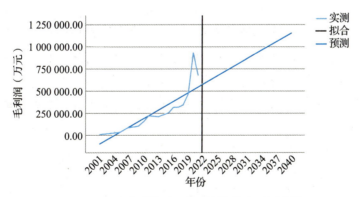

图 4-13　金发科技公司的毛利润拟合预测模型

利用表 4-24 中的数据，结合毛利润拟合预测结果，可得 2022 年—2030 年金发科技公司的预期毛利润 G_t，见表 4-26。

表 4-26　2022 年—2030 年金发科技公司的预期毛利润 G_t

年份	2022	2023	2024	2025	2026	2027	2028	2029	2030
G_t（万元）	579 822.19	611 924.92	644 027.66	676 130.40	708 233.14	740 335.87	772 438.61	804 541.35	836 644.09

考虑到移动平均模型对于毛利润的估计存在一定缺陷，结合布林带方法的区间估计特点，我们对金发科技公司 2001 年—2021 年毛利润数据进行分析，得到过去该公司毛利润的波动率为 20.48%，由此计算出金发科技公司预期毛利润 G_t 的上下限，见表 4-27。

表 4-27　金发科技公司预期毛利润 G_t 的上下限

年份	2022	2023	2024	2025	2026	2027	2028	2029	2030
G_t上限（万元）	816 950.13	849 052.87	881 155.61	913 258.35	945 361.08	977 463.82	1 009 566.56	1 041 669.30	1 073 772.03
G_t下限（万元）	342 694.24	374 796.98	406 899.71	439 002.45	471 105.19	503 207.93	535 310.67	567 413.40	599 516.14

由表 4-27，可得 2022 年—2040 年金发科技公司的毛利润预测值及其布林带，如图 4-14 所示。

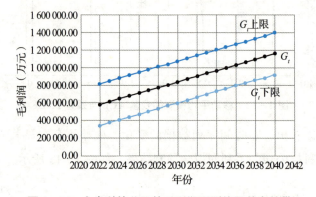

图 4-14　金发科技公司的毛利润预测值及其布林带

第三步，因为金发科技公司拥有的呼吸装置专利资产的剩余保护年限为九年，所属行业为医药生物行业，尽管该呼吸装置本身并未签订专利许可交易合同，但通过医药生物行业内其他专利的专利许可交易费用，可以生成医药生物行业未来九年的专利许可使用费散点图，如图 4-15 所示。

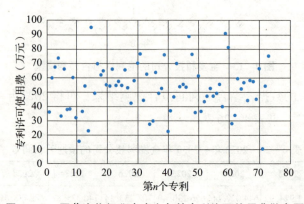

图 4-15　医药生物行业未来九年的专利许可使用费散点图

通过 SPSS 软件进行大数据分析，可以生成医药生物行业专利在未来九年的专利许可使用费的概率分布，见表 4-28，由此可知，医药生物行业专利在未来九年的专利许可使用费服从平均值为 51.652 万元、标准差为 19.029 万元的正态分布。

表 4-28　医药生物行业专利在未来九年的专利许可使用费的概率分布

专利许可使用费	平均值		51.652
	平均值的 95% 置信区间	下限	47.274
		上限	56.030
	5% 扣除后的平均值		52.124
	中位数		54.367
	方差		362.113
	标准差		19.029

第四步，给定置信水平（$\alpha=0.90$、$\alpha=0.95$、$\alpha=0.99$），运用式（4-46），分别计算得到金发科技公司呼吸装置专利资产的许可使用费在剩余使用年份内的风险值 VaR，见表 4-29。

表 4-29　金发科技公司呼吸装置专利资产的许可使用费在剩余使用年份内的风险值 VaR

	年份	2022	2023	2024	2025	2026	2027	2028	2029	2030
VaR（万元）	$\alpha=0.90$	7.42	4.95	3.71	2.97	2.47	2.12	1.86	1.65	1.48
	$\alpha=0.95$	5.78	3.86	2.89	2.31	1.93	1.65	1.45	1.29	1.16
	$\alpha=0.99$	4.09	2.73	2.05	1.64	1.36	1.17	1.02	0.91	0.82

第五步，运用式（4-47）和式（4-48），在给定的置信水平下，确定金发科技公司呼吸装置专利资产在剩余使用年份内的许可使用费 L_t 的上限 L_t^u 和下限 L_t^d，结果如表 4-30 和图 4-16 所示。

表 4-30　金发科技公司呼吸装置专利资产在剩余使用年份内的许可使用费的上下限

（单位：万元）

年份	VaR（$\alpha=0.90$）		VaR（$\alpha=0.95$）		VaR（$\alpha=0.99$）	
	L_t^u	L_t^d	L_t^u	L_t^d	L_t^u	L_t^d
2022	59.07	44.23	57.43	45.87	55.74	47.56
2023	56.60	46.70	55.51	47.79	54.38	48.92
2024	55.36	47.94	54.54	48.76	53.70	49.60
2025	54.62	48.68	53.96	49.34	53.29	50.01
2026	54.12	49.18	53.58	49.72	53.01	50.29
2027	53.77	49.53	53.30	50.00	52.82	50.48
2028	53.51	49.79	53.10	50.20	52.67	50.63
2029	53.30	50.00	52.94	50.36	52.56	50.74
2030	53.13	50.17	52.81	50.49	52.47	50.83

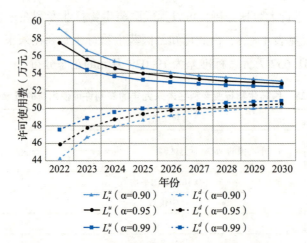

图 4-16 呼吸装置专利资产许可使用费的上下限

第六步，运用式（4-45），在给定的置信水平下，确定金发科技公司呼吸装置专利资产在剩余使用年份内的预期收益 F_t 的上下轨，见表 4-31。

表 4-31 金发科技公司呼吸装置专利资产在剩余使用年份内的预期收益 F_t 的上下轨

（单位：元）

年份	VaR（α=0.90）		VaR（α=0.95）		VaR（α=0.99）	
	F_t^u	F_t^d	F_t^u	F_t^d	F_t^u	F_t^d
2022	1 107 058.42	658 836.82	1 090 659.58	675 235.67	1 073 713.50	692 181.74
2023	1 102 598.71	703 874.40	1 091 666.14	714 806.96	1 080 368.76	726 104.34
2024	1 110 513.31	736 537.65	1 102 313.89	744 737.07	1 093 840.85	753 210.11
2025	1 123 377.65	764 251.17	1 116 818.11	770 810.71	1 110 039.68	777 589.14
2026	1 138 716.85	789 489.83	1 133 250.57	794 956.12	1 127 601.88	800 604.81
2027	1 155 470.26	813 314.28	1 150 784.88	817 999.67	1 145 943.14	822 841.40
2028	1 173 107.55	836 254.86	1 169 007.84	840 354.57	1 164 771.32	844 591.09
2029	1 191 334.09	858 606.17	1 187 689.90	862 250.36	1 183 924.11	866 016.16
2030	1 209 973.11	880 545.01	1 206 693.34	883 824.78	1 203 304.13	887 214.00

第七步，运用式（4-49），确定金发科技公司拥有的呼吸装置专利资产在第 t 年的折现率 i_t。通过查询 Wind 数据可知，一年期国债利率为 1.89%，$\beta = 0.3067$。金发科技公司所属医药生物行业的净资产收益率中位数为 5.027%，该数值可以代表市场对该行业的平均期望报酬率，因此，由式（4-49），可得金发科技公司呼吸装置专利资产在剩余使用年份内的平均折现率 $i_t = 5.028\%$。

最后，根据式（4-44），在给定的置信水平下，计算金发科技公司呼吸装置专利资产预期收益上的贴现值，并加总获得该呼吸装置专利资产的评估价值，见表 4-32。

表 4-32 金发科技公司呼吸装置专利资产预期收益的贴现值及评估价值

（单位：元）

年份	VaR ($\alpha=0.90$)		VaR ($\alpha=0.95$)		VaR ($\alpha=0.99$)	
	F_t^u	F_t^d	F_t^u	F_t^d	F_t^u	F_t^d
2022	1 051 537.26	625 794.85	1 035 960.84	641 371.26	1 019 864.65	657 467.46
2023	994 776.98	635 043.41	984 913.50	644 906.90	974 720.87	655 099.52
2024	951 669.48	631 185.95	944 642.87	638 212.56	937 381.79	645 473.64
2025	914 412.75	622 089.13	909 073.39	627 428.49	903 555.84	632 946.03
2026	880 412.84	610 403.70	876 186.51	614 630.03	871 819.16	618 997.38
2027	848 561.87	597 287.11	845 120.99	600 727.99	841 565.28	604 283.70
2028	818 307.81	583 334.31	815 448.03	586 194.08	812 492.83	589 149.29
2029	789 344.45	568 888.29	786 929.91	571 302.83	784 434.81	573 797.94
2030	761 487.60	554 164.47	759 423.50	556 228.57	757 290.52	558 361.54
合计	8 010 511.04	5 428 191.22	7 957 699.54	5 481 002.71	7 903 125.75	5 535 576.5

由表 4-32 可以看出，当给定置信水平为 90% 时，金发科技公司拥有的呼吸装置专利资产的评估价值（单位：元）的置信区间是 [5 428 191.22，8 010 511.04]；当置信水平为 95% 时，金发科技公司拥有的呼吸装置专利资产的评估价值（单位：元）的置信区间是 [5 481 002.71，7 957 699.54]；当置信水平为 99% 时，金发科技公司拥有的呼吸装置专利资产的评估价值（单位：元）的置信区间是 [5 535 576.5，7 903 125.75]。由表 4-20 可知，金发科技公司拥有的呼吸装置专利资产的市场转让价格为 6 908 792 元；由表 4-23 可知，基于欧氏空间距离的专利资产价值评估方法给出的该呼吸装置专利资产的评估价值是 6 441 127 元；这两个数值都完全位于置信度为 90%、95% 以及 99% 的评估价值置信区间内。因此，基于布林带与 VaR 的专利资产价值评估方法能够有效满足专利资产转让评估以及金融机构进行专利资产质押融资和专利资产证券化评估的需求。

第五章
专利资产证券化产品设计理论与实践

在知识经济日益重要的当下,发明创造与科技创新对于国家核心竞争力的贡献日益增加,人们也越发了解知识产权的重要性。

据中国国家知识产权局统计,2020年,我国境内发明专利有效量为221.3万件,每万人口发明专利拥有量达到15.8件,同比增加18.3%;全国专利商标质押融资总额达到2180亿元,同比增长43.9%;知识产权保险的保障金额突破200亿元,专利价值不断提高,中小企业占据了专利权人的大多数(2018年中小企业占比为60%)。

但在国家知识产权局公布的专利调查报告中我们可以发现,近年来企业有效发明专利实施率出现下降趋势,如图5-1所示。

图5-1 2015年—2020年我国企业有效发明专利实施率

中小企业空有许多优秀专利处于闲置状态,却由于风险水平高、信用评价低、缺少抵押资产而难以通过常见的信贷等渠道筹集资金,或因信息不对称、缺少专利交易平台与技术条件等无法有效实施专利权。

为解决上述问题，2015年，《中共中央、国务院关于深化体制机制改革加快实施创新驱动发展战略的若干意见》明确指示，要探索知识产权证券化。2019年2月，在中共中央、国务院联合印发的《粤港澳大湾区发展规划纲要》中，同样指示要开展粤港澳大湾区知识产权证券化试点。

专利资产证券化作为知识产权证券化的重要组成部分，为专利拥有者创造了新型融资方式，更好地对接市场主体的资金需求和供给，激发企业的创造积极性。但截至2021年12月，我国仅发行数十只专利资产证券化产品，在整个证券化市场规模中占比比较小，反映出其市场现状并不乐观。

我国已经成为专利大国，如果不能推出更多的专利资产证券化产品，畅通专利资产证券化这一融资通道，不仅无法解决当下中小企业面临的融资问题，而且还可能造成专利质量难以提高的问题，成为我国走向专利强国的阻碍。

第一节　专利资产质押融资与证券化

自邓小平提出"科学技术是第一生产力"的论断以来，科学技术的重要性已不言而喻。停留在纸面上的专利、商标等知识产权无法满足建设科技强国的需要，知识产权亟须被转化为生产力，而知识产权的各种运营就是将知识产权转化为生产力的第一步。

2021年9月，中共中央、国务院颁布《知识产权强国建设纲要（2021—2035年）》（以下简称《强国建设纲要》），同年10月，国务院颁布《"十四五"国家知识产权保护和运用规划》，两份文件明确提出要深入实施知识产权强国战略，加快建设知识产权强国，要求各地区、各部门结合实际认真贯彻落实，知识产权强国建设已成为时代的最强音。

《强国建设纲要》明确提出："积极稳妥发展知识产权金融，健全知识产权质押信息平台，鼓励开展各类知识产权混合质押和保险，规范探索知识产权融资模式创新。健全版权交易和服务平台，加强作品资产评估、登记认证、质押融资等服务"。

一、专利运营与专利资产质押

在知识产权运营中，专利运营无疑是最重要的。专利运营是一个新兴概念，其内涵和外延尚未有清晰而统一的定论。概括地说，专利运营是指通过对专利或者专利申请进行管理，促进专利技术的应用和转化，从而实现专利技术价值或效能的活动。

专利运营包括两方面的运营：专利基础运营和专利投融资运营。专利基础运营包括专利转让、专利许可使用、专利诉讼；专利投融资运营包括专利资产质押、专利资产证券化、专利资产保险、专利资产作价投资。

专利运营，一方面可以将专利技术转化为能为专利权人带来收益回报的专利资产，另一方面也扩大了专利技术的运用，从而将专利技术转化为生产力落到实处。

2008年5月，国务院颁布的《国家知识产权战略纲要》明确指出，要促进自主创新成果的知识产权化、商业化、产业化，引导企业采用转让、许可、质押等方式实现知识产权的价值。

《中华人民共和国民法典》第四百四十条规定："债务人或者第三人有权处分的下列权利可以出质：①汇票、本票、支票；②债券、存款单；③仓单、提单；④可以转让的基金份额、股权；⑤可以转让的注册商标专用权、专利权、著作权等知识产权中的财产权；⑥现有的以及将有的应收账款；⑦法律、行政法规规定可以出质的其他财产权利。"第四百四十四条规定："以注册商标专用权、专利权、著作权等知识产权中的财产权出质的，质权自办理出质登记时设立。"

由此可知，专利、商标等知识产权可以像房子一样向银行进行抵押贷款，获取资金。也就是说，专利、商标等知识产权可以通过银行进行质押融资。

质押，是指债务人或第三人将特定的财产交由债权人占有，或者以财产权利为标的，作为债权的担保，在债务人不履行债务时，或者发生当事人约定的实现质权的情形时，债权人有权以该财产折价或以拍卖、变卖所得价款优先受偿的担保方式。

当专利、商标等知识产权进行质押时，知识产权权利人、知识产权运营人与银行形成了两重关系。一是借贷关系，二是质押关系。专利、商标等知识产权权利人将手中的专利、商标等知识产权作为质物或质押资产通过第三方（知识产权运营人）抵押给银行，形成质押关系，知识产权运营人是出质人，银行是质权人。同时，银行将相当于专利、商标等知识产权质物（质押资产）的评估价值的资金贷款给知识产权运营人，知识产权运营人将这些资金作为质押收益转给知识产权权利人，形成借贷关系，银行是债权人，知识产权运营人是债务人。图 5-2 以专利为例，揭示了专利的质押运营关系。

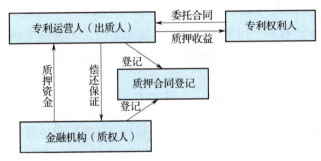

图 5-2　专利的质押运营关系

我国早在 1996 年就开展了以专利质押为核心的知识产权质押运营。1996 年 9 月，中华人民共和国专利局（现国家知识产权局）颁布了《专利权质押合同登记管理暂行办法》[注]，对专利质押合同的内容、专利质押文件、专利质押审核程序等方面进行了规定。

2002 年，针对绝大多数科技型中小企业没有有形资产做抵押担保无法得到银行贷款的情况，北京市科学技术委员会指示北京市科技金融促进会组织调研并委托促进会成员单位北京市经纬律师事务所开展课题研究，研发新的贷款模式。北京市经纬律师事务所与相关单位率先研发推出了专利质押贷款模式，并于 2003 年至 2005 年在大连市和青岛市进行试点。

从 2006 年开始，北京市经纬律师事务所联合交通银行和北京银行等机构，在北京正式推出了以专利和商标等无形资产做质押的知识产权质押贷款业务，为科技型中小企业申请银行贷款打开了大门。随后，国内不少城市都开始进行中小企业知识产权质押贷款试点，较为典型的有上海浦东新区在 2006 年启动的知识产权质押融资试点工作和武汉基

[注]　国家知识产权局颁布的《专利权质押登记办法》自 2010 年 10 月 1 日起施行。1996 年的《专利权质押合同登记管理暂行办法》同时废止。——编者注

于北京、上海浦东模式开展的知识产权质押工作，形成了以北京、上海、武汉三种模式为代表的知识产权质押融资运作模式。

北京模式是"银行+企业专利权/商标专用权质押"的直接质押融资模式；上海模式是"银行+政府基金担保+专利权反担保"的间接质押模式；武汉模式则是在借鉴北京和上海两种模式的基础上推出的"银行+科技担保公司+专利权反担保"的混合模式。

为进一步推广和深化全国知识产权质押工作，国家知识产权局于2009年共推出了两批国家知识产权质押融资试点单位：1月启动了北京海淀区、吉林长春市、广东佛山市南海区和宁夏回族自治区等第一批知识产权质押融资试点单位；9月又启动了四川成都市、广东广州市、湖北宜昌市和浙江温州市等第二批知识产权质押融资试点单位。这些试点单位将主要面向中小企业承担通过运用知识产权质押贴息、扶持中介服务等手段，降低企业运用知识产权融资的成本，在专业中介服务机构和银行之间搭建知识产权融资服务平台等重要任务。

2010年，全国共有72个城市成为知识产权质押融资试点示范城市。2019年，中国银保监会[⊖]、国家知识产权局、国家版权局联合发布了《关于进一步加强知识产权质押融资工作的通知》。2020年，知识产权质押融资成为国家经济建设重要指标。

二、专利资产融资新模式——证券化

专利资产的投融资运营受到了多种要素的制约，在实践中体现为变现困难、价值评估困难、权利风险高、交易市场不完善等四种困境，如图5-3所示。

图5-3　专利资产投融资运营困境

在这些问题的影响下，虽然专利质押融资日渐成为国家大力推行的融资渠道，国家也通过在北京、上海、广州等地建立产权交易中心、出台政策扶持评估机构、因地制宜地制定评估准则和评估标准缓解了部分问题，但总体上市场还是难以满足大多数科技型中小企业的融资需求。

[⊖] 2023年3月，中共中央、国务院印发了《党和国家机构改革方案》，在中国银保监会的基础上组建国家金融监督管理总局，不再保留中国银保监会。——编者注

随着市场中专利数量的快速增加，为了让专利资产与金融工具相结合、解决专利资产在质押融资中存在的"变现困难、价值评估困难、权利风险高、交易市场不完善"等问题，专利资产证券化应运而生。

首先，专利资产证券化产品是在证券交易所和银行间市场进行交易的，而这两类金融市场是比较完善的交易市场，有严格的运作流程和监管制度。其次，专利资产证券化产品把金融机构的各种风险通过证券化转移到众多的投资者之中，使金融机构有较强的意愿帮助专利权人进行融资。再次，金融机构在发行专利资产证券化产品时，会聘请专业的评估专家有针对性地运用各种方法（而不是简单套用成本法、市场法、收益法）对各类专利资产进行评估，部分地解决了评估难问题。最后，专利资产证券化产品一般都是用专利组合的方式组建抵押池，通过 SPV 发售债券，使变现困难的专利资产与变现容易的专利资产混合在一起，从根本上解决了变现困难的问题。

专利资产证券化产品的出现，可以帮助科技企业进行融资，增加专业投资者的投资渠道，同时为专利资产证券化各金融参与主体提供了新的利润增长点。

专利资产证券化是资产证券化在专利领域的延伸，是一种金融创新。它源于人们对专利价值认识的进一步深入和融资需求的进一步增加。专利资产证券化的实质是利用资产证券化原理，处置专利资产未来一定期限内的预期收入，使之立即变现从而取得大量现金收入。其目的在于最大限度地开发专利，充分利用其担保价值。

世界上第一个专利资产证券化案例是"Zerit 专利资产证券化案例"。2000 年 7 月，美国 Royalty Pharma 公司以耶鲁大学用于治疗艾滋病的药物 Zerit 专利的许可收益作为基础资产，发行了全球第一只专利资产证券化产品。虽然该产品最后以失败告终，但这次发行专利资产证券化产品的实践受到了学界的广泛关注。2003 年 9 月，Royalty Pharma 公司在吸取上一产品的经验教训后，再次以 13 项不同的专利许可收益为基础资产池，发行了第二只专利资产证券化产品，此产品的发行大获成功，为其带来了巨额收益。

2003 年 11 月，日本的 Japan Digital Contents 株式会社也在政府的支持下，以 Scalar 公司在光学领域的四项专利的未来收益为基础资产，发行了日本第一只专利资产证券化产品，募集资金规模达到 20 亿日元。该案例是亚洲的第一个专利资产证券化案例。

2009 年 7 月，Morgan Stanley 公司作为 SPV，帮助 Vertex 制药公司以其药物专利许可使用费为基础资产，发行了美国的第三只专利资产证券化产品，募集了 2.5 亿美元的融资资金。

2013 年 5 月，美国芝加哥知识产权金融交易所上市的专利许可使用权证券化 IPXI 运营平台，以专利许可使用权份额为标的进行了专利资产证券化模式的新尝试，也标志着专利资产证券化产品进入规范的交易市场。

从 Royalty Pharma 公司与耶鲁大学首次进行专利资产证券化合作开始，专利资产证券化的发展速度令人震惊。美国、日本、欧盟国家以及其他相当多的国家都出现了专利资产证券化案例，且以成功案例居多。

经过 20 多年来的发展，发达的专利资产证券化市场规模迅速扩张。在美国的资产证券化市场中，专利资产证券化产品所占比例目前已经超过了五分之一。此外，有关专利资产证券化的理论研究也取得了重大的进展，出现了大批理论成果。更为重要的是，专利资产证券化不仅是知识产权证券化的主要领域，更是证券市场发展的新增长点。

我国的知识产权证券化实践，源起 2015 年中共中央和国务院颁布的《关于深化体制机制改革加快实施创新驱动发展战略的若干意见》，该意见明确提出"推动修订相关法律法规，探索开展知识产权证券化业务"，强化资本市场对技术创新的支持。随后，中共中央、国务院陆续发布多项文件，多次强调推动修订相关法律法规，完善知识产权信用担保机制，探索开展知识产权证券化业务。2020 年，国务院在《关于做好自由贸易试验区第六批改革试点经验复制推广工作的通知》中提出，"依托上海、深圳证券交易所构建知识产权证券化交易体系。根据知识产权数量、公司资产规模、利润水平、行业领先度等因素选取标的企业。对基础资产现金流的质量、稳定性、权属状况严格把关，试行将知识产权相关债权资产实现真实出售"。同年 9 月，国务院在《关于印发北京、湖南、安徽自由贸易试验区总体方案及浙江自由贸易试验区扩展区域方案的通知》中提出，"探索有条件的科技创新企业规范开展知识产权证券化试点。完善知识产权评估机制、质押融资风险分担机制及方便快捷的质物处置机制，完善知识产权交易体系"。2021 年，国务院在《关于推进自由贸易试验区贸易投资便利化改革创新若干措施的通知》中提出，"开展知识产权证券化试点，以产业链条或产业集群高价值专利组合为基础，构建底层知识产权资产，在知识产权已确权并能产生稳定现金流的前提下，在符合条件的自贸试验区规范探索知识产权证券化模式"。

2018 年 12 月，在党中央国务院的一系列政策支持下，我国第一只知识产权证券化产品"第一创业－文科租赁一期资产支持专项计划"在深圳证券交易所成功获批。该产品以北京市文化科技融资租赁股份有限公司为原始权益人，底层资产租赁标的物全部为专利权、著作权等知识产权，涉及发明专利、实用新型专利、著作权等知识产权共计 51 项，覆盖艺术表演、影视制作发行、信息技术、数字出版等文化创意领域的多个细分行业，基础资产是以这些知识产权未来经营现金流为偿债基础形成的应收债权，发行规模为 4.7 亿元。

2019 年 9 月，我国首只纯粹的专利资产证券化产品"兴业圆融－广州开发区专利许可资产支持计划"在深圳证券交易所上市。该产品以华银医学等 11 家科技型中小企业的 140 件专利（103 件发明专利、37 件实用新型专利）的许可使用费作为基础资产池，发行规模为 3.01 亿元，优先级利率为 4%，债项评级为 AAA。

截至 2022 年 6 月底，我国在沪深交易所已累计发行 66 只知识产权证券化产品，共募集资金 185 亿元。在 2018 年、2019 年、2020 年、2021 年和 2022 年上半年，发行数量分别为 1、4、10、37、14 只，发行规模分别为 4.70、16.85、29.50、87.06、46.89 亿元。

我国专利资产证券化实践，从 Royalty Pharma 公司的成败中得到了启示，专注于未来具有较好发展前景的先进产业与高新科技领域，构建更为分散的资产池，并进行更为审慎的价值评估。近年来，我国专利资产证券化市场发展迅速，在规模不断增长的同时，产品与底层资产类型更加丰富，信用增级方式更加有效。专利资产证券化产品也实现了从无到有的飞跃，吸引了越来越多的关注，有望在未来成为一种新型的、被大多数人认可的融资方式。

三、国内外专利资产证券化产品对比

我国的专利资产证券化发展过程，借鉴了美国较为成熟的市场发展经验，并结合我国的具体情况做出了适应国情的相应改动和创新，故中美专利资产证券化的各参与方和主要交易结构存在一定相似之处的同时，也存在一部分国家特色。

从 SPV 形式来说，美国专利资产证券化中的 SPV 可以是公司、信托、有限合伙企业等，其中公司模式更为常见。在此模式中，公司董事会中必须有至少一名成员代表或维护产品投资者的利益，并且在 SPV 是否进入破产程序的决议中拥有一票否决权；SPV 通常被禁止参与其余一切与专利资产证券化无关的活动。

而在我国，除信贷资产证券化中的 SPV 为信托机构外，其余资产证券化中的 SPV 形式，均被监管规则规定为资产支持专项计划，这是由于我国对于资产支持专项计划投资者数量的要求较低，便于资产证券化工作的开展，并且在专利资产证券化中，专利权本身与专利衍生权利相分离，利用资产支持专项计划持有专利衍生权利更有利于专利权所有人利用专利获取收益。但是与前文所述一致，此 SPV 形式在法律主体地位上有所缺陷，在风险隔离过程中存在风险，故出现了极具中国特色的双 SPV 结构。

由于 SPV 在专利资产证券化流程中是不可或缺的一部分，就目前国内知识产权资产证券化产品来看，均由资产支持专项计划充当 SPV。但资产支持专项计划并非法律主体，通常被认定为民事法律关系，不具备法律主体地位，在实现"真实销售"与风险隔离方面仍存在较大风险。

从立法模式来说，国外主要分为以美国为代表的分散立法模式和以日本为代表的集中立法模式。美国关于专利资产证券化的法律散布于商法、会计准则、税务制度中，从不同视角与层次规范专利资产证券化的运行，同时由于发展时间较长，各州都已有大量判例以供参考。日本则修订了《特殊目的公司法》《资产证券化法》《证券化法》等针对性较强的法律法规，对于整个专利资产证券化操作结构与流程均做出了详细的规定，便于对专利证券化进行全方位的监管。

两种立法模式各有利弊。分散立法模式形式灵活，同时具备多元化的法律背景，但缺乏统一标准，各州之间、州与联邦之间协调成本较高，各方对于法律的理解容易出现分歧；集中立法模式能构建出稳定的法律环境，却在一定程度上限制了资产证券化事业的快速发展。

由于发展时间尚短，我国尚未制定专门应用于专利资产证券化产品的法律，模式上与美国的分散立法模式相似，但却因发展时间较短、缺少相关判例来明确法律的判定标准，法官在有关案件中拥有较大的自由。适用的法律法规较为分散且不健全，不仅制约专利资产证券化的进一步发展，阻碍了投资热情，也滋生了一定的监管风险。无论是向哪种立法模式靠拢，未来我国相关法律的进一步完善需要更贴近国情的顶层设计。

此外，国内现有的专利资产证券化产品底层资产较为单一，均为专利许可收益权或专利质押贷款债权。原因在于专利本身价值难以评估，不能产生稳定且能够预期的现金流，这便限制了大量具备潜在价值但未对外授权的专利获得融资，也限制了专利资产证券化的发展。

另外，在投资者层面，专利资产证券化产品虽均向专业机构投资者发售，但由于产品在国内发展历程较短、设计过程较为复杂，即便是金融机构对于产品的认知仍然处于初步阶段，投资意愿与对产品风险收益的衡量能力较为不足。专利资产证券化产品想要进一步开拓市场，仍有很长一段路要走。

第二节 专利资产证券化产品类型

专利资产证券化是资产证券化在专利领域的延伸，也是一种金融创新，其目的在于最大限度地开发专利。

专利资产证券化是指发起人将缺乏流动性但能够产生可预期现金流的一项或多项专利资产或者其衍生债权，作为证券化的基础资产打包转移给特殊目的载体（SPV），由该机构对专利未来产生的现金流进行重组、信用评级和信用增级等一系列结构安排，进而在市场上发行以这些专利资产所产生的现金流为偿付支持的可流通的债券进行融资的过程。

专利基础资产的类型较为有限，主要包括专利转让费、专利许可使用费、专利质押贷款和专利信托。因此，专利资产证券化产品的类型主要有三类：专利权资产证券化产品、专利许可使用收益证券化产品、专利相关债权证券化产品。

一、专利权资产证券化产品

专利权资产证券化产品的融资方式与利用专利质押向银行申请贷款的融资方式类似，其证券化基础资产是专利权本身，以专利权未来的"或有现金流"作为资产证券化产品偿付本息的来源。"或有现金流"完全来源于专利所依托商品的经营收益或者未来对外的授权收益，存在较大的不确定性，故此过程通常需要第三方担保以及专利质押。专利权资产证券化要求组成资产池的专利领域需充分分散，以降低风险。通过对具有不同期限与收益的专利进行搭配，组合出具有不同特征的专利权资产证券化产品。

但对专利权进行资产证券化的最大阻碍是对专利权"或有债权"的评估。由于专利权本身具有价值不确定、非均衡和难以计算的特点，加上专利未来收益易受经营主体经营能力、法律制度、宏观经济等因素影响，对于专利权资产证券化产品未来现金流偿付能力的评估较为困难。就资产证券化产业较为成熟的国家看，通常也是以专利权衍生出的其他权利作为融资的基础。

目前为止，我国还没有发行专利权资产证券化产品，主要是因为现有的专利资产价值评估模型还不能完全评估出大多数专利资产的内在价值。第四章提出的两个评估方法——基于欧氏空间距离的专利资产价值评估模型和基于布林带与 VaR 的专利资产价值评估模型，应该是有效的解决方案。由于市场上还没有专利权资产证券化产品，因此，不对这类产品进行分析。

二、专利许可使用收益证券化产品

相对于专利权本身，专利许可使用收益以其独立性、合规性、较为稳定且可预期的现金流为特点。作为专利资产证券化的基础资产，专利许可使用收益更具备资产证券化产品的一般特征。同时，专利许可使用收益证券化产品的偿付依托于专利客户的信用而不是专利所有权人的信用，解开了专利所有权人信用对其融资的束缚，这也是与专利权资产证券化产品的不同之处。

专利许可使用是专利价值实现的重要方式，帮助受技术、资金等内外因素制约的专利权人完成专利的实施。专利许可使用收益权是具备基础法律关系的"将来债权"，专利许可使用费是其重要内容。专利许可使用权具备可转让性，以专利许可使用收益作为基础资产，以其未来产生的专利许可使用费保障资产证券化产品的偿付，同时专利权与专利许可使用权的分离，不会改变专利本身与专利权人以及其他依存资产的关系，避免了对专利的正常运营产生影响，引入一定的信用增级手段，能设计出优质的专利资产证券化产品。

我国已经发行的许多专利资产证券化产品的底层资产都是专利许可使用收益权，如"兴业圆融－佛山耀达专利许可1~5期资产支持专项计划""中信证券－广州开发区新一代信息技术专利许可资产专项计划""兴业圆融－广州开发区专利许可资产支持专项计划"等。

目前，专利许可使用收益证券化产品是我国专利资产证券化产品的发行主流，发行规模占到市场的三分之二左右。

三、专利相关债权证券化产品

将与专利相关的债权作为底层资产，能够设计出多种本质相同、形式不同的资产证券化产品，比如专利质押贷款债权资产证券化产品、专利信托债权资产证券化产品、专利诉讼赔偿金资产证券化产品等。

专利质押贷款债权资产证券化产品与小额贷款资产证券化产品相似，是以专利质押贷款债权为基础资产，以债权未来现金流来保证资产证券化产品的偿付。发放贷款的前提通常为专利质押以及第三方担保，故未来现金流入情况能够得到一定保障。

专利质押贷款债权资产证券化产品以专利质押贷款债权构建基础资产池，其发行规模约占我国专利资产证券化产品市场的三分之一。市场已有的一些产品，如"平安证券–高新投知识产权资产支持专项计划""南山区–中山证券–高新投知识产权资产支持专项计划"等，均是专利质押贷款债权资产证券化产品。

在专利信托债权资产证券化中，信托公司基于自身在专业性、管理能力等方面的优势，能够深度发掘受托专利的技术特性和潜在价值，发行专利收益期权或吸引风险投资等，并以此产生的未来现金流来保证资产证券化产品的未来偿付，但此类产品在目前市场中较为少见。

此外还有与上述资产证券化产品有所区别的专利诉讼赔偿金资产证券化产品。随着我国对知识产权保护的日益重视与相应法律法规的日渐增加，有关于专利的诉讼迅速增多，甚至出现了一批专门从事专利诉讼的公司，它们运用各种方式成为专利的所有人或持有人，但自身并不进行专利实施，而是通过对使用该专利或技术的主体发起诉讼从而获取诉讼赔偿金或许可使用收益。以此赔偿金债权或许可使用费为基础资产构建的证券化产品就是专利诉讼赔偿金资产证券化产品。

第三节 专利资产证券化产品设计流程

专利资产证券化是联结专利主体创新和资本市场的纽带。其中，组建充分分散且有稳定收益的资产池是发行专利资产证券化产品的先决条件；对专利价值的评估以及对其未来现金流的计算是专利资产证券化的必要前提和核心步骤；构建 SPV 体系、并对发售的产品进行信用评级与增级是证券化产品的共同特征。设计出遵循合理运作流程、能够规避法律风险、在市场中有销售前景的专利资产证券化产品，对于实现知识产权强国的目标和创新驱动发展战略的落实具有重要意义。

首先，在传统融资方式中创新专利资产证券化产品，能有效增加融资方式，改善直接与间接融资比重，构建多元化资本市场。在企业拥有大量专利知识产权的情况下，对资金融通的需求与快速发展的资本市场探索专利资产证券化业务的需求相结合，能够改善企业融资困难的现状，更均衡地发展资本市场。

其次，更多的专利资产证券化产品面世，有利于提高专利权主体创新的积极性，充分发掘专利的潜在经济价值，促进专利成果转化。我国存在大量专利闲置和有效专利实施率低下的情况，专利资产证券化产品鼓励创新主体对旗下专利进行对外许可、转让，充分发挥出专利潜在的经济效益,不仅能够促进专利成果转化,而且能够调动创新主体进一步创新的积极性。

最后,专利资产证券化产品不仅具备同类产品的共有属性,也因底层资产为无形资产,具备较为少见的其他特征,其研究可以为其他无形资产的证券化研究提供经验。

一、专利资产证券化产品设计思路

专利资产证券化运作流程具备资产证券化的一般特征:首先,选择合适的专利资产构建资产池;其次,设立特殊目的载体(SPV),将基础资产转移到 SPV,完成"真实销售"与破产隔离;再次,对将要发行的证券化产品进行定价与信用评级、增级;最后,将评级完毕的产品向目标投资者发行,并聘请相关机构对产品的偿付进行管理、监督。

在选取专利资产构建资产池时,需遵循权属清晰、权利有效、专利期限与类型充分分散、现金流量稳定、专利所有权人正常经营的原则。故在产品设计中选取的专利除保证自身质量外,期限、行业、专利所有人均需具备一定分散度。

在进行 SPV 构建时,应以实现破产隔离为出发点,遵循当前我国相关法律法规,合法实现"真实出售"。同时,要充分考虑风险隔离、成本节约等问题。

在对产品进行信用增级时,应避免对产品原始内部结构产生影响,充分利用各种信用增级手段,使投资者不会因风险隔离失去对产品发行人的无限追索权后无法获得充分的偿付,降低风险;同时使产品获得更高的信用评级以开辟更广阔的市场。

在其余涉及产品资金流动的环节应遵循相关规定,充分借鉴其他产品经验,设置相应经手人并披露有关信息;对于产品现金流的估算应充分考虑各类风险情形,避免过于保守或过于偏激,以避免出现不可控的损失。

在产品的各项参数设置以及风险揭示方面,应统筹考虑专利所有者融资成本、产品投资者收益以及中间机构利益,让产品的投资收益以及风险水平维持在一个合理的区间。

如何挑选合适的基础资产来保证产品偿付、平衡企业融资成本和投资者收益,是产品设计方案中最需要着重考虑的部分。

二、专利资产证券化产品设计步骤

综合考虑有关发行地点的选择、底层资产池的构建、SPV 的构建、产品的信用增级、产品的现金流测算以及产品参数设置的设计原则后,专利资产证券化产品的设计可以通过六个步骤完成,如图 5-4 所示。

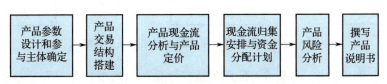

图 5-4 专利资产证券化产品设计步骤

1）产品参数设计和参与主体确定。设计专利资产证券化产品的基本参数并确定产品的参与主体，包括底层资产池的构建，产品名称、产品期限、收益率、募资规模、中间费用、目标发行对象以及各参与主体的确定。

2）产品交易结构搭建。搭建专利资产证券化产品的交易结构，包括 SPV 的构建，信用评级、信用增级设计等。

3）产品现金流分析与产品定价。全面获取相应底层资产数据后，提前模拟各种损失情况并测算产品现金流入与本息偿付覆盖率，考虑预期收益率的变动情况，对产品进行定价分析。

4）现金流归集安排与资金分配计划。安排产品的现金流归集及资金分配的具体计划，包括各中间机构资金账户设置、资金归集流程、资金分配过程、资金使用安排等。

5）产品风险分析。开展专利资产证券化产品的风险分析。

6）撰写产品说明书。向投资者提供产品风险揭示说明以及其余相关需告知投资者的重大事项提示。

三、专利资产证券化产品交易结构

专利资产证券化产品的交易结构与一般资产证券化产品的交易结构有共通之处，需要确定产品各相关方、构建基础资产池、进行信用评级和信用增级，各产品之间不同之处主要在于专利资产证券化项目的发起人、融资成本、现金流覆盖倍数以及产品收益率。

目前，我国专利资产证券化产品主要是专利许可使用收益证券化产品和专利质押贷款债权资产证券化产品，它们的交易结构如图 5-5 和图 5-6 所示。

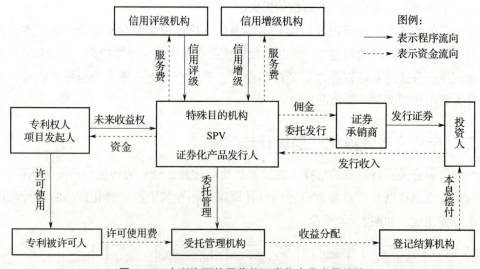

图 5-5 专利许可使用收益证券化产品交易结构

从图 5-5 可以看出，专利许可使用收益证券化产品的项目发起人是专利权人。通过《未来收益转让协议》，专利权人将许可使用的未来收益权转让给 SPV。SPV 将这些未来收益资产通过信用评级机构进行评级后，设计出若干个优先级债券和次级债券，并通过信用增级机构（担保方）的《差补/担保协议》和差额补足或现金流担保等流动性支持方式对证券化产品进行信用增级。然后，SPV一方面通过证券承销商将证券化产品（优先级债券和次级债券）出售给投资者，获得所有的发行收入，并在支付信用评级机构和信用增级机构的服务费后，按照《未来收益转让协议》的规定将这些收入的大部分资金转给专利权人；另一方面通过《托管协议》将证券化产品委托给商业银行等受托管理机构进行后续的资金管理。

从图5-5还可以看出，专利许可使用收益证券化后，专利被许可人将许可使用费转给受托管理机构而不是专利权人，受托管理机构根据《托管协议》扣除托管服务费后，通过登记结算机构完成对投资者的本息偿付。

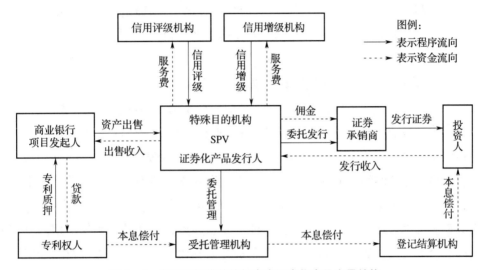

图5-6 专利质押贷款债权资产证券化产品交易结构

从图5-6可以看出，专利质押贷款债权资产证券化产品的项目发起人是向专利权人发放贷款的商业银行。商业银行通过《基础资产买卖协议》，将专利质押贷款的未来收益出售给SPV。SPV将这些未来收益资产通过信用评级机构进行评级后，设计出若干个优先级债券和次级债券，并通过信用增级机构（担保方）的《差补/担保协议》和差额补足或现金流担保等流动性支持方式对证券化产品进行信用增级。然后，SPV一方面通过证券承销商将证券化产品（优先级债券和次级债券）出售给投资者，获得所有的发行收入，并在支付信用评级机构和信用增级机构的服务费后，按照《基础资产买卖协议》的规定将这些收入的大部分资金转给商业银行；另一方面通过《托管协议》将证券化产品委托给其他商业银行等受托管理机构进行后续的资金管理。

从图5-6还可以看出，专利质押贷款债权资产证券化后，专利权人将贷款的本息偿付给受托管理机构而不是发放贷款的商业银行，受托管理机构根据《托管协议》扣除托管服务费后，通过登记结算机构完成对投资者的本息偿付。

第四节　专利资产证券化中存在的风险

专利资产证券化运作流程存在大量需要我们在产品设计中规避的风险。

一、资产池构建过程中存在的风险

基础资产池的构建是专利资产证券化的基础，也是专利资产证券化产品成功发行的前提条件，谨慎地规避资产池组建过程中的风险是产品设计所必需的。

第一，专利作为无形资产，其未来收益的不确定性、不稳定性、非均衡性、难以计算性等特性为其价值评估以及未来现金流的评估带来了很大困难，目前尚未出现公认的科学完善的评估体系，而依靠第三方机构的评估容易出现串通、隐瞒等情况。因此，专利资产证券化最突出的风险便是底层资产池的评估风险。

第二，专利基础资产本身，容易出现专利归属权不清、涉诉、被宣告无效、被撤销、被侵权等风险。目前，我国法律在专利归属权方面仍存在部分空白，如个人与单位之间、同时申请的个体之间的专利归属权尚不明晰，一旦归属权发生变更导致资产池的变动，容易出现资金与违约纠纷；同时，若已被授权且进入资产池的专利在之后违反了相关法律规定，容易出现被重新审核甚至被宣告无效、撤销的风险，同样会导致资产池的变动；近年有关专利的诉讼逐渐增多，一旦资产池中专利涉诉，短暂的专利保护期内将带来较高的时间、金钱、舆论成本，影响整个专利资产证券化的运转；在被侵权的情况下，专利未来收益将受到影响，且可能带来诉讼，更有甚者，违背证券化初心，故意纵容侵权行为，以获取诉讼赔偿金，对于整个专利资产证券化流程相当不利。

第三，在资产池的组建过程中，专利的持有者为了加强合作、提高资产证券化收益，会允许资产池中的专利交叉授权或者一致对外授权，从而形成愈发完美的资产池，吸引更多专利加入。长期以来这都被认为是合理的做法，但在资产池不断扩张、完善的同时，其所引起的垄断风险不容忽视。构建充分分散的资产池，不仅能够规避偿付风险，同样能够避免垄断风险。

二、SPV 构建中存在的风险

设立 SPV 是资产证券化过程中必不可少的步骤。SPV 的设立是为了使得基础资产的转移过程符合《民法典》规定、基于交易双方的真实意愿、定价合理且权利与风险同时转移，这种情况下资产转移过程将被认定为"真实销售"，从而实现基础资产与原始权益人的风险隔离。

为实现以上目标，SPV 必须具备独立性、工具性、风险隔离性等特征，成为能够独立承担法律责任的主体，将基础资产从发起人的表中剥离出来，确保其不会因发起人的破产或清算受到影响从而保障投资者的合法权益不受损害。

在现实中，我国法律并没有明确规定专利资产证券化中 SPV 的组织形式，也未给予其独立的法人身份，SPV 一般只能以"资产支持专项计划"的形式存在，其日常运行依赖于计划管理人的控制，实际上已成为专利资产证券化流程中被架空的概念形式，面临计划管理人的破产风险与资金挪用、混同风险。

虽然我国法律明确了对"真实销售"的审查原则，但仍缺少具体的审查标准。一旦原始权益人破产，法院也认为基础资产转移过程不符合"真实销售"，那么投资人可能会被认定为担保贷款人，将面临重大损失。

三、信用评级与增级过程中存在的风险

资产证券化产品发行前后都存在着大量的信息不对称，而投资者正处于信息取得与分析弱势的一方，对于产品的信用评级是辅助投资者认识产品风险的重要指标。但是在专利资产证券化产品的评级过程中，信用评级机构由于自身的逐利性，往往难以给出完全中立的评价，且由于专利相关资产价值的难以评估性与波动性，对于产品的评级易随预期收益与资产情况的变化而变动甚至撤销，增加了评级风险。

从法律上看，我国对于资产证券化产品信用评级的监管尚未形成完善的制度体系，相关法律条文散布于各种通知、办法中，而且监管权也分散在不同监管机构之中，如此分业监管的方式并不适合于当前监管现状，不仅增加了信用评级过程的成本与风险，也使得对信用评级的监管效率下降、监管成本上升，给予了评级机构很多寻找法律漏洞的机会。

对于信用评级未能达到预期标准的产品，发行方通常会对产品进行信用增级。在实践中，我国信用增级的方式较为单一，内部信用增级方式（如优先级/次优先级设计、直接追索权、差额补足承诺等）容易将风险聚集于发起人，外部信用增级方式（如抵押、担保等）对于银行的依赖程度较高，且受经济走势、政策调控等因素影响较大，存在一定的不确定性。

四、产品发行与发行后存在的风险

专利资产证券化产品在向投资者发行后，面临的最大风险为产品本息的偿付风险。债务人的信用情况、资金的管理使用情况、道德因素、宏观利率走势等都会影响产品现金流。

就底层资产债务人来说，如果其经营活动产生波动或受外部条件影响导致提前偿还或延期偿还都会影响预期现金流的情况，因此，产品设计应尽量考虑多方面因素的影响，

对现金流入预测做出保守估计。

为节约成本，国内资产证券化产品一般由原始权益人兼任资产服务机构进行资金的管理与分配，这样做不仅存在合规经营风险、专项支持计划资金与公司内部资金混同的风险、破产风险，甚至还存在利用信息不对称造成的虚构收入、隐瞒情况、不尽职履行义务、合谋造假等损害投资者利益的风险，此时产品设计就需要明晰的条款约定对各方行为加以约束，并构建完善的事后补偿与追责体系。

对于投资者来说，如果专利资产证券化产品使用固定利率给付方式，一旦宏观经济波动导致利率走高，产品的相对收益会存在一定波动风险，因此，需要提供相比同时期公司债、企业债等理财产品更高的收益率以保证投资者收益。

第五节 广州开发区专利资产 ABS 产品设计

在专利证券化产品的发行与设计方面，广州开发区的优势与生俱来。广州开发区是全国唯一经国务院批准的知识产权运用和保护综合改革"试验田"，截至 2021 年，区内共孵化两万多家科创型公司、两千多家高新科技公司，其中 63 家上市公司中共有 42 家高新科技上市公司。在良好的高新科创企业发展基础上，广州开发区发明专利授权量连续三年居国家级经济技术开发区第一，2021 年平均每万人拥有 176.9 件发明专利，为国内平均数量七倍之多。知识产权质押融资发展迅速，2021 年广州开发区知识产权质押融资项目 267 宗，融资金额达 54.41 亿元。

2019 年 2 月，中共中央、国务院印发的《粤港澳大湾区发展规划纲要》中明确提出"开展知识产权资产证券化"的任务要求。广州开发区抓住湾区建设的发展机遇，在全国率先开展知识产权资产证券化试点。2019 年 9 月 11 日，广州开发区推出了全国首只纯专利资产证券化产品"兴业圆融 – 广州开发区专利许可资产支持专项计划"，并于 2022 年 8 月 8 日完成全部本息兑付。截至 2022 年，广州开发区已累计在深圳证券交易所发行 4 只知识产权许可使用收益资产证券化产品，共为 47 家企业融资 10.25 亿元，广州开发区知识产权 ABS 产品发行情况见表 5 – 1。

表 5 – 1 广州开发区知识产权 ABS 产品发行情况

产品名称	发行时间	发行金额
兴业圆融 – 广州开发区专利许可资产支持专项计划	2019 年 9 月	3.01 亿元
中信证券 – 广州开发区新一代信息技术专利许可资产支持专项计划	2020 年 8 月	2.32 亿元
粤开 – 广州开发区金控 – 生物医药专利许可 1 ~ 5 期资产支持专项计划	2020 年 8 月	2.02 亿元
长城嘉信 – 国君 – 广州开发区科学城知识产权商标许可资产支持专项计划	2021 年 10 月	2.89 亿元

近年来，广州开发区持续加强知识产权金融体系建设，打造出贯穿企业发展的"投资基金—质押融资—证券化—上市辅导—海外保险"知识产权金融服务链，为我国知识产权证券化探索提供了可借鉴、可复制、可推广的经验。

一、专利资产 ABS 产品的标的选择

广州开发区内各企业参与专利证券化积极性较高，已连续发行多只关注不同行业的专利资产证券化产品，流程规范，经验丰富，属于知识产权资产证券化高地，具备进一步推出相关产品的成熟条件。

受国际经济形势的影响，国内经济仍承受较大压力，部分企业难以获取资金。拥有大量专利的广州开发区企业也同样存在较大的融资需求，且市面上的专利资产证券化产品单一，融资规模较小，未能很好地展现其服务企业的功能，帮助拥有专利技术的企业更好地发展。

综合考虑区域政治、经济、文化及其余条件，我们选择广州开发区内规模适当、内部治理有序、财务情况较好、在行业内具备一定地位的 24 家高新科技企业，以他们拥有的 223 件兼具创新性与实用性、技术发展成熟且可替代程度较低的专利为基础，设计开发一只专利许可使用收益 ABS 产品。

由于专利许可使用收益 ABS 产品的底层资产来源于不同的企业，因此构建 SPV 时需要采用双 SPV 结构。广州开发区内 24 家高新科技企业把他们的 223 件专利的许可使用收费权转让给同一家公司，该公司就是 SPV1，也是 ABS 产品的原始权益人。该公司再将这 223 件专利的许可使用收费权打包给 ABS 产品的专项计划管理人，即 SPV2。专项计划管理人以上市募集的投资资金购买原始权益人汇集的专利许可使用收益权，并以此收益偿还投资本息。专项计划管理人与原始权益人共同构成了专利许可使用收益 ABS 产品的双 SPV 结构。

二、产品参数设计与参与主体确定

根据图 5-5 中的专利资产证券化产品设计步骤，在确定专利资产 ABS 产品的标的之后，首先要设计专利资产 ABS 产品的基本参数，包括产品名称、产品各关键参与主体、底层资产池、产品期限、收益率、募资规模、中间费用以及目标发行对象。

由于广州开发区专利资产 ABS 产品的标的资产是 223 件专利的许可使用收益，采用双 SPV 结构，因此，可以将本产品的基本参数设计为表 5-2 所示的内容。

表 5-2　广州开发区专利资产 ABS 产品基本参数

产品名称	C-B 广州开发区专利许可资产支持专项计划
基础资产及其类型	24 家高新科技企业的 223 件专利许可使用收益资产
ABS 产品分级	优先级、次级

(续)

产品期限与收益	优先级产品期限为 30 个月，到期日为 2025 年 2 月，预期收益率为 4.00%，利息按季偿付，本金偿还方式为过手摊还 次级产品期限为 36 个月，到期日为 2025 年 8 月，不进行信用评级，无预期收益率
发行规模	5 亿元，其中，优先级 4.75 亿元，次级 0.25 亿元
ABS 产品面值	所有产品的面值与发行价格均为 100 元
ABS 产品发行数量	5 000 000 份。其中，优先级 4 750 000 份，次级 250 000 份
ABS 产品挂牌场所	深圳证券交易所
发行方式	私募发行

从表 5-2 可以看出，要开发设计的专利资产证券化产品是 C-B 广州开发区专利许可资产支持专项计划，简称 C-B 专利 ABS 产品。

产品名称中，B 为广州开发区某国有投资控股有限公司，C 为某证券股份有限公司。截至 2021 年 12 月 31 日，B 投资控股有限公司无境外投资，内部治理结构完善，在行业内具有背景、风控、服务、差异竞争等优势；公司业务收入稳定，收款账龄较短，未出现展期情况，客户行业分布广、违约风险低。C 证券股份有限公司专设有资产管理业务条线，在公司资产稳定增长的同时，负债数量同样逐渐提高，流动资产比率比较合适，资产负债率的波动较为稳定，各项现金流量指标、盈利指标均较为正常，保证了流动性、安全性。

C-B 专利 ABS 产品的参与主体包括提供专利资产的 24 家企业（即专利权人）、B 投资控股有限公司（即原始权益人，也是 SPV1）、C 证券股份有限公司（即专项计划管理人，也是 SPV2）、资金托管人、产品承销商等，全部参与主体见表 5-3。

表 5-3 C-B 专利 ABS 产品参与主体

ABS 项目职责	参与主体
专利权人	提供专利资产的 24 家高新科技企业
原始权益人（SPV1）	B 投资控股有限公司
专项计划管理人（SPV2）	C 证券股份有限公司
资产评估机构	D 资产评估公司
信用评级机构	E 信用评级公司
信用增级机构（担保人）	A 融资担保有限公司
托管机构	F 银行
承销商	C 证券股份有限公司
登记结算机构	中国证券登记结算有限责任公司
ABS 产品挂牌场所	深圳证券交易所
发行方式	私募发行

由表 5-3 可知，C-B 专利 ABS 产品的原始权益人不是专利权人，而是 B 投资控股有限公司。B 投资控股有限公司分别与提供 223 件专利资产的 24 家高新科技企业签订协议，将 223 件专利资产的许可使用收益权汇集起来，构建 ABS 产品的底层资产池。B 投资控股有限公司在这里充当 SPV1，一方面汇集底层资产现金流，另一方面将专利许可使用收益权的"未来债权"属性转换为"既有债权"属性，从而使得产品的发行符合相关法律规定。为了保证专利许可使用未来收益的及时支付，24 家高新科技企业与 A 融资担保有限公司和 B 投资控股有限公司共同签订协议，将 223 件专利质押给 A 融资担保有限公司。

由表 5-3 可知，C 证券股份有限公司作为专项计划管理人，在 C-B 专利 ABS 产品运行流程中充当 SPV2，以上市募集的投资资金购买 B 投资控股有限公司汇集的专利资产许可使用收益权，并以此收益偿还投资本息。C 证券股份有限公司与 B 投资控股有限公司一同构成了 C-B 专利 ABS 产品的双 SPV 结构。

B 投资控股有限公司委托 D 资产评估公司对 223 件专利资产的许可使用收益进行价值评估，并以此评估结果将它们出售给 C 证券股份有限公司。C 证券股份有限公司委托 E 信用评级公司对从 B 投资控股有限公司购买的基础资产进行信用评级。根据评级结果，C 证券股份有限公司一方面通过设计优先级债券和次级债券进行内部信用增级，另一方面通过与外部信用增级机构 A 融资担保有限公司签订《差补/担保协议》，采用差额补足等流动性支持方式对 C-B 专利 ABS 产品进行信用增级。其中，差额支付承诺人、流动性支持机构均为 A 融资担保有限公司，专项计划终止日后，223 件专利资产许可使用的未来收益不足以抵扣优先级债券还本付息所需资金时，A 融资担保有限公司将出资补足。

C 证券股份有限公司在完成 C-B 专利 ABS 产品的产品设计和信用增级后，一方面委托 E 信用评级公司对 C-B 专利 ABS 产品进行信用评级，并根据评级结果将 C-B 专利 ABS 产品出售给不同需求的投资者，将获得的所有发行收入扣除支付信用评级机构和信用增级机构的服务费后，按照《未来收益转让协议》的规定将这些收入转给 B 投资控股有限公司；另一方面通过《托管协议》将 C-B 专利 ABS 产品委托给 F 银行进行后续的资金管理，并委托中国证券登记结算有限责任公司办理 C-B 专利 ABS 产品的登记结算业务。

三、产品交易结构搭建

完成 C-B 专利 ABS 产品的参数设计后，根据图 5-5 中的专利资产证券化产品设计步骤，接下来应搭建 C-B 专利 ABS 产品的交易结构。

（一）双 SPV 结构的构建

传统资产证券化产品的交易结构中仅存在单一 SPV，通常由资产支持专项计划担当。

单一 SPV 结构的运作流程是原始权益人先将底层资产出售给 SPV，再由投资者认购 SPV 发行的底层资产支持证券，最后完成融资。

单一 SPV 结构的运作流程简单，附加中间成本较低。然而，SPV 作为资产支持专项计划管理人，本身并不具备法律主体地位，独立性较弱，无法完全切断与原始权益人的联系，在实现法律上的"真实销售"与破产隔离方面不仅需要面对高额税负，且存在较大风险。

使用双 SPV 结构可以在很大程度上缓解以上问题。专利权人首先将底层资产"真实出售"给原始权益人 SPV1，这样既不构成应税行为，又实现了专利权人与原始权益人之间的破产隔离。SPV1 再将底层资产转让给专项计划管理人 SPV2 形成 ABS 产品的基础资产，此行为将被认定为抵押融资，也不属于应税行为。通过这样的操作形成的双 SPV 结构虽然增加了中间机构的数量和一些交易成本，但既实现了合理避税，又完成了破产风险隔离。

另外，单个专利权人将自己的专利许可给其他企业使用时，产生的收益通常是比较有限的，将这些收益资产进行证券化存在一定的现实障碍，因为以此标的募集的资金额度太小。因此，专利权人需要与其他专利权人一起将他们各自的许可使用收益汇集起来构成基础资产来发行证券化产品，这就需要一个独立的机构作为这些资产的原始权益人，通过汇集这些来自不同的专利权人的专利许可使用收益资产，形成 ABS 产品的底层资产。这也需要双 SPV 结构，SPV1 是原始权益人，SPV2 是专项计划管理人。

基于以上考虑，C-B 专利 ABS 产品拟由 B 投资控股有限公司担任 SPV1，汇集 24 家高新科技企业的 223 件专利资产，向 24 家高新科技企业一次性支付未来的专利许可使用费获得专利再许可权，对 223 件专利的许可使用客户进行二次专利许可，以未来的专利许可使用费用为 C-B 专利 ABS 产品的基础资产，转让给资产支持专项计划。C 证券股份有限公司担任 SPV2，设立资产支持专项计划，接受 B 投资控股有限公司转让的基础资产，并以此为标的发行 ABS 产品进行上市募资。为保证专利使用客户就二次专利许可如期履行专利许可费支付义务，专利权人以相关专利作为质押财产向 A 融资担保有限公司进行质押担保。

根据以上分析，确定 C-B 专利 ABS 产品的双 SPV 结构如图 5-7 所示。

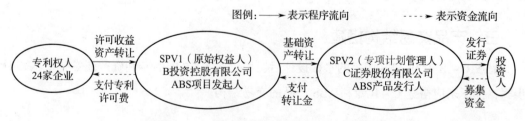

图 5-7　C-B 专利 ABS 产品的双 SPV 结构

（二）信用增级设计

由于 C–B 专利 ABS 产品是一款专利资产许可使用收益证券化产品，为了保证未来许可使用收益的稳定、充足与及时支付，需要同时采用外部信用增级与内部信用增级的方式对 C–B 专利 ABS 产品进行信用增级。

在外部信用增级中，A 融资担保有限公司担任 C–B 专利 ABS 产品的差额支付承诺人和流动性支持机构。在专利资产 ABS 项目存续期间，如果项目资金余额在扣除相关费用后不足以完全偿付本息，或是面临清算，A 融资担保有限公司必须承担补足义务，以现金方式支付给 ABS 产品的发行人 C 证券股份有限公司。

内部信用增级则采用证券分级、内部信用触发及超额现金流覆盖方式。

1）证券分级。设立优先级证券和次级证券，其中，次级证券无预期收益率设定，需在完成优先级证券的还本付息后再进行赎回。

2）内部信用触发。若出现权利不完善事件、违约事件或提前终止事件，B 投资控股有限公司将依照相关协议规定，协助 C 证券股份有限公司进行权利转移与变更、转移与分配相关资金。

3）超额现金流覆盖。为保证每期基础资产产生的收益都高于优先级证券的预期支付金额，在产品设计过程中须使得通过压力测试得出的各期覆盖倍数超过 110%，以此来充分保障优先级证券的兑付，争取以 AAA 级的信用评级上市交易。

（三）产品运作流程

完成双 SPV 结构的构建和信用增级设计后，就可以确定 C–B 专利 ABS 产品的具体运作流程和相应的资金流动过程。

首先，B 投资控股有限公司分别与广州开发区内的 24 家高新科技企业签订专利许可转让协议，向 24 家企业一次性支付 223 件专利的未来许可使用费，以此获得这些专利资产的再许可权。然后，B 投资控股有限公司根据 223 件专利当前的许可使用情况，与这些专利当前的许可使用客户签订新的许可使用协议，将这些专利的未来许可使用收益权汇集起来，将它们的"未来债权"属性转换为"既有债权"属性，构建 C–B 专利 ABS 产品的底层资产池。更进一步，B 投资控股有限公司还根据 223 件专利的技术属性，寻找新的专利许可使用客户并与他们签订许可使用协议，扩充专利资产的未来收益。同时，为了保证专利许可使用未来收益的及时支付，24 家高新科技企业与 A 融资担保有限公司和 B 投资控股有限公司共同签订协议，将 223 件专利质押给 A 融资担保有限公司，由 A 融资担保有限公司为 223 件专利的许可使用的未来收益提供担保。

其次，B 投资控股有限公司先对这些基础资产通过 D 资产评估公司进行价值评估，并在评估基础上将这些资产进行打包核算出它们的市场总价值。然后，B 投资控股有限公司与 C 证券股份有限公司签订资产转让协议，将 223 件专利的未来许可使用收益构成的基础资产按照评估价格转让给 C 证券股份有限公司。C 证券股份有限公司对这些基础资产通过 E 信用评级公司进行信用评级，一方面根据评级结果，设计出优先级债券的募集资金数量和次级债券的募集资金数量；另一方面，通过与 A 融资担保有限公司签订协议来保证优先级债券的还本付息。同时，根据基础资产的具体情况，C 证券股份有限公司还需确定优先级债券的存续时间、预期收益率、利率类型、付息方式、还本方式，并确定次级债券的存续时间。

根据 C-B 专利 ABS 产品基础资产的具体情况和对基础资产的信用评级结果，优先级债券期限确定为 30 个月，募集资金规模为 4.75 亿元，信用等级为 AA，预期收益率为 4.00%，预期到期日为 2025 年 2 月，利息按季偿付，本金偿还方式为过手摊还，即没有固定的偿还本金的安排，按现金流的分配顺序扣除相关费用后再分配给投资者；次级债券期限确定为 36 个月，预期到期日为 2025 年 8 月，募集资金规模为 0.25 亿元，不进行信用评级，无预期收益率。如果次级债券不能完成全部出售，将由 B 投资控股有限公司出资赎回。

优先级债券预期收益的计算公式为

$$R = \frac{UR \times r \times T}{365} \quad (5-1)$$

式中，R 为优先级债券的预期收益；UR 为优先级债券在兑息日尚未偿还的本金余额；r 为优先级债券的预期收益率；T 为以日为单位的证券持有时长。尚未偿还的本金余额以中国证券登记结算有限责任公司与深圳证券交易所系统的数据为准，利息偿付小数位数保留方式遵循中国证券登记结算有限责任公司与深圳证券交易所的相关规则。

最后，C 证券股份有限公司一方面通过私募发行方式将 C-B 专利 ABS 产品的优先级债券和次级债券出售给投资者募集目标资金，另一方面通过与 F 银行签约，将 C-B 专利 ABS 产品基础资产的未来收益、优先级债券的还本付息和次级债券到期赎回等资金管理业务委托给 F 银行。

综上，C-B 专利 ABS 产品的交易结构和运作流程如图 5-8 所示。

从图 5-8 可以看出，C-B 专利 ABS 产品的专项计划管理人——C 证券股份有限公司利用发行 C-B 专利 ABS 产品募集的发行资金，向原始权益人——B 投资控股有限公司支付 C-B 专利 ABS 产品基础资产的转让费用。B 投资控股有限公司利用 C-B 专利 ABS 产品基础资产的转让费用，向专利权人——24 家高新科技企业一次性拨付日后的专利许可使用费用，获得 223 件专利的二次许可权，并通过专利二次许可从专利使用客户处获取稳定、能够预期的现金流以完成产品的还本付息，使得 C-B 专利 ABS 产品投资者获取稳定的投资收益。获得专利二次许可的专利使用客户将许可使用费用支付给资金托管机构——F 银行，F 银行在扣除管理服务费后，将剩余的资金通过中国证券登记结算有限责任公司支付给 C-B 专利 ABS 产品的投资者。其中，C-B 专利 ABS 产品优先级债券投资者按式（5-1）收取预期收益，次级债券投资者获取最后的剩余收益。

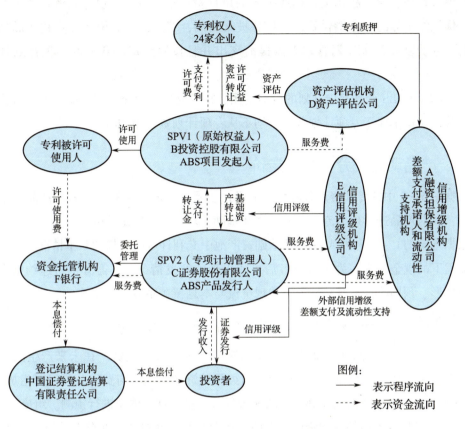

图 5-8　C-B 专利 ABS 产品的交易结构和运作流程

（四）产品运营过程产生的费用

C-B 专利 ABS 产品在运营过程中，会产生两类费用：①专项计划费用，②不能由专项计划支出的费用。

资产服务机构 B 投资控股有限公司在 C-B 专利 ABS 产品运营过程中不收取服务费；专项计划管理人和销售机构 C 证券股份有限公司收取的专项计划管理费和销售费用由 C 证券股份有限公司与原始权益人 B 投资控股有限公司另行协定，且该项费用不由专项计划资金列支；托管人 F 银行收取的托管费与监管人收取的监管费的金额和支付方式分别以《托管协议》《监管协议》为准。

专项计划费用是指 C-B 专利 ABS 产品存续期间产生的与专项计划有关的所有税费、支出，均作为交易成本扣除。专项计划费用包括除因管理人本身经营活动或收入产生的税费外所有管理、处置专项计划资产而产生的税费，专项计划募集资金时产生的验资、资金划拨、执行费用（指与专项计划相关的仲裁或诉讼产生的费用，如仲裁费、诉讼费、执行费、财产保全费、因仲裁或诉讼等产生的委托司法机构进行鉴定、评估的费用等）、监管费，托管费，登记托管相关服务费用，交易所挂牌转让费用，信用评级机构对产品的跟踪评级费用，对产品相关机构或报告的审计费、复核费，专项计划清算产生的相关费用，优先级债券的本息偿付费用，信息披露费用，召开此专利资产证券化产品持有人大会的会务费以及其余计划管理人需提前支出并且按照约定应获得的专项计划补偿费用等。

C-B专利ABS产品专项计划的设立费用、推广支出、中介费用、律师费、首次评级费用等其他费用不属于专项计划费用，均不从专项计划资金中扣除。

四、产品现金流分析及其定价

根据图5-5中的专利资产证券化产品设计步骤，完成C-B专利ABS产品交易结构搭建后，要对产品进行现金流分析，并在此基础上对产品进行定价分析。

根据选定的C-B专利ABS产品基础资产池中专利许可收益权的基本情况，计算其在预定流程下的现金流入。为了应对日后可能出现的突发情况，还需分别对违约情形、提前收回情形、预期收益率变动情形下的现金流与本息覆盖系数进行测算。

（一）C-B专利ABS产品基础资产池的相关信息

C-B专利ABS产品的现金流量规模的决定因素是其基础资产在未来产生的现金流量。参考市场上现有专利许可证券化产品同类基础资产的期限与费用，可以对组成C-B专利ABS产品基础资产池的专利资产的未来许可期限与许可费用进行预测。组成C-B专利ABS产品基础资产池的专利资产基本信息和专利使用客户的行业分布情况，见表5-4与表5-5。

表5-4　组成C-B专利ABS产品基础资产池的专利资产基本信息

专利许可费应收余额（元）	600 000 000.00
专利客户数	30
专利许可保证金（元）	12 000 000.00
专利许可费平均应收余额（元）	20 000 000.00
专利许可费用前五名被许可人集中度	37%
专利许可费用前三名被许可人集中度	24%
专利许可费应收余额最高被许可人集中度	10%
专利许可合同被许可人位于广东省广州市的集中度	100%
加权平均专利许可剩余期限（月）	36
单笔专利许可最长剩余期限（月）	46
单笔专利许可最短剩余期限（月）	22

表 5-5 专利使用客户的行业分布情况

专利使用客户所属行业	专利许可费应收余额（万元）	占比
生物科技	18 423.3	30.71%
人工智能	16 369.6	27.28%
新材料	11 756.8	19.59%
信息技术	8132.4	13.55%
传统行业	5317.9	8.86%
合计	60 000.0	

（二）影响基础资产未来现金流的因素

影响 C-B 专利 ABS 产品基础资产未来现金流入情况的因素主要有两个：专利使用客户违约率和提前偿付率。

1. 专利使用客户违约率

专利使用客户违约是指专利使用客户出现主观违约意愿或客观履约能力恶化，导致专利许可使用费支付出现逾期甚至无法支付的情况，从而导致专利许可资产支持专项计划的未来价值出现亏损，造成 ABS 产品的本金和预期收益的逾期支付或不能全额支付。

专利使用客户违约率（Default Rate）的计算公式为

$$D = \frac{A}{R} \qquad (5-2)$$

式中，D 为专利使用客户违约率；A 为实际违约金额（Actual Default Amount）；R 为期末应收专利许可费余额。

专利使用客户累计违约率（Cumulative Default Rate）的计算公式为

$$CD = \frac{CA}{TR} \qquad (5-3)$$

式中，CD 为专利使用客户累计违约率；CA 为累计违约金额；TR 为应收专利许可费总额。

B 投资控股有限公司自开展专利许可业务以来，专利使用客户违约率为 0.00%。但根据 ABS 产品基础资产应该提取风险准备金的原则，考虑到开展此次业务仍面临部分不确定性，有可能影响资金收回情况，仍以 1.00% 的专利使用客户违约率来计算未来现金流入。

2. 提前偿付率

在资产证券化中，提前偿付率是指超额偿还部分占月初本金余额的比重，对超额偿还部分通常以月为单位进行衡量，用 SMM 表示（参见第二章第四节）。

针对专利许可使用收益 ABS 产品，提前偿付率 SMM 是指专利使用客户提前支付的专利许可费占应收专利许可费总额的比例，即

$$SMM = \frac{EA}{TR} \tag{5-4}$$

式中，SMM 是提前偿付率；EA 是专利使用客户提前支付的专利许可费金额；TR 是应收专利许可费总额。

按照专利许可使用合同条约规定，在 C-B 专利 ABS 产品存续的第二年年末，即在专利许可使用费支付的第 24 期，专利使用客户有权以书面申请的方式，经原始权益人——B 投资控股有限公司同意后，提前支付完所有的专利许可使用费，且 B 投资控股有限公司将按照每月 4.00% 的折扣优惠给予专利使用客户。

（三）基础资产现金流预测

借鉴现有产品同类基础资产现金流入情况，依据 C-B 专利 ABS 产品的交易现金流设计，考虑影响现金流入的专利使用客户违约率和提前偿付率两个因素，使用控制变量法计算各种违约场景下产品的本息、损失率和期限。

在专利使用客户未发生许可使用费支付违约和提前偿付的静态情形下，计算 C-B 专利 ABS 产品基础资产所产生的现金流入以及优先级债券的本息偿付，静态情形下 C-B 专利 ABS 产品的现金流入预测见表 5-6。

表 5-6 静态情形下 C-B 专利 ABS 产品的现金流入预测

期数	日期	专利许可使用费流入（元）	利息支付（元）	本金偿付（元）
1	2022 年 9 月	19 191 068.41		
2	2022 年 10 月	19 191 068.41		
3	2022 年 11 月	19 191 068.41	4 750 000.00	47 500 000.00
4	2022 年 12 月	19 191 068.41		
5	2023 年 1 月	19 191 068.41		
6	2023 年 2 月	19 191 068.41	4 275 000.00	47 500 000.00
7	2023 年 3 月	19 191 068.41		
8	2023 年 4 月	19 191 068.41		
9	2023 年 5 月	19 191 068.41	3 800 000.00	47 500 000.00
10	2023 年 6 月	19 191 068.41		
11	2023 年 7 月	19 191 068.41		
12	2023 年 8 月	19 191 068.41	3 325 000.00	47 500 000.00
13	2023 年 9 月	19 191 068.41		
14	2023 年 10 月	19 191 068.41		
15	2023 年 11 月	19 191 068.41	2 850 000.00	47 500 000.00
16	2023 年 12 月	19 191 068.41		

(续)

期数	日期	专利许可使用费流入（元）	利息支付（元）	本金偿付（元）
17	2024 年 1 月	19 191 068.41		
18	2024 年 2 月	19 191 068.41	2 375 000.00	47 500 000.00
19	2024 年 3 月	19 191 068.41		
20	2024 年 4 月	19 191 068.41		
21	2024 年 5 月	19 191 068.41	1 900 000.00	47 500 000.00
22	2024 年 6 月	19 191 068.41		
23	2024 年 7 月	19 191 068.41		
24	2024 年 8 月	19 191 068.41	1 425 000.00	47 500 000.00
25	2024 年 9 月	11 617 572.74		
26	2024 年 10 月	11 617 572.74		
27	2024 年 11 月	11 617 572.74	950 000.00	47 500 000.00
28	2024 年 12 月	11 617 572.74		
29	2025 年 1 月	11 617 572.74		
30	2025 年 2 月	11 617 572.74	475 000.00	47 500 000.00
31	2025 年 3 月	11 617 572.74		
32	2025 年 4 月	11 617 572.74		
33	2025 年 5 月	11 617 572.74		
34	2025 年 6 月	11 617 572.74		
35	2025 年 7 月	11 617 572.74		
36	2025 年 8 月	11 617 572.74		
	合计	600 000 000.00	26 125 000.00	475 000 000.00

由表 5-6 可知，在第 25 期期末（即产品存续的第二年年末），静态情形下的基础资产现金流入数额出现了波动，原因在于考虑到此后专利客户可选择提前偿还剩余专利许可使用费以获取折扣优惠，故为保证专利现金流入不受到太大影响，在初始专利许可费偿还数额设置上，缩小了 25 期后支付数额的比例。

从优先级债券的本息偿付情况来看，由于过手摊还本金偿还方式在产品每一期的实际偿付数额会随实际情况发生改变，故在测算时采用等额本金偿还方式，可以发现产品基础资产现金流入对本息偿付形成了较好的覆盖。

完成静态情形下的现金流入测算后，可以对违约情形下的产品现金流入进行测算。假定无提前偿付事件发生，在专利使用客户的违约率分别为 1.00%、1.50%、2.00% 的情形下，计算 C-B 专利 ABS 产品基础资产所产生的现金流入，结果见表 5-7。

表 5-7　违约情形下 C-B 专利 ABS 产品的现金流入预测

期数	专利客户违约率 日期	1.00% 专利许可使用费 流入（元）	1.50% 专利许可使用费 流入（元）	2.00% 专利许可使用费 流入（元）
1	2022 年 9 月	18 999 157.73	18 903 202.38	18 807 247.04
2	2022 年 10 月	18 999 157.73	18 903 202.38	18 807 247.04
3	2022 年 11 月	18 999 157.73	18 903 202.38	18 807 247.04
4	2022 年 12 月	18 999 157.73	18 903 202.38	18 807 247.04
5	2023 年 1 月	18 999 157.73	18 903 202.38	18 807 247.04
6	2023 年 2 月	18 999 157.73	18 903 202.38	18 807 247.04
7	2023 年 3 月	18 999 157.73	18 903 202.38	18 807 247.04
8	2023 年 4 月	18 999 157.73	18 903 202.38	18 807 247.04
9	2023 年 5 月	18 999 157.73	18 903 202.38	18 807 247.04
10	2023 年 6 月	18 999 157.73	18 903 202.38	18 807 247.04
11	2023 年 7 月	18 999 157.73	18 903 202.38	18 807 247.04
12	2023 年 8 月	18 999 157.73	18 903 202.38	18 807 247.04
13	2023 年 9 月	18 999 157.73	18 903 202.38	18 807 247.04
14	2023 年 10 月	18 999 157.73	18 903 202.38	18 807 247.04
15	2023 年 11 月	18 999 157.73	18 903 202.38	18 807 247.04
16	2023 年 12 月	18 999 157.73	18 903 202.38	18 807 247.04
17	2024 年 1 月	18 999 157.73	18 903 202.38	18 807 247.04
18	2024 年 2 月	18 999 157.73	18 903 202.38	18 807 247.04
19	2024 年 3 月	18 999 157.73	18 903 202.38	18 807 247.04
20	2024 年 4 月	18 999 157.73	18 903 202.38	18 807 247.04
21	2024 年 5 月	18 999 157.73	18 903 202.38	18 807 247.04
22	2024 年 6 月	18 999 157.73	18 903 202.38	18 807 247.04
23	2024 年 7 月	18 999 157.73	18 903 202.38	18 807 247.04
24	2024 年 8 月	18 999 157.73	18 903 202.38	18 807 247.04
25	2024 年 9 月	11 501 397.01	11 443 309.15	11 385 221.29
26	2024 年 10 月	11 501 397.01	11 443 309.15	11 385 221.29
27	2024 年 11 月	11 501 397.01	11 443 309.15	11 385 221.29
28	2024 年 12 月	11 501 397.01	11 443 309.15	11 385 221.29
29	2025 年 1 月	11 501 397.01	11 443 309.15	11 385 221.29

(续)

期数	专利客户违约率 日期	1.00% 专利许可使用费 流入（元）	1.50% 专利许可使用费 流入（元）	2.00% 专利许可使用费 流入（元）
30	2025 年 2 月	11 501 397.01	11 443 309.15	11 385 221.29
31	2025 年 3 月	11 501 397.01	11 443 309.15	11 385 221.29
32	2025 年 4 月	11 501 397.01	11 443 309.15	11 385 221.29
33	2025 年 5 月	11 501 397.01	11 443 309.15	11 385 221.29
34	2025 年 6 月	11 501 397.01	11 443 309.15	11 385 221.29
35	2025 年 7 月	11 501 397.01	11 443 309.15	11 385 221.29
36	2025 年 8 月	11 501 397.01	11 443 309.15	11 385 221.29
合计		594 000 000.00	591 000 000.00	588 000 000.00

当专利使用客户发生违约时，每期基础资产现金流入在扣除相应的假定违约部分后，从数值上看仍能对 C–B 专利 ABS 产品优先级债券的本息偿付形成较好的覆盖。

完成违约情形下的现金流入测算后，控制违约事件的发生，可以对提前偿付情形下的产品现金流入进行测算。假定无专利使用客户违约事件发生，提前偿付率各为 50.00%、80.00%、100.00%，即各有 50.00%、80.00% 以及 100.00% 的专利使用客户选择获取支付折扣优惠而在第二年年末一次性支付全部专利许可费用，计算 C–B 专利 ABS 产品基础资产所产生的现金流入，结果见表 5–8。

表 5–8　提前偿付情形下 C–B 专利 ABS 产品的现金流入预测

期数	提前偿付率 日期	50.00% 专利许可使用费 流入（元）	80.00% 专利许可使用费 流入（元）	100.00% 专利许可使用费 流入（元）
1	2022 年 9 月	19 191 068.41	19 191 068.41	19 191 068.41
2	2022 年 10 月	19 191 068.41	19 191 068.41	19 191 068.41
3	2022 年 11 月	19 191 068.41	19 191 068.41	19 191 068.41
4	2022 年 12 月	19 191 068.41	19 191 068.41	19 191 068.41
5	2023 年 1 月	19 191 068.41	19 191 068.41	19 191 068.41
6	2023 年 2 月	19 191 068.41	19 191 068.41	19 191 068.41
7	2023 年 3 月	19 191 068.41	19 191 068.41	19 191 068.41
8	2023 年 4 月	19 191 068.41	19 191 068.41	19 191 068.41
9	2023 年 5 月	19 191 068.41	19 191 068.41	19 191 068.41
10	2023 年 6 月	19 191 068.41	19 191 068.41	19 191 068.41

(续)

提前偿付率		50.00%	80.00%	100.00%
期数	日期	专利许可使用费流入（元）	专利许可使用费流入（元）	专利许可使用费流入（元）
11	2023年7月	19 191 068.41	19 191 068.41	19 191 068.41
12	2023年8月	19 191 068.41	19 191 068.41	19 191 068.41
13	2023年9月	19 191 068.41	19 191 068.41	19 191 068.41
14	2023年10月	19 191 068.41	19 191 068.41	19 191 068.41
15	2023年11月	19 191 068.41	19 191 068.41	19 191 068.41
16	2023年12月	19 191 068.41	19 191 068.41	19 191 068.41
17	2024年1月	19 191 068.41	19 191 068.41	19 191 068.41
18	2024年2月	19 191 068.41	19 191 068.41	19 191 068.41
19	2024年3月	19 191 068.41	19 191 068.41	19 191 068.41
20	2024年4月	19 191 068.41	19 191 068.41	19 191 068.41
21	2024年5月	19 191 068.41	19 191 068.41	19 191 068.41
22	2024年6月	19 191 068.41	19 191 068.41	19 191 068.41
23	2024年7月	19 191 068.41	19 191 068.41	19 191 068.41
24	2024年8月	73 710 442.23	106 419 975.33	128 226 330.77
25	2024年9月	5 808 786.37	2 323 514.55	
26	2024年10月	5 808 786.37	2 323 514.55	
27	2024年11月	5 808 786.37	2 323 514.55	
28	2024年12月	5 808 786.37	2 323 514.55	
29	2025年1月	5 808 786.37	2 323 514.55	
30	2025年2月	5 808 786.37	2 323 514.55	
31	2025年3月	5 808 786.37	2 323 514.55	
32	2025年4月	5 808 786.37	2 323 514.55	
33	2025年5月	5 808 786.37	2 323 514.55	
34	2025年6月	5 808 786.37	2 323 514.55	
35	2025年7月	5 808 786.37	2 323 514.55	
36	2025年8月	5 808 786.37	2 323 514.55	
	合计	584 810 452.10	575 696 723.36	569 620 904.20

从表5-8可以看出，即使所有专利使用客户均选择在产品存续期的第二年年末一次性支付所有剩余专利许可费用，C-B专利ABS产品的现金流入仍能较好地覆盖优先级债券的本息偿付。

完成以上极端假设下的产品现金流测算后,在初始假定专利使用客户违约率为 1.00%,提前偿付率为 50.00% 的情形下,计算 C‐B 专利 ABS 产品基础资产所产生的现金流入以及优先级债券的本息偿付,结果见表 5‐9 和表 5‐10。

表 5‐9　初始假定情形下 C‐B 专利 ABS 产品的现金流入预测

期数	日期	专利许可使用费流入（元）
1	2022 年 9 月	18 999 157.73
2	2022 年 10 月	18 999 157.73
3	2022 年 11 月	18 999 157.73
4	2022 年 12 月	18 999 157.73
5	2023 年 1 月	18 999 157.73
6	2023 年 2 月	18 999 157.73
7	2023 年 3 月	18 999 157.73
8	2023 年 4 月	18 999 157.73
9	2023 年 5 月	18 999 157.73
10	2023 年 6 月	18 999 157.73
11	2023 年 7 月	18 999 157.73
12	2023 年 8 月	18 999 157.73
13	2023 年 9 月	18 999 157.73
14	2023 年 10 月	18 999 157.73
15	2023 年 11 月	18 999 157.73
16	2023 年 12 月	18 999 157.73
17	2024 年 1 月	18 999 157.73
18	2024 年 2 月	18 999 157.73
19	2024 年 3 月	18 999 157.73
20	2024 年 4 月	18 999 157.73
21	2024 年 5 月	18 999 157.73
22	2024 年 6 月	18 999 157.73
23	2024 年 7 月	18 999 157.73
24	2024 年 8 月	72 973 337.69
25	2024 年 9 月	5 750 698.51
26	2024 年 10 月	5 750 698.51
27	2024 年 11 月	5 750 698.51
28	2024 年 12 月	5 750 698.51

(续)

期数	日期	专利许可使用费流入（元）
29	2025 年 1 月	5 750 698.51
30	2025 年 2 月	5 750 698.51
31	2025 年 3 月	5 750 698.51
32	2025 年 4 月	5 750 698.51
33	2025 年 5 月	5 750 698.51
34	2025 年 6 月	5 750 698.51
35	2025 年 7 月	5 750 698.51
36	2025 年 8 月	5 750 698.51
	合计	578 962 347.60

表 5-10　初始假定情形下 C-B 专利 ABS 产品的本息偿付　　（单位：元）

证券层次	发行金额	违约率为 1.00%，提前偿付率为 50.00%	
		本息和	利息
优先级	475 000 000.00	501 125 000.00	26 125 000.00
次级	25 000 000.00	25 000 000.00	0.00
总计	500 000 000.00	526 125 000.00	26 125 000.00

（四）基于现金流测算的 C-B 专利 ABS 产品定价

表 5-6～表 5-10 中的现金流测算均未涉及 C-B 专利 ABS 产品预期收益率变化的情况，因此需单独完成 C-B 专利 ABS 产品在预期收益率上升情形下的现金流测算。

假定专利使用客户违约率为 0.00%，提前偿付率为 0.00%，在预期收益率由 4.00% 分别上升至 4.50%、5.00%、5.50% 的情况下，计算 C-B 专利 ABS 产品的本息偿付情况，结果见表 5-11～表 5-13。

表 5-11　预期收益率为 4.50% 时，C-B 专利 ABS 产品的本息偿付　　（单位：元）

证券层次	发行金额	预期收益率上升 0.50%	
		本息和	利息
优先级	475 000 000.00	504 390 625.00	29 390 625.00
次级	25 000 000.00	25 000 000.00	0.00
总计	500 000 000.00	529 390 625.00	29 390 625.00

表 5-12 预期收益率为 5.00% 时，C-B 专利 ABS 产品的本息偿付 （单位：元）

证券层次	发行金额	预期收益率上升 1.00%	
		本息和	利息
优先级	475 000 000.00	507 656 250.00	32 656 250.00
次级	25 000 000.00	25 000 000.00	0.00
总计	500 000 000.00	532 656 250.00	32 656 250.00

表 5-13 预期收益率为 5.50% 时，C-B 专利 ABS 产品的本息偿付 （单位：元）

证券层次	发行金额	预期收益率上升 1.50%	
		本息和	利息
优先级	475 000 000.00	510 921 875.00	35 921 875.00
次级	25 000 000.00	25 000 000.00	0.00
总计	500 000 000.00	535 921 875.00	35 921 875.00

综合以上所有测算结果，整理并列出各情形下 C-B 专利 ABS 产品本息覆盖情况见表 5-14，其中，优先级债券本金覆盖倍数由专利许可使用费流入除以优先级产品需偿付的本金而来，优先级债券本息和覆盖倍数由专利许可使用费流入除以优先级债券的本金以及利息总和而来。

表 5-14 各情形下 C-B 专利 ABS 产品本息覆盖情况

情形	专利许可使用费流入（元）	优先级债券本金覆盖倍数	优先级债券本息和覆盖倍数
正常情形	600 000 000.00	1.2632	1.1973
预期收益率上升 0.50%	600 000 000.00	1.2632	1.1896
预期收益率上升 1.00%	600 000 000.00	1.2632	1.1819
预期收益率上升 1.50%	600 000 000.00	1.2632	1.1743
客户违约率为 1.00%	594 000 000.00	1.2505	1.1853
客户违约率为 1.50%	591 000 000.00	1.2442	1.1793
客户违约率为 2.00%	588 000 000.00	1.2379	1.1733
提前偿付率为 50.00%	584 810 452.10	1.2312	1.1670
提前偿付率为 80.00%	575 696 723.36	1.2120	1.1488
提前偿付率为 100.00%	569 620 904.20	1.1992	1.1367
初始假定情形	578 962 347.60	1.2189	1.1553

由表 5-14 可知，各情形下 C-B 专利 ABS 产品的现金流入情况良好，对优先级债券的本息和覆盖倍数均超过 1.13，结合 A 融资担保有限公司以自身的雄厚实力为支撑，对 C-B 专利 ABS 产品做出差额支付承诺，可知 C-B 专利 ABS 产品优先级债券在 4.00% 的收益率情况下的安全性与流动性较强，可以保证投资者收益的兑付。因此，表 5-2 中关于 C-B 专利 ABS 产品优先级债券的定价（预期收益率为 4%）是合理的。

五、产品现金流归集与分配

对 C-B 专利 ABS 产品的现金流进行测算后，可以得知产品收益有一定保障，且无较大风险。因而可以对产品的现金账户设置、现金流归集流程、现金流的分配过程以及资金使用安排做出详细规定，以确保产品现金流的正常周转以及投资者利益的实现。

（一）现金账户设置

C-B 专利 ABS 产品的专项计划管理人 C 证券股份有限公司在所选定的托管银行 F 银行开设募集资金专户，用于直接收集、保管、划拨专项计划所募集的投资者资金；并以专项计划的名义在 F 银行开设专项计划账户，经手专项计划的一切货币收支活动，包括接收专项计划募集资金、接收基础资产偿还款、接收差额支付承诺人 A 融资担保有限公司支付的差额补足款、支付购买基础资产所产生的款项、支付专项计划的相关费用等，另外在此账户下设有保证金项目。

原始权益人 B 投资控股有限公司在监管银行 F 银行（也可以是其他银行）开设直接接收基础资产所产生回款的监管账户，因为 C-B 专利 ABS 产品的原始权益人与资产服务机构均为 B 投资控股有限公司，作为资产服务机构，B 投资控股有限公司应对原始权益人在监管银行开设的监管账户中的每一笔专利许可使用费及时进行记录。

（二）现金流归集流程

现金流归集流程包括回款资金归集、回款资金转付两个步骤，并确定回款资金归集时间与回款资金转付时间的计算日期。

回款资金归集是指原始权益人将其收款账户中的当期基础资产所产生的回收款划转至监管账户的过程。资金归集当天的 17:00 前，原始权益人 B 投资控股有限公司应将这一时期内应回收的专利许可费用划入监管账户。

回款资金转付是指基础资产回收款从监管账户划转至专项计划账户的过程。在回款资金转付日的 17:00 前，资产服务机构 B 投资控股有限公司应将这一时期内监管账户中除利息与相关费用（税费及产品上市、登记、资金划拨费用）外的所有回款资金（监管账户中利息归属于原始权益人 B 投资控股有限公司）划入专项计划账户。

由于 C-B 专利 ABS 产品的优先级债券是按季付息，而计算日的确定会影响到回款资金归集时间与回款资金转付时间的确定。因此，可以将计算日确定为 C-B 专利 ABS 产品存续期间内每年 1 月、4 月、7 月以及 10 月的最后一天，首个计算日为 2022 年 10 月 31 日。

另外，回款资金归集时间和回款资金转付时间的确定与是否有权利完善事件发生相关。权利完善事件是指以下的任一事件：①资产服务机构被解任；②原始权益人或差额支付承诺人丧失清偿能力；③差额支付承诺人获得评级机构低于 AA 的长期信用评级；④差额支付承诺人对于其承诺的差额支付事项及其他事项不遵守或不履行；⑤原始权益人、资产服务机构与差额支付承诺人三者中，存在发生严重不良变化导致其履行相关义务的能力受到严重负面影响的情况；⑥监管账户因相关事件发生导致不能正常使用，如被查封、冻结以及其他情形等；⑦存在专利使用客户未按合同约定履行专利许可使用费的支付义务，以至于需要对其发起仲裁或诉讼。

C-B 专利 ABS 产品回款资金归集时间的确定在以下三种情况中有所差别：

1）如果没有权利完善事件发生，并且差额支付承诺人 A 融资担保有限公司获得评级机构高于或等于 AA+的长期信用评级，则回款资金归集时间可以确定为当期计算日后的第一个工作日。

2）如果没有权利完善事件发生，并且差额支付承诺人 A 融资担保有限公司获得评级机构等于 AA 的长期信用评级，则回款资金归集时间可以确定为下月第一个工作日。

3）如果发生权利完善事件，确定回款资金归集时间的相关规则将不再适用，资产服务机构 B 投资控股有限公司或专项计划管理人 C 证券股份有限公司将向专利使用客户和担保人 A 融资担保有限公司发送相关通知，担保人 A 融资担保有限公司需按担保协议将相关款项划转至专项计划账户。

C-B 专利 ABS 产品回款资金转付时间的确定在以下四种情况中有所差别：

1）如果没有权利完善事件发生，并且差额支付承诺人 A 融资担保有限公司获得评级机构高于或等于 AA+的长期信用评级，则回款资金转付时间可以确定为当期计算日后两个工作日中的任意一日（需比当期兑付兑息日提前至少 10 个工作日，兑付兑息日是指向投资者分配相关收益之日）。

2）如果没有权利完善事件发生，并且差额支付承诺人 A 融资担保有限公司获得评级机构等于 AA 的长期信用评级，则回款资金转付时间可以确定为下月第一或第二个工作日。

3）如果发生权利完善事件，回款资金转付时间同 2）。

4）如果某一时期内上述某一情况发生导致回款资金转付时间发生改变，则自此时起，即使差额支付承诺人 A 融资担保有限公司重新获得更高的长期信用评级，回款资金转付时间频率也不再转变为初始状态。

C-B 专利 ABS 产品存续期间内，专项计划管理人 C 证券股份有限公司将按季度对现金流进行追踪调查，并在资产管理报告中披露相关信息。

（三）现金流的分配过程

兑付兑息日为 C–B 专利 ABS 产品存续期内每年 2 月、5 月、8 月、11 月的第 24 天，若当天为非工作日，则往后顺延至下一工作日，首个兑付兑息日为 2022 年 11 月 24 日。

现金流的分配过程取决于差额支付事件发生与否，以下是没有发生差额支付事件下现金流的分配过程：

1）在回款资金转付日，资金从监管账户划转至专项计划账户后，在资产服务机构报告日（兑付兑息日的前 10 日），资产服务机构 B 投资控股有限公司应披露《季度资产服务机构报告》，并与专项计划管理人、托管人核对当期的应收款项。

2）托管人 F 银行收到此项资金后，须于下一工作日 10:00 前，以相关约定方式通知专项计划管理人 C 证券股份有限公司资金到账情况，并在托管人报告日（兑付兑息日的前 8 日）向专项计划管理人披露《季度托管报告》。

3）专项计划管理人 C 证券股份有限公司确定上述过程无误后，将按拟定的分配规则编制并在专项计划管理人报告日（兑付兑息日的前 4 日）披露《收益分配报告》，并将其发送至托管人 F 银行处；在专项计划管理人分配日（兑付兑息日的前 3 日），将资金划转指令发送至托管人 F 银行处。

4）托管人 F 银行收到《收益分配报告》与资金划转指令并确认无误后，将于托管人划款日（兑付兑息日的前 3 日）16:00 前，按照资金划付指令将产品当期本金与收益划入指定账户。

5）在场内分配的情况下，在兑付兑息日，登记结算机构中国证券登记结算有限责任公司将款项划入各券商结算备付金账户，由各券商将款项划入投资者账户；在场外分配的情况下，在兑付兑息日，专项计划管理人 C 证券股份有限公司将根据中国证券登记结算有限责任公司所提供的投资者名单，直接将投资收益划转至投资者账户。

如果发生差额支付事件，那么现金流的分配过程将出现以下变化：

1）前述现金分配流程进行到专项计划管理人收到《季度托管报告》时，专项计划管理人 C 证券股份有限公司在差额支付启动日（兑付兑息日的前 6 日）发送《差额支付通知书》至差额支付承诺人 A 融资担保有限公司和托管人 F 银行处，并且公开披露差额支付事项启动相关事宜。

2）差额支付承诺人 A 融资担保有限公司收到《差额支付通知书》后，应于差额支付履行日（兑付兑息日的前 5 日）按照《差额支付通知书》将相应资金划转至专项计划账户；托管人 F 银行确认资金到账后，须以约定方式通知专项计划管理人资金到账情况。

后续现金流的分配流程同前面的 3）~5）的流程一致。

C–B 专利 ABS 产品的收益分配方式：此专项计划收益由成立前账户资金存款利息、成立后账户所收取的专利许可使用费及其利息、专项计划资产在分配前按约定方式进行投资所获的收益三部分构成。扣除资金管理费用、托管费用、交易费用及相关税费后的净收益将全额向所有投资者分配。

C-B专利ABS产品的收益分配顺序：①支付产品相关税费；②支付登记托管相关服务（上市、登记）费用、交易所挂牌转让费用、资金划转费用；③支付其余专项计划费用；④支付C-B专利ABS产品优先级债券的当期利息收益；⑤支付C-B专利ABS产品优先级债券尚未偿还的本金余额，直至偿还完毕；⑥支付剩余所有资产给C-B专利ABS产品次级债券的持有人。如果上述某个支付环节出现资金不足情况，相同顺序项目应按同一比例支付，不足金额应在下一期按顺序补足。

（四）资金使用安排

当C-B专利ABS产品募集资金完毕后，专项计划管理人C证券股份有限公司应该在资产支持专项计划成立之日15:00前，将划款指令与相关文件发送给托管人F银行；F银行根据相关约定对收到的付款指令中资金金额与用途进行核对之后，应该按指令在专项计划成立之日17:00前，将专项计划账户内的相关资金划转至原始权益人B投资控股有限公司的指定账户以购买基础资产。

专项计划管理人C证券股份有限公司可将专项计划内的资金用于合格投资，但此资金必须以银行存款的形式存于托管人F银行中，一切投资行为均在F银行内进行，资金的划转由F银行根据管理人指令进行。

合格投资资金中的当期分配资金必须在对现金流进行分配前到期，所有合格投资收益及其退税款项均纳入基础资产回收款，最终划转至专项计划账户。

专项计划管理人C证券股份有限公司遵守相关约定进行合格投资，托管人F银行按照相关约定与指令进行资金划转的情况下，专项计划管理人与托管人对于合格投资产生的所有损失不承担任何责任，同时对于专项计划账户外的资产托管人也不承担责任。

六、产品风险分析

尽管C-B专利ABS产品的现金流测算情况良好，具备较为完善的信用增级措施以及现金流归集与分配制度，但这并不代表产品没有投资风险。为保护投资者的合法权利，任何参与投资的合格投资者均需考虑产品可能存在的各种风险，谨慎做出投资决定。

（一）产品基础资产池的相关风险

C-B专利ABS产品的基础资产池是产品收益偿付的来源，与其相关的风险种类繁杂，且较为重要。无论是基础资产中专利使用客户较为集中可能出现的系统性风险，产品存续期内构成基础资产的专利出现部分或全部无效、提前终止或侵权的情况，还是原始权益人由于自身经营情况恶化、将产品资金与公司资金混同，或是出现未能预测到的现金流波动，均可能导致投资者的较大损失。

1. 原始权益人经营风险

近年来我国金融监管趋严,监管体制出现了较大改变,各类监管制度不断完善。虽然原始权益人B投资控股有限公司目前尚未出现违规问题,但随着日后更多监管规则的出现,可能存在因不满足新规定要求而被处罚的风险。

同时,受国内经济下行压力增大的影响,B投资控股有限公司近年负债率出现明显上升,破产风险增加,若其经营情况继续恶化,产品基础资产回收款的收取以及划转将存在一定风险;甚至在破产的极端情况下,在其破产前订立且尚未到期的专利许可合同有可能被计入破产财产,使产品遭受损失。

相应防范措施:若发生权利完善事件,B投资控股有限公司需将此事件通知专利使用客户、担保人A融资担保有限公司等,并指示相关款项直接转移至专项计划账户事宜,且就基础资产转让的情况向各相关方披露,如有必要需协助专项计划管理人C证券股份有限公司办理相关手续。

2. 现金流预测过程风险

C-B专利ABS产品的未来现金流受违约、提前偿付及提前终止合同等行为的影响较大。虽然前文对产品进行了较为保守的现金流预测,但由于影响因素不确定性较大,且产品的本金偿还方式为过手摊还,导致实际偿付金额可能与预测偿还金额存在一定误差,出现投资风险,影响投资者收益。

如果出现专利使用客户无法按照合同约定履行支付专利许可使用费的情况,那么原始权益人B投资控股有限公司将根据约定要求担保人A融资担保有限公司使用部分专利质押获得款项用以冲抵相关费用。然而在A融资担保有限公司的处置过程中,由于我国知识产权交易市场不活跃、专利资产存在价值难以确定等特点,可能出现专利所有权难以变现的情况,最终导致专项计划出现损失、C-B专利ABS产品的偿付出现风险。

相应防范措施:根据专利许可合同的约定,专项计划管理人C证券股份有限公司和原始权益人B投资控股有限公司可以追究专利使用客户的违约责任,并启用合同保证金来弥补违约损失。如果仍然无法偿还当期本息,差额支付承诺人A融资担保有限公司将履行差额支付义务。回款资金归集时间出现频率为每三个月一次,如果仅出现轻微逾期,将不影响当期偿付。另外,C-B专利ABS产品设置了优先级与次级的分层结构,且由B投资控股有限公司持有未能销售的剩余次级债券,这为优先级债券的偿付提供了一定保障。

3. 专利使用客户较为集中的风险

构成C-B专利ABS产品的基础资产中,前五名专利使用客户集中度为59.73%,且所有专利使用客户均位于广东省广州市,区域偿付风险未能充分分散。

相应防范措施:C-B专利ABS产品的各评级主体均有义务对专利使用客户及其专利

许可合同进行尽职调查，所选取的专利使用客户均为经营情况良好的高新科技上市公司，且原始权益人 B 投资控股有限公司持有未能销售的剩余次级债券，有充足动力对资产池进行完备的信用风险管理。

4．资金混同风险

C–B 专利 ABS 产品的原始权益人与资产服务机构均为 B 投资控股有限公司，虽有节省服务费等优势，但在资金划转过程中也存在专项计划资金与 B 投资控股有限公司自有资金混同的风险，甚至在极端信用危机发生的情况下，可能出现混同资金无法区分最终导致产品遭受损失的风险。

相应防范措施：B 投资控股有限公司每季度均需发布《资产服务报告》以披露基础资产资金情况；资产服务机构收款账户与监管账户相同，将受监管银行严格监管；同时，权利完善机制与差额支付机制也可起到防范作用，此处不再赘述。

5．产品存续期间内专利无效、提前终止、侵权等风险

当 C–B 专利 ABS 产品在存续期间发生专利无效、提前终止、侵权等风险时，基础资产将面临损失甚至灭失的风险，专利许可使用权同样不复存在，这将严重影响未来收益的偿付。

相应防范措施：基础资产池中出现专利无效、提前终止、侵权等情形后，针对不合格的基础资产，原始权益人 B 投资控股有限公司需履行赎回义务。如果大量专利出现这些情形，基础资产质量出现严重恶化，专项计划将提前终止并召开 C–B 专利 ABS 产品持有者大会以确认清算、分配事项。如果仍不足以偿付优先级债券的本息，将由差额支付承诺人 A 融资担保有限公司负责补足剩余款项。

（二）产品发行后存在的风险

C–B 专利 ABS 产品的发行涉及机构众多，签订的合同数量庞大，存在各类担保人在产品发行后违约的风险。除了在现金流的预测过程中已经考虑到的情况外，C–B 专利 ABS 产品发行后存在的风险还包括差额支付承诺人 A 融资担保有限公司不能按约履行义务的风险、流动性风险等。

1．差额支付承诺人 A 融资担保有限公司不能按约履行义务的风险

差额支付承诺是 C–B 专利 ABS 产品信用增级的重要步骤，涉及优先级债券的信用评级与未来现金流的保证，也是应对前文提及风险的有效防范措施。但如果差额支付承诺人 A 融资担保有限公司本身因宏观经济形势变化、经营状况恶化、管理层变动或陷入诉讼、破产等情形而无法正常履行差额支付义务，将使得 C–B 专利 ABS 产品的未来偿付失去关键防线，投资者面临损失风险。

相应防范措施：在 C–B 专利 ABS 产品设计之初选择差额支付的承诺人时，已经考虑到 A 融资担保有限公司为大型国有企业，股东背景深厚，经营状况良好，综合实力强劲，拥有一定市场地位，过去开展业务没有违约情况发生，无论从资产还是利润方面均可承担差额支付责任，其不能履约或破产的可能性较低。

2. 流动性风险

C–B 专利 ABS 产品可以在深圳证券交易所的综合协议交易平台进行交易，但发行规模有限，交易对手并不充足。而且在专项计划成立之后直至 C–B 专利 ABS 产品完成在深交所挂牌上市的这段时间内，投资者将无法出售、转让产品，已经购买 C–B 专利 ABS 产品的投资者在这种情况下可能面临无法快速使产品变现而遭受损失的风险。

相应防范措施：专项计划管理人 C 证券股份有限公司将尽量满足投资者的流动性需求，为投资者匹配适合的交易对手，并在 C–B 专利 ABS 产品成立后按照相关程序以最快速度完成挂牌上市工作，同时积极配合深圳证券交易所探索其他增加产品流动性的方式。

（三）与管理有关的风险

C–B 专利 ABS 产品的顺利运行与上市交易离不开各参与主体的尽职履约。如果各参与主体未能履行自身的职责与义务，或者出现内部管理不当、操作失误，甚至挪用资金、解任等情况，将影响产品交易结构的稳定，给投资者造成损失。

相应防范措施：B 投资控股有限公司兼任原始权益人与资产服务机构，将尽职履行义务；各参与主体之间存在制约机制，相互监督各自履约情况与资金流转情况；C–B 专利 ABS 产品持有者大会对各参与机构拥有监督权，若由于专项计划管理人 C 证券股份有限公司、托管人 F 银行的违规操作使得专项计划遭受损失，专项计划管理人、托管人将承担相应法律责任，并以其资产弥补相应过错；如果有机构解任事件发生，完善的继任程序将最大限度减轻投资者的损失。

（四）其他风险

除上述与产品基础资产池、产品发行以及管理有关的风险外，C–B 专利 ABS 产品还存在一些难以分类或防范的风险，如政策风险、不可抗力风险、技术与操作风险以及其他难以预测的风险。

1）政策风险。未来国家当局制定的货币政策、财政政策、监管政策、税收政策等可能随宏观经济、国际形势与其他不可预知因素的改变而发生变化，C–B 专利 ABS 产品优先级债券的价格同样可能会受到影响而发生波动，导致投资者的收益不稳定。对于此类政策风险，C–B 专利 ABS 产品的各参与主体均不承担任何补偿责任。

2）不可抗力风险。C–B 专利 ABS 产品上市后，可能受到政治、经济、自然灾害等各方面不可抗力的影响，导致投资收益及偿付出现波动。对此类不可抗力风险，C–B 专利 ABS 产品各参与主体同样均不承担任何补偿责任。

3）技术与操作风险。在 C–B 专利 ABS 产品运行流程中，各参与机构内部系统可能出现难以预知的故障或差错，导致产品的交易或结算受到影响；同时，机构内部程序或人员可能出现操作不当使得投资者遭受损失。

相应防范措施：C-B专利ABS产品的各参与机构均为国内基础设施完善、技术实力与人才储备较强、操作经验丰富、内部治理严明的金融机构，深圳证券交易所与中国证券登记结算有限责任公司同样深受市场信赖，因此技术与操作风险较低，且均有能力预防与妥善处置突发事件。

4）其他难以预测风险。如果有其他超出预知范围的风险出现，C-B专利ABS产品的各参与主体将按照约定尽职履行应尽义务，尽力保证产品的正常运行与投资者的合法权益。

七、产品市场前景分析

从国家出台的相关政策、当前市场发展空间与供求关系出发，对C-B专利ABS产品的市场前景进行分析，观察C-B专利ABS产品在市场中是否存在生存空间，判断C-B专利ABS产品凭借自身特性能否吸引投资者，并为产品日后的推广提供依据。

（一）产品弥补的市场缺陷

在当前市场中专利许可资产证券化产品较少，新的专利许可资产证券化产品可以丰富专利资产证券化产品底层资产选择、丰富市场资产证券化产品投资选择以及有利于多层次资本市场的构建。

1. 丰富专利资产证券化产品底层资产选择

目前市场上存有的专利资产证券化产品的底层资产较为相似，均为分散度较低的高新科技产业专利许可使用收益权，这在一定程度上为科技企业融资提供了便利，但对于传统行业的关注较为缺乏。本产品底层资产不仅有来自高新产业的专利，也有传统行业的专利，重视对于传统行业专利价值的挖掘。各传统行业参与到社会运转的各个过程，是国民经济正常运转的基础，但近年来我国一些传统行业发展面临挑战，企业生产经营能力与融资能力的不匹配程度提高，更需要专利资产证券化产品来解决融资困难。

2. 丰富市场资产证券化产品投资选择

我国资产证券化市场发展迅速，2020年全年共发行2105单资产证券化产品，共29 052.3亿元，其中信贷资产证券化产品8230.48亿元，企业资产证券化产品15 713.44亿元，资产支持票据5108.38亿元，总体规模较2019年增长了24.13%。随着国家各项政策的出台，知识产权证券化同样实现了从无到有的突破，但相较于市场的巨大体量，不到0.2%的占比与较为单一的品种限制了投资者的选择面，亟须推出更多、更具特色的专利资产证券化产品以满足投资者的投资需求。

3. 有利于多层次资本市场的构建

最广为人知的两种融资方式是债权融资和股权融资，两种方法各有利弊与其适用的场景。在目前银行贷款作为主要融资渠道的环境中，企业的财务杠杆偏高，存在较高的财务成本。由于信息不对称，银行倾向于为国企或具备足够合格抵押品的公司提供贷款，社会资金存在错配现象；同时直接融资渠道较少，大量企业存在融资困难的问题。

利用专利资产证券化在表外进行融资，能够盘活企业自身的无形资产，降低融资成本与企业财务杠杆，缓解资金错配问题，丰富市场投资渠道，对于构建多层次资本市场有着重要意义。

（二）产品需求分析

C-B广州开发区专利许可资产支持专项计划作为一款专利资产证券化产品，其市场需求主要取决于与其他金融产品相比，其收益性、流动性与安全性是否存在优势。因此，结合当下宏观环境，将产品与市场上其他合格投资者可选择的银行结构性存款、同业业务以及资产支持证券进行对比，可大致分析出其未来市场需求。

1. 与银行结构性存款相比

自2020年年初开始暴发疫情危机，全球经济低迷，各国纷纷实行宽松的货币政策，负利率也屡见不鲜。对比起收益较低的银行结构性存款，较高收益与流动性的专利资产证券化产品显然具备更高吸引力。

2. 与同业业务相比

受各种金融创新、直接融资方式及相关政策影响，银行盈利能力承压增加，被迫增加了同业业务占比。但一些"爆雷"事件的发生让同业业务监管压力增大，同时由于同业业务本身存在的隐形担保、刚性兑付以及较长的业务链条，导致风险没有分散，而评级较高且存在一定收益的专利资产证券化产品无疑是更好的选择。

3. 与资产支持证券相比

自2014年《关于信贷资产证券化备案登记工作流程的通知》下发后，信贷资产证券化业务完成了从审核制到备案制的转变，同时证券化基础资产类型得到扩大，我国资产证券化市场自此焕发出了新活力，仅2014年一年的发行规模就超越了2005年至2013年的总发行规模。但目前市场上知识产权资产证券化产品较少，大部分为企业资产证券化及信贷资产证券化产品，产品投资期限普遍较长，而期限较短的产品往往规模与收益有限，不能同时兼顾流动性与收益性要求，难以满足机构投资者的投资需求。而专利资产证券化产品受底层资产影响，存续期多在五年以内，同时收益较高，相关产品一经发售便被各大金融机构抢购一空，可见其庞大的市场需求。

八、产品推广方案

C-B 专利 ABS 产品推广及发行对象为中华人民共和国境内具备一定金融投资经验与风险承受能力，具有完全民事行为能力的个人投资者和机构投资者（法律法规及相关规定禁止参与者除外）。

C-B 专利 ABS 产品计划在专项计划管理人及销售机构营业场所交易，不设认购参与费用与认购人单个账户最高申购金额限制。产品以现金方式发售，首次申购金额不得低于人民币壹佰万元（RMB1 000 000 元整），每次追加申购金额不得低于人民币壹万元（RMB10 000 元整），且必须为其整数倍。

具体而言，C-B 专利 ABS 产品拟通过以下方式进行推广：

1）向具有合作关系的机构投资者推广。在 C-B 专利 ABS 产品设计之初，专项计划管理人 C 证券股份有限公司首先向具有合作关系的机构投资者介绍产品并发放宣传手册以及其他资料，通过通话、短信、邮件等方式调查统计他们的投资意愿与建议，在此基础上进一步确定产品的规模、期限、结构等相关指标。获得足够的反馈信息后，C 证券股份有限公司将启动 C-B 专利 ABS 产品的发行路演，举办推介会与潜在投资者进行充分沟通与交流，确保产品的顺利发行。

2）利用营业部向高净值客户推广。专项计划管理人 C 证券股份有限公司在全国各地拥有数十家营业部并充分掌握其客户相关资料，利用此信息优势可以筛选出符合投资条件的高净值客户，通过当面沟通或线上宣传的方式向这些高净值客户推荐 C-B 专利 ABS 产品，并将产品推广成果计入工作人员年终 KPI 考核。

3）在产品交易场所宣传产品。根据《中华人民共和国证券法（2019 年修订）》，非公开发行的证券可以在证券交易所、国务院批准的其他全国性证券交易场所、按照国务院规定设立的区域性股权市场转让。因此可在这些场所对产品进行宣传，如放置产品宣传手册、树立产品宣传牌等，吸引合格投资者投资。

九、专利资产证券化产品比较分析

我国首只纯专利资产证券化产品是 2019 年发行的中信证券-广州开发区新一代信息技术专利许可资产支持专项计划（以下简称广专利 2019）。截至 2022 年 6 月，市场上共有 21 只专利资产证券化产品，其中以专利质押债权为基础资产的有 13 只，以专利许可费收益权为基础资产有 8 只。

从以专利质押债权为基础资产和以专利许可费收益权为基础资产的两类专利资产证券化产品中，选取 4 只典型产品与 C-B 专利 ABS 产品进行比较分析，相关信息见表 5-15。

表 5-15　市场已发行的专利资产证券化产品比较

产品名称	兴业圆融-广州开发区专利许可资产支持专项计划	中信证券-广州开发区新一代信息技术专利许可资产支持专项计划	兴业圆融-佛山耀达专利许可资产支持专项计划	福田区-平安证券-高新投知识产权2号资产支持专项计划
上市地点	深交所	深交所	深交所	深交所
发行规模	3.01亿元	2.32亿元	3.81亿元	1.39亿元
产品利率	优先级4.00%	优先A级3.78% 优先B级4.80%	优先级3.90%	优先级4.20%
本金偿付	过手摊还	过手摊还	过手摊还	到期还本
利息偿付	季付	季付	季付	季付
信用评级	AAA	50% AAA 45% AA+	AAA	AAA
发行日期	2019-09-11	2020-08-31	2020-09-21	2021-01-28
证券分层	95% 优先级 5% 次级	95% 优先级 5% 次级	95% 优先级 5% 次级	99.28% 优先级 0.72% 次级
产品期限	5年	5年	3年	1年
基础资产	专利许可费收益	专利许可费收益	专利许可费收益	专利小额质押贷款
原始权益人	广州凯得租赁	广州科学城租赁	佛山耀达租赁	深圳高新投
融资模式	许可使用	许可使用	许可使用	质押融资
信用增级方式	优先级/次级 风险保证金 超额现金流覆盖 差额支付承诺 流动性支持 内部信用触发	优先级/次级 差额支付承诺 内部信用触发	优先级/次级 风险保证金 超额现金流覆盖 差额支付承诺 第三方担保 内部信用触发	优先级/次级 差额支付承诺 第三方担保 知识产权质押
现金流覆盖倍数	1.21	1.07	1.06	1.01

从发行时间上来看，这4只专利资产证券化产品集中发行于2019年后，正值知识产权资产证券化试点政策出现之时；同时可以发现产品的发行规模都不大（2019年我国企业资产证券化产品平均规模为10.46亿元），这与知识产权资产证券化事业在我国兴起时间较短是相符的；产品存续期限相对较短（我国基础设施类资产证券化产品平均存续期限为18.39年），反映出基础资产在未来维持稳定可持续的现金流能力较弱；证券分层中次级产品所占比例较低（我国企业资产证券化产品平均次级占比为6.21%），说明产品总体采用了较多的外部信用增级措施；基础资产并不分散，现金流覆盖倍数也非十

分理想，尚存较大发展空间。我们所设计的 C-B 专利 ABS 产品在这些方面与市场现存产品差距较小。

从基础资产方面看，这些专利资产证券化产品的基础资产都不是专利权本身。事实上，目前市场中主流的两种专利资产证券化产品分别为以专利许可收益权和专利质押贷款本息请求权为基础资产设计的产品。以专利许可收益权为基础资产设计产品，专利所有权人直接以资产证券化的方式提前收回专利许可使用费完成融资，产品偿付主体为专利客户；而以专利质押贷款本息请求权为基础资产设计产品，则是放贷机构实现融资，产品偿付主体为知识产权拥有人。

相较上述产品，C-B 专利 ABS 产品以专利许可收益权作为基础资产，能够使专利所有权人提前变现专利许可使用费，拓宽了其融资渠道，有效激发市场创新主体的积极性；同时，其基础资产所涉及的行业较为分散，降低了产品风险；在同类产品中收益率较高，在各种负面情形下测算的本息覆盖率也超过市场同类产品平均水平，借鉴已有产品的信用增级手段，设置了完备的信用增级流程，兼具收益性与安全性，对于投资者来说具备更高吸引力。

第六章
专利资产证券化制度困境及其改进

资产证券化是20世纪70年代最有想象力的金融创新。它发端于美国的住房金融系统,旋即渗透到金融的各个领域,对后续的金融发展产生了深远影响。资产证券化真正的意义并不仅仅在于发行证券产品本身,而是在于这种金融工具彻底改变了传统的金融中介模式,在借款人与贷款人之间架起了一条更为有效的融资桥梁。

专利作为知识产权的一种,其所具有的财产权属性使其成为资产的一种。专利资产证券化可以有效弥补知识产权资产流动性差、难以商业化的先天不足,对于提振本国经济、促进知识产权转移转化具有非常重要的意义。在建设知识产权强国征程已经起航的今天,专利资产证券化不仅承载着实现我国知识产权运营目标的重任,更是推动知识产权价值转移转化的重要手段。

专利资产证券化是以企业拥有的专利权及其衍生债权为底层资产,通过在资本市场上发行证券而获得融资的一种金融创新模式。与专利资产质押等融资方式相比,专利资产证券化的融资成本更低,融资速度更快,融资数额也相对更高,因而受到科创型企业的广泛追捧。

学界和实务界对于专利资产证券化的认识是逐步深入的。实践中,我国各种离岸和在岸的准资产证券化实践起源于20世纪80年代末。1997年爆发的亚洲金融危机增强了国家解决不良资产问题的紧迫感。面对庞大的不良资产,金融机构与政府财政均感力不从心,这使得通过证券化方式处置不良资产的新型融资模式迅速得到理论界和实务界的认可。

纵观世界各国对专利资产证券化的理论研究和制度设计，大多数国家的做法是将这一问题纳入经济学的范畴，但法律人的觉醒打破了这一僵局。这是因为，资产证券化不仅是一种经济现象，同时也是一个法律过程。不论是美国和英国，还是法国、意大利、日本等国，都是通过国内的法律制度来设定资产证券化相关环节的操作标准，规范各个参与方的权利和义务，明确收益归属，锁定风险，提供必要的安全和流动性保障。

从法律视角看，资产证券化是通过一系列以合同为连接的法律行为来实现的。用以作为证券化的基础资产，究其本质仍属于法律上的债权。这一债权不是单一的民事法律关系，而是涉及多方主体，借以资产质押以及证券发行等一系列相关制度的法律行为，其不可避免地要受到《中华人民共和国民法典》《中华人民共和国证券法》《中华人民共和国公司法》等法律规范的制约。换言之，专利资产证券化必须在法律的框架下依法依规地开展制度建设和融资实践。

第一节 专利资产证券化的法制环境分析

我国专利资产证券化的探索发端于21世纪初期。伴随着我国金融创新的不断推进，专利资产证券化已经成为知识产权证券化体系中最为活跃的一个单元。

一、我国专利资产证券化的法律基础

伴随着我国知识产权制度的不断完善和国家经济的快速发展，资产证券化这个新生事物的出现引起了我国立法上的回应，一些法律法规为专利资产证券化的中国实践打下了最初的制度基础，它们构成了我国包括专利资产在内的知识产权证券化的基本制度框架。

目前，我国涉及专利资产证券化方面现行有效的法律法规主要有《中华人民共和国民法典》《中华人民共和国公司法》《中华人民共和国证券法》《中华人民共和国专利法》《中华人民共和国专利法实施细则》《国防专利条例》《中华人民共和国知识产权海关保护条例》《中华人民共和国反不正当竞争法》等。

部门规章方面的制度建设以国务院证券管理部门的文件为主。2005年起，我国相继出台了《信贷资产证券化试点管理办法》《关于个人住房抵押贷款证券化涉及的抵押权变更登记有关问题的试行通知》《信贷资产证券化试点会计处理规定》《资产支持证券信息披露规则》《资产支持证券交易操作规则》《资产支持证券发行登记与托管结算业务操作规则》《金融机构信贷资产证券化监督管理办法》等文件。

进入2007年，中国人民银行、证监会等部门积极制定规章制度，先后发布了《关于信贷资产证券化基础资产池信息披露有关事项的公告》和《中国人民银行关于资产支持证券质押式回购交易有关事项的公告》，对证券发行过程中的信息披露工作进行了规范，允许资产支持证券在全国银行间债券市场进行质押式回购；随后发布的《证券公司企业资产证券化业务试点指引（试行）》重启了国内券商的资产证券化业务。

2014年新修订的《公司法》取消了对设立公司时无形资产作为公司资产占比的限制，此举对促进科技型企业的科技成果走向产业化和商业化具有重大的推动作用。同年，国务院公布的《国务院关于取消和下放一批行政审批项目的决定》，取消了证监会审核企业资产证券化的规定，由行政许可转变为市场化原则，进一步释放了知识产权证券化发展的利好信号。同年，证监会、上交所、深交所、证券投资基金业协会甚至上海市律师协会纷纷出台有关资产证券化方面的管理规定或工作指引。据不完全统计，仅2014年—

2017 年间，我国监管机关、证券交易所及行业协会共出台 80 余份有关专利资产证券化方面的规范性文件，就资产证券化的业务管理、信息披露、挂牌审批条件、风险管理、备案审查、自律规则、尽职调查、质押回购、风险加权资产计量、资金结算与登记托管以及法律业务等方面的工作规程做出了细致的规定。

2015 年 3 月，中共中央、国务院联合发布的《关于深化体制机制改革加快实施创新驱动发展战略的若干意见》明确提出，要"推动修订相关法律法规，探索开展知识产权证券化业务"。同年 3 月 30 日，国家知识产权局发布了《关于进一步推动知识产权金融服务工作的意见》，鼓励金融机构开展知识产权资产证券化，发行企业知识产权集合债券，探索专利许可收益权质押融资新模式。2015 年 9 月，北京市文化科技融资租赁公司在全国首创知识产权融资租赁，以文化科技企业的专利权、著作权、商标权等无形资产为租赁标的物，向企业提供资金支持。

2017 年，国务院印发的《国家技术转移体系建设方案》提出，要完善多元化投融资服务，具体措施之一就是开展知识产权证券化融资试点。在国家知识产权局的推动下，我国知识产权融资和保险业务迅速发展，为知识产权证券化打下基础。

2019 年 2 月，中共中央、国务院印发的《粤港澳大湾区发展规划纲要》提出，要"开展知识产权证券化试点"。同年 8 月，中共中央、国务院印发《关于支持深圳建设中国特色社会主义先行示范区的意见》，也明确提出"探索知识产权证券化"。2020 年 3 月 1 日起施行的《中华人民共和国证券法》增设新的证券品种——资产支持证券，为专利资产的证券化打开了崭新局面。同年 4 月，广东省市场监督管理局联合多家企业，发布了《广东知识产权证券化蓝皮书》，对知识产权证券化的操作流程、交易结构进行了详细的介绍；5 月，财政部、国家知识产权局联合发文，要求推进知识产权证券化，包括专利、版权、商标在内的知识产权与证券化产品的融合实践正在全国范围内陆续铺开。

2021 年 9 月，中共中央和国务院联合印发了《知识产权强国建设纲要（2021—2035 年）》（以下简称《强国建设纲要》），吹响了建设知识产权强国的号角。《强国建设纲要》虽未明确提出发展知识产权证券化的号召，但是提出了预期性的知识产权强国建设目标。根据这一目标，到 2025 年，我国知识产权强国建设要取得明显成效，体现在知识产权运营效益方面，表现为专利密集型产业增加值占 GDP 比重达到 13% 和知识产权使用费年进出口总额达到 3500 亿元这两个具体目标。这些具体目标的实现，有赖于我国知识产权运营水平的大幅提升，而专利资产证券化正是专利运营最发达、最为有效的方式。

上述规定的出台，从政策层面上保障了资产证券化试点工作的顺利实施。但是，不可否认的是，由于专利资产证券化的基础资产性质、基础资产的"真实销售"、SPV 的特殊性以及专利资产在估值、变现等方面的困难，专利资产证券化业务在设立、功能等诸多方面与我国现行有效的法律法规还存在冲突或者不相衔接之处，专利资产证券化操作的很多细节仍有待进一步完善。

二、专利资产证券化的探索与发展

近年来，我国知识产权运营体系建设持续加快，知识产权质押融资稳步发展，这为探索知识产权证券化提供了重要基础。在一系列扶持政策的鼓励下，各地有关专利资产证券化的探索呈现出由上至下的发展模式。

我国最早的知识产权证券化探索可以追溯到 2008 年落地于北京的华谊兄弟影视投资公司与招商银行就电影《集结号》制作所开创的版权融资探索。2015 年 8 月，星美控股集团有限公司以其旗下 23 家影院的未来票房收入作为质押标的，上市发行了本金为 13.5 亿元人民币的"星美国际影院信托受益权资产支持专项计划"（简称"星美 ABS"）。这是我国证券史上第一个知识产权证券化产品。但是，项目发布三年后，该项证券化产品却被爆出未能足额偿付本息，以至触发了担保偿债流程。知识产权证券化实践遭遇瓶颈。

2018 年 12 月，知识产权证券化产品分别在深圳证券交易所、上海证券交易所获批发行，实现了我国完整意义上的知识产权证券化产品零的突破。其中，深交所发行的知识产权证券化产品，基础资产全部为专利权、著作权等知识产权，总规模超 7 亿元。上交所发行的知识产权证券化产品，其基础资产为著作权等知识产权，总规模超 4 亿元。由北京市文化科技融资租赁公司作为原始权益人，底层资产租赁标的物全部为专利权、著作权等知识产权的"第一创业 – 文科租赁一期资产支持专项计划"（简称"文科一期 ABS"）和天津聚量商业保理有限公司作为原始权益人的"奇艺世纪知识产权供应链金融资产支持专项计划"就是这一批知识产权证券化的成功范例。自此以后，我国知识产权证券化的探索与实践步入了快车道。

据统计，截至 2022 年 6 月，我国一共发行 67 只知识产权证券化产品，发起单位分布于广东、北京、江苏、浙江、上海、山东及安徽等七个地区，发行规模达 185 亿元。

三、我国专利资产证券化的法制环境和困境

从发行情况看，我国当前所开展的知识产权证券化探索和实践仍处于起步阶段。一方面，是因为知识产权证券化涉及众多链条，涉及的主体复杂且多元，彼此间的权利义务相互交错，难以运用一部单行法规予以解决，因而其实践的范围和广度远远没有达到相对成熟和普及的程度；另一方面，现有知识产权证券化的相关规定仍不够细化，难以突破实践困难，知识产权金融创新仍缺乏足够完善的制度支撑和经验积累，亟待进行制度创新和理论证明。

（一）专利资产证券化面临诸多法律风险

从资产证券化的运作流程看，证券化的过程就是将风险和收益进行重新组合和分配的过程，即发起人（原始权益人）通过证券化将未来的资产变现。虽然已有一系列以实

物资产为抵押债券的资产证券化相关的法律文件可以作为工作指引，但是，专利资产毕竟不同于实物资产。当前，我国专利资产证券化的主要融资模式大约有四种，分别是供应链金融、二次许可、融资租赁和小额贷款等，这些融资模式都建立在一个基本的假设之下，即作为底层资产的专利资产能够在未来一段时间内源源不断地为企业带来收益。但由于专利资产通常存在现金流不确定、基础资产价值难以评估等问题，因此在证券化过程中存在一系列不同于抵押资产证券化的风险。

1）市场接受度风险。因为专利资产存在价值评估难的问题，客观描述基础资产的市场接受度非常困难，评估师大多仅能依靠经验加以推断，基础资产估值的不确定性较高，特别是那些没有任何交易或实施记录的专利权。

2）技术替代风险。专利权存在被未来新技术超越或取代的风险较大。若发生技术的更新换代，原专利权的价值及未来可能产生的收益将大打折扣。

3）债务不履行风险。即专利权被许可人未依约给付授权金的风险。这将影响到专利资产证券化产品的本息是否能实时清偿。若被许可人能授权给信用良好的被授权人，则可大幅降低债务不履行风险。

4）授权人或服务机构违约风险。授权人有义务为被授权人提供后续技术支持及协助产品开发的人员，若授权人日后未履行此项义务，被授权人可能拒绝继续支付权利金或选择终止授权合同，进而导致收益枯竭的风险。服务机构未按时收取授权费，也会影响收益的稳定性。

5）法律风险。这是专利资产证券化最重要的风险类型。例如，专利因无效撤销、侵权或权利人破产等法律事实造成专利权无法正常实施，影响现金流的实现，特别是因产品责任诉讼所产生的庞大法律费用，都会对专利资产价值造成巨大负面影响。

（二）专利资产证券化特殊目的机构（SPV）的相关规定存有法律障碍

专利资产在进行融资时，是以信托资产的形式进行的。我国《信托法》规定：信托资产独立于委托人及其财产。但是，我国目前的法律制度下，特殊目的信托还存在法律问题。

1）特殊目的信托无法真正实现"真实销售"。我国的《信托法》规定，委托人将信托财产委托给信托机构管理处分。但是，我国没有规定财产是否需转移、是否需要以公示的方式向公众公开。我国《信托法》采用的是"委托"一词，而不是"转移"财产，也就是说我国法律并没有明确表示受托人能否依法拥有财产的所有权。根据《中华人民共和国企业破产法》的规定，债务人在人民法院受理破产申请前一年内无偿转让或以明显不合理的价格交易财产的，破产管理人可以申请法院撤销转移。这意味着破产管理人在上述规定的情形下有权利追回财产。同时，《民法典》第一百四十九条规定，因欺诈而实施的民事法律行为可以撤销，专利实施许可是我国法律上的技术合同，技术合同被撤销后将自始不具有法律效力。

2）基础资产无法真正实现破产隔离。我国《信托法》规定，在委托人是唯一受益人的情况下，若委托人宣告破产，信托财产划入委托人遗产或清算财产范围。当委托人出现某种情形濒临破产时，信托财产将划入委托人的破产财产。这一规定的直接结果是，信托型证券模式难以真正地使债务人的财产相互分割并实现破产隔离。除此之外，我国法律没有明确规定资产专项计划管理机构（SPV）在法律上的主体地位，其财产能否独立并与原始权益人相互分离仍存在不确定性。以上规定保护了债权人的利益，但也给证券化"破产隔离"带来了不确定因素。如果上述情形出现，"破产隔离"将无法实现，证券化投资者的权益也无法保证。

3）未来债权的移转缺乏法律法规的支持。根据我国《民法典》，有效的合同权利可以依法转让，但对应的预期债权是否可以依法转让没有做出规定，这使知识产权的将来收益权转让的合法性存在疑问。专利证券化产品发行后，原始权益人、发起人、SPV等各个主体依靠合同确定各方的权利义务，但很多义务的界限不明，导致资产管理机构在委托代理的法律结构下，失去了《信托法》的保护，不具有能够保障资产独立的法律主体地位。虽然我国明确资产专项计划独立于原始权益人、管理人等，而且当原始权益人因依法解散、撤销、破产等原因而清算时，资产专项计划的资产将不会被纳入到清算财产范围之内。尤其是，当出现原始权益价值减损或重大危机时，专利权人、专利被许可人如何在特殊情况下维持专利预期收益、避免专利价值贬损而容易导致的"爆雷"现象缺乏制度约束，有待政府层面建立相关机制并做出保障。

（三）专利资产的无形性和信息外溢特征易带来权利风险

我国的知识产权制度在专利和商标方面实行的是申请取得制度。申请人只有提交了符合条件的申请材料、通过国家相关行政管理部门的审查并登记后公示，方能获得相应的权利。专有权利的实施许可和质押变动也必须完成公示方能生效。进一步地，针对不同的专利技术，专利权人享有的独占实施权内容不同，对于发明专利和实用新型专利而言，专利权人享有制造权、使用权、许诺销售、销售权和进口权。专利权复杂的权利内容和烦琐的行政程序导致了专利资产证券化过程容易出现一系列问题。

1）投资者无法确定权利的归属状态。专利权的多项权利能够被不同主体分别享有。不同专利权的保护范围也需要权利要求书和说明书予以进一步明确，潜在投资人无法查证基础资产的真实权利状态，可能造成较大风险。

2）多项专利资产打包形成专利资产池后，产生权利价值不明的风险。专利资产证券化的基础资产是专利资产，在发行规模的限制下，发起人更倾向于将多项专利资产打包后形成专利资产池，并就该专利池中的专利资产价值进行分项评估。但是，将专利资产打包形成专利资产池后，由于专利本身存在交叉专利或者技术领域相近等情况，专利资产池的市场价值并不等于单项专利资产价值的总和。当针对一类行业征集专利资产证券化融资需求时，近似资产权利边界相互交织的现象更为普遍。例如，广州市开发区曾专门针对医药领域开发了"粤开－广州开发区金控－生物医药专利许可1～5期资产支持专项计划",该计划聚焦于生物医药领域,专利资产的评估价的参考功能就极为有限,大大增加了购买者的投资风险。

(四)专利价值评估制度缺少权威标准

在专利资产证券化产品的交易过程中,专利资产的评估价值是投资人参考的重要依据。具体而言,专利资产价值可能受到时间、市场、政策、技术成熟度等多方面因素的影响,对其价值评估争议性较大,急需权威的标准予以规范。虽然近年来,各地陆续推出了专利资产价值评估的地方标准,但是,究其本质,专利资产的价值评估方法可以实现标准化,而专利价值难以实现标准化。专利权是非标准技术产品,世上没有两条同样的河流,也没有两项价值完全相同的专利权。况且专利资产价值还会随着时间的推移、技术的更新迭代以及技术市场的发展而变化,很难有更为客观和精准的评估手段。本书提出的基于布林带和VaR的价值评估方法,就是将专利资产价值评估推向精准化的一次有益尝试。尤其是,通过引入"置信度"这一概念,能够将专利资产的价值界定在一定的空间阶段内,满足各方对于专利资产价值究竟为多少的评估难题。

除此之外,我国的知识产权评估机构普遍存在缺乏公信力、评估人员专业水平不高等问题。加之专利资产证券化的交易结构普遍较为复杂,常人难以理解其中的权利义务关系和资金流向,投资者更是很难有效判断这里资产证券化产品的价值和投资风险,需要借助信用评级机构给出的风险级别作为参考,而信用评级机构又缺乏规范的操作流程。这些问题都使得我国专利资产的价值评估结果缺乏权威,降低了专利资产证券化产品的吸引力,投资人也可能因为不实评估而承担额外的投资风险。

(五)证券发行审核和发行监管存在较大的不确定性

资产证券化的交易结构复杂,投资者难以洞悉其中奥秘,往往出现信息不对称的情形。而严格的信息披露制度则可以在一定程度上为投资人提供可靠信息,供其参考决策。在专利资产证券化的实践中,不乏发起人或者原始权益人严重违反信息披露的要求,自导自演一出"专利资产证券化"的大戏,让不少投资人损失惨重,为我国证券化市场敲响了警钟。我国在《证券法》中虽有信息披露要求的专章规定,但缺少针对专利等知识产权证券化的信息披露要求,已有的相关规定披露范围过小。为保护证券投资人,有必要形成更为完善、严格的信息披露制度,切实披露证券化交易各主体的股东情况、关联关系、发起人财务状况、资金用途等。除此之外,还应当披露作为基础资产的知识产权的权利状态,即其权利归属、权利限制、负载义务、授权情况等信息。

我国专利资产证券化信用评级机构的外部监管和内部监管体系较弱。主管部门对于资产专项计划的审核也有一定的灵活空间,实践中不乏突击审核、政策审核的例子,这些都使得资产专项计划能否独立存在不确定性,需要通过修订《民法典》《公司法》《证券法》《信托法》等一系列法律法规来实现。

就专利资产证券化而言,其存在和发展需要特定的法律制度和经济环境。目前,担保制度、证券法、经济法以及其他相关市场经济方面的法律法规都将是我国专利资产证券化发展所必须依赖的法律制度。同时,作为证券市场的高端性融资技术,专利资产证券化的发展水平在很大程度上反映了证券市场的发展状况;加之作为现代经济"晴雨表"的证券市场发展状况又在很大程度上决定了市场经济的走势。因此,专利资产证券化相关法制的健全与完善不仅推动了证券市场的发展,更促进了我国社会主义市场经济法制的健全与完善。因而,构建相对完善合理的专利资产证券化监管制度就显得尤为重要。

第二节 国外专利资产证券化的法律制度分析

专利资产证券化的产生和发展并非偶然现象,而是有价证券制度发展的历史必然。正是由于现有证券法律体系的不断完善,特别是有价证券制度的发展,才有了专利资产证券化得以存在和发展的历史"土壤"。换言之,有价证券制度的发展创新契合了专利资产证券化的发展需求。而专利资产证券化正是沿着社会化有价证券制度的固有局限的克服而产生和发展的。

资产证券化起源于 1968 年,美国政府最初主要利用房地产抵押贷款作为基础资产发行证券融资。由于其具有成本低、风险隔离等优点,之后便逐步发展成为非常重要的融资手段。

知识产权证券化肇始于 1997 年美国的 Bowie 债券,后来逐渐扩大到专利、商标等领域。自此以后,日本、欧洲各国也纷纷加强相关立法,知识产权证券化实践蓬勃发展。世界知识产权组织(WIPO)曾在其官网上对知识产权证券化进行过重点探讨,联合国贸易法委员会和经济合作与发展组织也一度关注知识产权证券化的推广实践。在国际资产证券化市场上,专利权资产证券化发展较为成熟的两个国家分别是美国和日本。

一、美国的知识产权资产证券化实践

在美国知识产权证券化发展历程中,"鲍伊债券"具有里程碑意义,是第一宗知识产权证券化交易案例。

1997 年 1 月,英国著名摇滚歌星大卫·鲍伊(David Bowie)由于短时间内缺少流动资金,于是通过在美国金融市场出售其音乐作品的版权债券,向社会公众公开发行了为期 10 年、利率为 7.9% 的债券,为自己的音乐发展之路募集资金 5500 万美元,比同期 10 年期限的国债利息率和公司债券收益都要高,金融界称其发行的债券为"鲍伊债券"。

"鲍伊债券"采取私募发行的方式,由保德信证券投资信托公司全额认购。"鲍伊债券"的发行具有开创性的意义,把传统资产证券化局限于抵押住房贷款、汽车按揭贷款、信用卡贷款、应收账款等方面的应用向前推进了一大步,首次将知识产权纳入证券化视野,开启了知识产权证券化新纪元。由于"鲍伊债券"的成功发行,知识产权资产证券化在国外实践中迅速发展,可以作为基础资产的知识产权资产的种类也愈发丰富,从音乐版权到电影版权,再到电子游戏等。专利权作为一种重要的知识产权,其资产证券化也自然而然地随着知识产权资产证券化的推进慢慢地展现出巨大的发展潜力。

从 1997 年至今,知识产权证券化在美国经历了萌芽、发展到逐渐成熟的过程,这一过程也是一个从探索到推广、从设立专门特殊目的机构(SPV)到特殊目的机构(SPV)常设化、从面向私募基金发行到寻求进入资本市场的过程。

在之后短短的 20 年间,美国知识产权证券化基础资产范围已扩展至诸如电影、演艺、休闲娱乐、电子游戏及主题公园等与文化产业息息相关的知识产权,以及医药科技产品的专利、时装品牌、半导体芯片技术,甚至与专利有关的诉讼胜诉金都可纳为知识产权证券化的基础资产。在这之后,有关知识产权证券化的典型案例不断涌现。鉴于专利较于其他的知识产权更具有技术性、科学性,随着美国专利数量的急剧增多,该领域得到越来越多的关注,专利资产证券化的发展在资本市场上呈现一片欣欣向荣之势。

据美国知识产权评估认证中心统计,在 1997 年到 2010 年期间,美国通过知识产权证券化进行融资的成交金额就高达 420 亿美元,年均增长幅度超过 12%。美国的知识产权证券化采用的是由下而上的市场主导型证券化模式。这主要源于美国发达的市场经济,体现在其拥有比较成熟完善的证券市场和高效的知识产权交易市场。这使美国在产生了知识产权证券化的需求后,市场能够及时地根据需求做出反应,自发进行调整,产生相应供给,即专门的知识产权证券化专业咨询公司起到特殊目的机构(SPV)的作用,从而使知识产权证券化能够顺利地推行下去。

另外两宗药品专利权的资产证券化案例也十分著名,这两宗专利案例都是由美国药业特许公司 Royalty Pharma 所发起的生物医药专利的资产证券化产品,原始专利权人为耶鲁大学。Royalty Pharma 公司一直从非职务发明人、大学、制药公司、生物技术公司等处购买药品专利许可费收益权,再以这些收益权为担保发行证券,从事融资的业务。在与耶鲁大学的合作中,耶鲁大学将其未来近六年的 Zerit 专利许可收费权转让给了这个生物医药公司设立信托。这两宗案例以一宗失败一宗成功的成绩为专利权的证券化探索画上了句号。其中,Zerit 案最终以信托提前进入清偿程序的失败结局而告终。第二宗专利权资产证券化案例吸取了第一次失败的教训,将基础资产从单一的 Zerit 专利权改为由多个专利组成的专利权资产池,并实现了巨大收益。如今,伴随着资产证券化实践的不断发展,可供作为证券化产品的基础资产范围已经远远超越了不动产,而将几乎全部的有形资产和大部分的无形资产纳入了证券化基础资产的范围之内。在美国,一项资产只要具备可预测和可回收的未来现金流，都可被用作资产证券化的基础资产。

美国资产证券化的发展显然得益于美国不断完善的法律制度环境。从 1999 年开始，美国政府就采取积极的措施简化资产支持证券的发行程序，并减少对其法律管制。作为英美法系的典型判例法国家，法院在具体案例中的判决无疑在资产证券化法律制度的建立与完善上功不可没。同时，美国也出台了大量成文法来对证券化交易的各个环节予以规范调整。美国没有规范资产证券化的专门立法，有关资产证券化的规定散见于各相关法律文件中。联邦证券法体系包括《1933 年证券法》《1934 年证券交易法》及《1939 年信托契约法》。而《1933 年证券法》对证券范围做出了规定，特殊目的机构发行的收益证券属于该法规定的证券范畴，特殊目的机构发行证券需要向美国证券交易委员会进行注册登记并进行信息披露，此法律文件还规定了豁免条款。《1934 年证券交易法》对证券交易的各个环节做出了具体规定，主要在两个方面涉及资产证券化：一是发行人向证券交易委员会的登记注册义务；二是制作并报送定期报表，使投资者获得持续、准确信息的义务。

除了以上主要法律以外，涉及资产证券化的法律文件还包括美国《统一商法典》，该文件对美国不同州之间应收账款的优先权益确认与优先权的设定做出了规范；以及联邦政府和地方政府颁发的有关税收、利率、监管机构、信息披露、财务会计规则等法律文件，这些制度促进了资产证券化主体功能的多样化及竞争机制的建立。

美国知识产权证券化大都集中于大型高新技术企业，以加快知识产权成果转化速率、尽快收回研发成本、加速资本周转为目的。无疑，美国资产证券化的快速发展得益于其日臻完善的法律制度体系，良好的法律环境给予了资产证券化广阔的发展空间。所以尽管美国资产证券化的发展主要是以市场为导向，相较于日本等国明显的政策引导，政府的干预色彩较少，但美国联邦政府的支持也不能小觑，毕竟资产证券化的发展依赖于复杂的法律制度结构及稳定、有序的资本市场。美国资产证券化的成功，使有关美国资产证券化法律制度的分析，对尚处于专利资产证券化初试阶段的我国，具有极大的借鉴意义。

二、日本的知识产权证券化实践

资产证券化在亚洲起步较晚。1997 年亚洲金融危机之后，亚洲企业的融资能力不断削弱。为防范风险、处置不良债权并进一步发展资本市场，资产证券化作为一项重要的金融创新脱颖而出。鉴于资产证券化可以有效地在各方主体间重新进行风险的分配，有利于促进金融稳定与资本市场的发展，加之其在减少信用成本、破产成本、监管成本、增加公司未来预期收益等方面的优势，受到了不少国家政府和投资者的青睐。

日本、韩国、马来西亚、泰国、印度尼西亚等国家纷纷调整各自现有的法律框架，以充分适应资产证券化的需求。之所以世界各国对于资产证券化趋之若鹜，就是因为其能减少融资成本，提供一种新的融资渠道，而专利领域的探索，是因为专利资产证券化为投资者提供了一个参与高技术经济、享有高技术经济发展带来收益的机会，因而成为知识产权证券化里程中最为亮眼的新星。

在众多亚洲国家中，日本是最早发展知识产权证券化的国家。与美国的市场主导型知识产权证券化模式不同，日本在进行知识产权证券化的过程中主要采用的是政府主导型模式，政府在知识产权证券化的过程中起着非常重要的导向作用。日本的制度建设很多都借鉴于美国，但知识产权证券化的制度建设却与美国存在较大差异。日本开展知识产权证券化的主要目的在于解决创新型企业及中小企业融资难的问题，满足其以自身知识产权作为基础资产进行融资的需求，同时将金融机构的贷款风险通过市场化手段向不特定多数的投资者分散。这一点与我国的具体做法极为相似。

日本是一个成文法国家，在没有政府主导立法鼓励专利资产证券化之前，专利资产证券化一直是理论界讨论和研究的范畴。早在 1931 年，日本政府就制定了《抵押证券法》，但是因为种种原因，该法律没有得到人们的注意，不动产资产证券化却已经悄然而生。1988 年，日本政府推行了金融改革，意图减轻对信托和证券发行方面的限制，随后陆续出台了《债权转让特例法》《不动产特定合资企业法》和《资产证券化法》等一系列专门立法。

随着经济发展增速放缓，日本政府愈加重视知识产权对经济发展的促进作用，2002 年，日本政府从战略高度出发，以"知识产权立国"为国家战略，发布了《知识产权战略大纲》。此后基本每年日本知识产权战略本部都会颁布年度《知识产权推进计划》，日本知识产权战略本部也在不断修改《信托业法》，来进一步促进知识产权证券化发展，并力求保护投资者利益和合理的商业行为不会因受托人的滥用权利而遭受侵害。2004 年和 2005 年的年度《知识产权推进计划》均对信托制度做出了新的规定，这一系列制度有力地促进了知识产权保护和知识产权转化。

2003 年首次成功实施的 Scalar 证券化产品是日本历史上首宗专利资产证券化实例。Scalar 公司创建于 1985 年，公司规模不大，属于创业阶段的日本中小企业，但却拥有多个有关光学技术的专利，并一直致力于光学镜头业务的发展。

2003 年 3 月，Scalar 公司将四项专利权排他性地许可给另一家同样处于创业阶段的有限责任公司——PIN Change 公司。由此，未来若干年的排他性专利许可费收益构成了本次专利资产证券化的基础资产。随后，Scalar 公司将这些专利的未来应收许可费收益转移给一家特殊目的公司——TMK（Tokutei Mokuteki Kaisha）。该公司由一家信托银行控股，此次专利资产证券化筹得的资金仅有 20 亿日元。由于知识产权证券化需要支付昂贵的法律、财会、技术等费用，从损益相抵的角度看，进行资产证券化所计划筹措的金额只有达到 20 亿至 100 亿日元时，才能符合资产证券化规定要求的规模额度。因此，该案例更多属于政府部门介入操盘的实践探索。

Scalar 案首开了日本专利资产证券化的先河，得到了各界较高的评价。但对该案例进行成本收益分析后可以发现，该案例并不能算作成功。专利资产证券化的法律关系比较复杂，各种服务费用、中介费用使资产证券化的成本高昂，如果专利资产达不到相当规模，所得的融资在支付完相关费用后就基本无利可图。好在本次专利资产证券化涉及的专利数量不多，证券化过程相对简单，融资规模较小，只有 20 亿日元。尽管这一证券化交易也采用了将专利许可权转让给特殊目的机构的形式，但是从实质上看，本案中 PIN Change 公司每年支付的专利许可费很难说是特殊目的机构发行证券的基础资产，最多只能算是证券清偿的储备金而已。但不论成功与否，Scalar 案作为专利资产证券化的一个"试点"无疑具有开创性的意义。

日本在制度建设方面一向紧随美国，但由于日本的文化传统、政治体制等方面与美国存在不小的差异，因而日本的专利资产证券化制度在发展上展现出其自身的特点。在美国，投入较大的研发组织希望通过专利资产证券化将其拥有的专利成果尽快实现转移，进行产业化应用，以尽快收回研发成本和预期利润。因而美国的专利资产证券化实践，主要集中在高风险、高投入的生物医药行业。而日本的专利资产证券化则是创新企业获得资金的一种新型融资工具，故而专利资产证券化主要集中在创新企业或中小企业。

一般来说，这些企业规模不大，并没有很多的有形资产（如土地、建筑物、机器设备等）可以作为债权的担保，却往往拥有许多专利资产。由于这些中小型企业普遍资信较低而通常无法获得银行等金融机构的融资贷款，在这种企业的初创期和瓶颈期更适合股权融资的方式。但是，股权融资的代价往往是失去对企业的控制权，对于那些不愿意公开的创新型企业或者那些不愿丧失公司管理权的中小企业来说，如果能将其拥有的专利技术等资产的信用级别与公司自身的信用级别分离开来，以其拥有的优良专利资产为担保进行融资，反倒是比较符合其本身特点的更佳选择。此举也将极大地促进该类企业的发展，专利资产证券化就是这样一种有效的制度安排。

从发行途径上看，日本的知识产权证券化大多采用私募的方式，向投资者或大型投资机构发行，证券的流动性也相应较弱，其产生的直接问题是证券投资者难以在短期内转让，证券的吸引力也随之降低。Scalar 案就是一个典型的例子。但是，从长远看，虽然此次专利证券化产品的经济效益不明显，却为日本知识产权证券化的发展起到了先驱作用。2004 年，日本发布了新的《信托业法》，不再限制将专利权作为信托财产。紧随其后，日本九州大学将专利委托给日本三菱 UFJ 信托银行，通过包装和宣传，三菱 UFJ 信托银行向投资人发行了基于专利受益期权的相关证券，日本的知识产权证券化历程迎来了迅速的发展。

三、欧洲部分国家的知识产权证券化实践

早期欧洲知识产权证券化的发展案例集中在体育产业转播权或各类体育赛事门票收

益证券化等方面，后来意大利、英国等国家也先后将电影和音乐作品进行知识产权证券化融资。在欧盟，知识产权证券化产品的发行主要依靠市场力量，金融机构以自己持有的知识产权资产为基础发行证券，政府并未起到根本性作用。由于债券发行主体及发行中介机构的资质和实力有强弱之分，在缺乏政府信用的情况下只能构建强有力的社会信用增级机制，以此提升知识产权证券化的信用等级，确保债券的成功发行。

1998年5月，西班牙皇家马德里足球俱乐部通过把来自阿迪达斯公司的赞助收入证券化筹得5000万美元。2001年年初，英格兰超级联赛中的利兹联足球俱乐部在财务状况开始恶化的情况下，以其未来20年的门票收入作为支持发行了7100万美元的资产证券化债券，债券持有人每年收益大约700万美元。后来，阿森纳等几支球队也进入了资产证券化的行列。

1999年3月，意大利Cecchi Gori公司将其所拥有的影片打包，发行债券，并以其拥有的1000多部影片的销售额、许可电视台转播等费用进行偿付，这一债券被称为"邦德债券"。

在欧洲国家中，英国有关知识产权证券化的法律制度最具有代表性。这些法律制度主要集中在对知识产权信托、特殊目的机构（SPV）和信用评级机构的监管方面。

英国的知识产权信托机构有公司信托，也有个人信托，监管程度依据信托主体的不同而有所区别。关于公司信托的法律监管，英国法律规定，在公司信托设立前由英格兰银行对其进行资格审查和业务批准，并对公司信托设立后的经营管理行为进行调查，实施动态监管；同时证券监督委员会对公司信托的经营范围、运营方式以及投资渠道等进行调查和监管。公司信托机构的业务经营禁止进入房地产行业和期货市场等高风险领域。公司信托在进行投资业务时要遵循风险分散原则，不能对某一项目投入过多资金。

对于个人信托的行为，英国法院可以根据《受托人条例》以及相关的司法判例来监管，从而规范个人从事知识产权信托的市场行为，并且鼓励个人积极参与到知识产权信托中，促进知识产权信托主体的健康发展。

根据英国法律的强制性规定，资产证券化中必须成立特殊目的机构（SPV）。英国的特殊目的机构采用公司模式，即特殊目的公司。英国法律承认特殊目的公司具有独立的经济法律地位。根据法律规定，特殊目的公司可以有自己人员、财产，并自己的名义开展经营活动，同时也独立承担责任。关于特殊目的信托，英国《1986年金融服务法》规定，一是成立特殊目的信托要履行登记程序；二是特殊目的信托的专利资产证券化计划有可能不被认可，而被定性为集合投资方案；三是特殊目的信托发行的证券种类受到限制；四是特殊目的信托并不能帮助专利资产证券化获得税收优惠政策，从而减少发行成本。从上述规定内容可知，特殊目的信托模式在英国是不被鼓励的。

根据英国法律的规定，原则上私人公司是禁止公开发行证券的。但是英国为了支持资产证券化的发展，在法律中对特殊目的机构做出了例外规定。也就是说，特殊目的机构持股或控制的私人公司可以向公众直接销售证券。但是英国法律对这一例外情况设置了前提条件，即只在特殊目的机构的董事会与专利权人可以对特殊目的机构的会议提案享有表决权，也可以任免特殊目的机构的工作人员以及部分重大事项的决策权等；同时，如果专利权人对特殊目的机构具有实际控制力，那么专利权人与特殊目的机构之间则不具有独立性。

此外，欧盟对信用评级机构的监管制度也曾适用于英国本土，这些都构成了英国专利资产证券化的法制环境。

第三节 专利资产证券化的监管制度及其改进

监管是指具有职权或管理义务的主体为了实现管理目标而利用各种手段对监管对象所采取的一系列有意识的主动干预活动。在知识产权资产证券化的过程中，监管是不可或缺的。

从风险控制的角度看，专利资产证券化是将专利资产作为基础资产，通过对基础资产的收益和风险采取一系列操作后，转移给投资者的一类融资活动。在融资的过程中，收益和风险在链条中逐步传递。由此，专利资产证券化的每个参与方都会面临一定的风险。从长远发展的角度看，证券市场的健康有序发展离不开恰当的监管，没有监管的市场是不可能维持长期繁荣的。所以，专利资产证券化监管的必要性源自专利资产证券化过程中大量法律风险的存在和保护投资者利益的需要㊀。爆发于2008年的国际金融危机，对多国的金融体系和经济本体造成了重创，暴露出政府在资产证券化监管方面的不足。2014年12月，巴塞尔委员会发布了新修订的资产证券化框架，用于应对金融机构在捕捉监管风险方面的不足。这些规则和相关制度对于证券化处于蓬勃发展初期的我国，具有很强的借鉴意义。

一、监管的目标在于降低专利资产证券化的法律风险

2005年起，我国正式启动了资产证券化的试点工作。经过十多年的发展，相关的配套政策日趋成熟，相关业务逐渐进入新常态。尤其是近五年来，资产证券化业务迎来了前所未有的发展浪潮。然而，作为舶来品，与西方成熟市场相比，我国的知识产权证券

㊀ 按照《巴塞尔新资本协议》的规定，法律风险是一种特殊类型的操作风险，它包括但不限于因监管措施和解决民商事争议而支付的罚款、罚金或者惩罚性赔偿所导致的风险敞口。由于专利资产证券化涉及的法律规范仍有大量待完善之处，专利资产在证券化运作过程中，由于与现行法律法规不一致而产生的不利法律影响即专利资产证券化的法律风险。

化业务仍处于起步阶段，仍有大量的制度空白和实践难题制约着知识产权证券化的发展进程。

诸多知识产权资产中，专利资产的证券化是最容易实现也是最为常见的。专利证券化产品与常见的股票债券等有价债券有着非常密切的关系。一方面，专利资产证券化产品往往是以债券的方式出现的，经过证券交易所批准上市交易的专利证券化产品属于债券的一种，可以被纳入广义证券的行列，受到我国《证券法》及相关法律法规的管理，也是国务院证券监督管理机构监督的对象。另一方面，专利资产证券化产品有着不同于一般公司债券的特征，其法律风险要远远高于公司债券，因而，必须辅之以全链条、多方位的监督管理。

考虑到专利资产的特殊性，相较于一般的公司债券，专利资产证券化运作可能造成的法律风险主要来自于四个方面。

（一）特殊目的机构设立和运行的法律风险

从专利资产证券化的运作过程可见，特殊目的机构所具有的核心地位是毋庸置疑的。特殊目的机构的有效设置是专利资产证券化运作的基本前提。但是，这种特设机构究竟应该以何种方式设立？保障特殊目的机构与基础资产的真实隔离方面仍未有清晰的法律规定。就现有立法看，特殊目的机构的设立和运行主要面临两方面的法律风险：第一，特殊目的机构设立的法律风险。根据各国的实践，特殊目的机构可采取的形式有公司、有限合伙以及信托机构。虽然我国有《民法典》《公司法》《合伙企业法》和《信托法》等法律法规，但上述法律法规均无基于隔离破产风险需要而设立的特殊目的机构所享有权利义务的相应规定。特殊目的机构通过合同关系从受让方取得专利权的过程，仍然受到诸多因素的限制。另外，现有法律中关于发起人与作为发行人的特殊目的机构之间的控制关系的法律规范尚不健全，控股公司滥用控制关系的实例比比皆是，这就相应增加了第三人刺穿公司面纱的机会，更会造成投资人因破产风险隔离不佳而承担风险的不利局面。第二，特殊目的机构的执业限制。在理论界，有关特殊目的机构是否可从事资产证券化以外的其他经营活动曾是一个争议较大的命题。然而，随着美国 2001 年的《破产法改革法案》相关规定的出台，这一问题已逐渐在理论界达成共识。该法案规定，特殊目的机构作为合格实体，仅能从事以下事业：①获得和持有合格资产；②获得并直接或间接向证券发行人转让合格的资产。从这一规定看来，这一问题似乎得到了有效解决。

然而，在世界上大多数市场经济国家，这一问题尚未得到立法的确认。以我国为例，我国现有《公司法》《证券法》及其他相关法律法规均未对从事特定经营活动以外的经营活动采取审批登记的立法，而是允许公司从事需审批登记以外的经营活动，即立法默许了特殊目的机构从事其他正常经营活动。然而，这也就难以避免特殊目的机构的其他经营行为影响到基础资产的稳定状态，为专利资产的稳定性埋下了隐患。一方面，为了隔离风险，发起人需要把资产的所有权绝对地转移给特殊目的机构；另一方面，在转移之后，证券持有人的偿付只能孤立地依靠这些资产的收入或者清算价值。为此，从兼营禁止、自有资金的转投资限制、经营借贷限制、担保限制等方面进行立法必然成为相关法律法规进一步完善的重要方向。

（二）专利资产出售过程中的相关法律风险

专利资产出售过程中的相关法律风险主要建立于"真实销售"的基本前提之下，涉及专利资产的出售对象、出售方式和出售效力等几方面。首先，就出售对象而言，在专利资产证券化过程中，发起人向特殊目的机构"真实"出售的是专利基础资产，即未来应收账款。然而，未来应收账款的本质是未来债权，未来债权是否转移是一个法律问题。其次，债权转移通知主义的立法模式下，通知时债权转移即对债务人生效。具体到专利资产，由于用于证券化的专利基础资产往往规模较大、组合复杂，债权债务关系冗长，难以实现有效通知。最后，就出售效力而言，如果未来应收账款的所有权发生了转移，那么其担保物权亦随之移转给特殊目的机构。但是，由于转移特殊动产或者知识产权的担保物权，不仅要签书面的担保合同，还必须履行法定的登记方式才能发生效力，极易造成实践与法律的冲突。

（三）信用评级与信用增级相关法律风险

信用评级即是对专利资产支持证券产品发行者的信用及其所发行的知识产权证券质量进行评估的一系列活动。目前，专利资产证券化产品通常是将数个企业的数十项专利收益权，分类打包后形成某一专利资产支持证券的基础资产。此时，如何准确评估该专利资产的偿付质量成为专利资产支持证券产品信用评估以及专利资产证券化成败的重要因素。这就为信用增级的运用以及增强专利资产支持证券的吸引力带来了重大挑战。另外，信用增级在我国也存在一定的法律风险。我国有关担保制度的法律法规尚未健全，证监会等各方主体出台的某些做法存有不协调甚至相互冲突的规定，一定程度上增加了第三方对资产证券化产品融资信用支持的难度。

（四）专利资产支持证券发行与交易中的法律风险

专利资产支持证券产品的发行与交易是实现结构融资的市场运作过程。新修订的《中华人民共和国证券法》（以下简称为《证券法》）第二条明确规定："资产支持证券、资产管理产品发行、交易的管理办法，由国务院依照本法的原则规定。"根据这一规定，资产支持证券产品同我们熟知的股票、债券等有价证券在本质上并无差别，都需要遵循证券发行、证券交易的基本原则。不同之处在于，依据发行单位的不同，专利资产支持证券产品的监管机构有证监会和银保监会（现国家金融监督管理总局）两个主体。此外，在我国，一些金融类企业的行业协会（如中国银行间市场交易商协会、中国证券投资基金业协会等）也可以对资产支持证券产品的信息披露工作开展自律管理⊖。

从本质上看，专利资产支持证券属于债券的一种，其发行与交易必须符合证券发行与交易的原则性规定。然而，专利资产支持证券产品有着自己极为显著的特殊性，造成了以下三方面的冲突。

1）发行人主体资格的法律冲突。专利资产证券化产品的优越性之一是其自身具有的低成本、低市场准入要求。而现行法律规定的较高的证券发行条件，与专利资产证券化的创新热潮相冲突。基于此，发行单位必须多方筹集基础资产，使其达到证券法的基本要求。从当前实践情况看，比较常见的专利资产支持证券产品发行规模控制在 1 亿~3 亿元之间。

2）专利资产支持证券的发行对象问题。根据域外部分国家的实践可知，专利资产支持证券的发行对象大多为商业银行、保险公司等机构投资者，鉴于我国法律对商业银行、保险公司采取了审慎经营态度，对其进入证券市场有严格的限制。考虑到专利资产支持证券的发行对象主要是机构投资者，个人投资者基本上没有购买资格，这些规定使机构投资者的来源受到较大限制。

3）关于专利资产支持证券是否属于证券法上的"证券"问题。新修订的《证券法》虽新增加了资产支持证券这一产品种类，但并没有明确其与股票、公司债券等常规证券的共同属性。实际上并未将专利资产支持证券明确纳入"证券"的范围，相关制度还需要国务院通过立法予以明确。

上述法律风险的存在必将影响专利资产证券化的健康发展。

二、专利资产证券化法律监管的域外实践

"法律监管"一词具有运用法律规范予以实施并实现监督和管理效能的寓意。在法治化思维下，法律监管主要指通过法律行为模式的设定和规范化运用，达到既定的立法目标。然而，专利资产证券化产品的监管并不是一个简单的立法和司法的问题，还包括大量的行为规范及行业规则，因而呈现出较一般的有价证券更为复杂的现象。

专利资产证券化的最终目的是将原本流动性差却有较高预期收益的专利资产转化为流动性高的证券，使其在证券市场上得以流通。在各国的金融监管体制中，证券监管体制是最成熟的监管体制之一，专利资产证券化包含了证券发行、证券交易的内容，将专利资产证券化过程纳入证券监管体制是较为合适的选择。各国的证券监管体制有所差异，这一差异既可能源于一国的法律体制，也可能源于实践中的偏好。纵观世界上证券市场

⊖ 经中央人民银行批准，中国银行间市场交易商协会于 2015 年 5 月正式发布的《个人汽车贷款资产支持证券信息披露指引（试行）》，中国证券投资基金业协会于 2014 年 12 月出台的《资产支持专项计划备案管理办法》，对资产支持计划工作的流程和备案程序做出了框架性的规定。这些都可以视为广义上的监管规则。

发达的国家的具体做法，可以按照监管主体的地位不同，大致划分为政府主导型和自律主导型两类监管体制。

政府主导型监管体制以美国为代表。在美国，从证券监管角度出发，专利资产和其他动产及不动产并无本质的差别。政府在采取主导型监管体制时，主要通过设立专门的全国性证券监管机构、制定和实施专门的证券市场管理法规来实现对全国证券市场的统一管理。在这种监管体制下，政府居于主导地位，各类自律性的社会组织起到协助的作用。这种监管体制的优点是实现了证券监管的统一性，将市场主体的活动统一纳入到严格的法律规范体系中，从而可以有效地防范违法行为的发生，确保证券市场的稳定发展。同时，政府监管机关以国家权力作为管理后盾，具有权威性，能超脱于市场参与者之外，达到严格、公正且有效地发挥监管的效果，对于保护投资者的利益更为实际。但是，这种体制也存在一些缺点，如容易出现行政权力过多导致不当干预市场的倾向，当监管机构的行政效能低下时，难以及时跟进市场活动，可能导致监管脱离实际或监管滞后，监管成本相对较高。

自律主导型监管以英国为代表。在英国，证券交易所和证券业协会依据法律法规授权和相应的管理规章及业务规则，共同对证券发行和交易的相关活动进行约束和管理。自律监管体制的主要特点是政府除了一些必要的国家立法之外，很少干预市场，监管主要由交易所、行业协会等自律性组织来完成。这意味着，在国家必要的立法框架下，行业协会可以依据职责自行指定一些用于监管证券发行和交易的规则，并且在得到一致认可后，由被监管对象纳入自行遵守的规则之内，实现自律管理和政府管理的双向合作。这种监管体制的主要优点是能够充分调动市场主体的积极性，如参与规章制度的制定可以帮助相关机构更加主动、积极的遵守这些规则，从而使监管更加有效；监管活动更为贴近市场，也能够对违法行为做出迅速而有效的反应，监管成本相对较低。但是，这种体制也存在一定的缺点，如监管主体种类较多、层次不一，容易造成监管活动缺乏统一性，造成管理上的混乱；容易忽视对投资者利益的保护；有些规则层次不高，缺乏政府的强制力作为后盾，监管效果容易走向歧途。

实际上，世上永远没有最完美的机制。无论是政府主导型还是自律主导型的监管体制都存在一定的缺陷和不足。相对而言，政府主导型监管体制在宏观上具有明显优势，如专门的监管法规和监管主体，注重社会和经济的稳定，有利于统一管理尺度，确保交易活动有法可依，加强了管理的权威性，更好地维护了市场的公开、公平和公正，使投资者的利益得到有效保护等。自律组织在微观方面具有相对的优势，如比政府更接近市场且更熟悉证券市场的业务操作；对市场的变化反应迅捷、容易察觉违法行为的发生并及时弥补现行监管法律的漏洞；在执法检查、自律监控方面比政府机关更具有效率和人性特征。

自20世纪90年代以来，各国纷纷认识到自律监管和政府监管在管理证券市场的过程中都具有重要价值。由此，两种监管体制之间出现了相互借鉴、相互学习的趋势。国际证监会组织自律监管组织咨询委员会就曾经指出，政府制定的法律规定应当明确划定法定监管者和自律监管组织的不同职责。国际上通行的一种观点是，证券监管职责的分配可以被描述为金字塔结构：监管结构的第一层是市场中介机构，其上层是具有监管职责的市场主体，在金字塔顶端的是监管者，三者共同发挥着证券监管的职责。美国形成的由政府监管、行业协会自律管理和交易所自我管理有机配合的"金字塔式"的三级监管体制，正是两种监管方式相互学习的结果。

三、专利资产证券化特殊目的机构（SPV）的法律监管

专利资产证券化的运行涉及众多法律主体。根据发挥作用的差别，可以将这些主体分为基本参与主体和辅助参与主体两类，其中基本参与主体包括原始权益人、债务人、发行人和投资者等；辅助参与主体包括贷款服务人、信用评级机构、增信机构、资金保管机构、证券机构等。根据业务分工的不同，我们可以将这些机构划分为发起机构和中介机构。对于发起机构和中介结构进行适度的监管，是十分必要的。要实现专利资产证券化全链条监管，势必将这些主体的活动都纳入到监管范围之内。同时，一项专利资产支持计划所采用的底层资产不同，所需要的参与主体也不甚相同。图6-1是广州开发区某专利资产支持证券产品的运作流程图。为便于说明问题，我们暂以此图展示的产品设计模式为例，对专利资产证券化过程中涉及的多方主体进行分析。

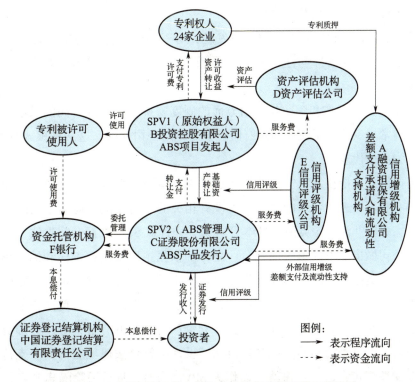

图6-1　广州开发区某专利资产支持证券产品的运作流程

以此专利资产证券化的交易流程为例，A 融资担保公司、专利权人、原始权益人（本例中，ABS 项目发起人 B 投资控股有限公司和 ABS 产品发行人 C 证券股份有限公司虽为不同主体，但其同时还是专利资产的原始权益人）、资金托管机构 F 银行、资产评估机构 D 资产评估公司以及证券登记结算机构分别发挥着不同的功能。在专利资产证券化的主体中，SPV（即本例中的 B 投资控股有限公司和 C 证券股份有限公司）是一个核心主体。SPV 不仅是证券化操作的发起人与投资者之间的联系桥梁，更是证券化具体操作的实施者和组织者，所以对其的监管也最为引人关注。A 融资担保公司、D 资产评估公司以及 E 信用评级公司起到中介服务的职能，我们将其纳入其他中介机构，后续将就其监管制度和监管模式展开分析。

各国证券法一致认为，SPV 作为专利资产证券化的重要主体，对其的监管应当适度。过于严格的监管容易造成 SPV 在设定和运营过程中的障碍，不利于金融领域的创新；而过于宽松的监管又容易在证券市场上引发较大的法律风险，从而削弱了投资者的信心，更不利于专利资产的隔离和增信，尤其是监管不当的情况下，容易导致金融市场的连锁反应，因而需要审慎对待。站在监管者追求交易安全的角度来看，当然是监管越严格越好，如希望 SPV 的结构尽可能合理、完整，信息披露频率尽可能高，披露的内容尽可能全面，信用增级尽可能高等；而站在原始权益人追求权益的角度来看，当然是监管越宽松越好，因为监管过于严格意味着 SPV 的运作成本即最终的专利资产证券化的成本会高，这当然是原始权益人不愿意看到的情况。

比较各国资产证券化监管的内容可以发现，对于 SPV 的监管规定主要集中在 SPV 的设立监管、运作监管和解散与注销监管等方面，这一点类似于我国证券法对证券公司的相关制度规定。

就 SPV 的设立、运作和解散与注销方面的制度安排，有三种不同的做法，分别是普通公司模式、常规专门公司模式和政府监管下的专门公司模式，这三种模式分别以美国、英国和日本为典型代表。

普通公司模式是指在专利资产证券化过程中不单独设立专门的公司来对即将进行资产证券化的专利资产进行管理的做法，也没有相关的专门立法对此类公司附加特别的义务。换言之，美国并没有像英国、日本等国家一样针对 SPV 进行专门立法，而是在普通公司法中对公司做出了不同形式的划分，划分的依据主要是法律责任和纳税标准。鉴于美国联邦税法和美国公司法就不同种类的公司规定了不一样的纳税标准，相应的出现了税赋不同的公司可以承担同种类专利资产证券化业务的情况。这与美国长期以来的资产证券化实践积累是一脉相承的，在美国，专利资产与常规的有价证券、有形资产在融资创新时并没有什么显著的不同。只要公司能够设计出符合法律规定的资产支持证券并满足相关的强制性规定，这个公司就可以作为 SPV。当然，基于风险隔离和降低风险的需要，这类公司一般应当是有限责任公司，合伙以及有限合伙企业较少涉及此类业务。

在 SPV 设立和监管的问题上，英国规定了与此相反的专门公司模式，该种模式目前被大多数国家所采纳。专门公司模式是指在专利资产证券化过程中，法律规定必须设立专职管理专利资产、与承销公司往来等法律上享有完全独立法律主体资格的公司来进行专利资产的证券化。

英国法律明确要求，企业在开展专利资产证券化的过程中必须成立公司制的 SPV。SPV 应当具有独立的法人资格。同时，企业在发行证券的种类上也受到一定的限制。英国法律禁止私人公司向大众直接销售证券，只有资本达到一定规模的公司才能获得向大众销售证券的资格。进入 21 世纪后，为促进资产证券化的发展，英国政府放宽了这一限制，直接规定只需要是 SPV 持股或控制即可满足公开销售证券的条件。设定这一条件的初衷在于确保 SPV 董事会与发起人之间相互独立。

英国法律中对 SPV 独立性保持着非常慎重的态度。如果 SPV 不能保持资产证券化运营的独立性，就会导致公司与发起人之间的权利义务混乱，其带来的最严重的后果便是风险隔离机制形同虚设。如果发起人遭遇破产清算，就会牵连 SPV 名下的财产，进而严重打击消费者的信心，使 SPV 失去了存在的意义。

日本政府在 2002 年就提出了"知识产权立国"的口号，知识产权证券化作为提高知识产权转化率的最佳手段，被提升到了国家层面。从 2003 年开始，日本政府的知识产权部门会定期发布《知识产权推进计划》。与此同时，日本政府加快了有关知识产权运营的制度设计进程。日本社会现行有效的关于 SPV 的法律名为《资产证券化法》，实则是由 1989 年颁布的《特殊目的机构法》更名而来。

日本《资产证券化法》设计了较为独特的四类规定，从而奠定了其政府监管层面下专门公司模式的 SPV 设立和运行模式。

1）SPV 的成立必须要经过内阁总理大臣的批准。证券发起人要成立 SPV，必须在公司内部制定包括"资产流动计划"在内的法律文件，并获得全体股东的同意。公司将达成一致意见的 SPV 设立问题依照流程报主管部门批准。经批准后的公司承担资产证券化的特殊业务，也可以同时兼营其他业务。如果没有获得批准，则不能承接资产证券化的运营业务。

2）SPV 的法人治理结构与常规有限公司存在一定的差异。具体表现在，SPV 除了设立一般有限公司所需要的股东大会、董事会之外，还需要专门设立检查人及会计监察人。股东大会、董事会的职责与普通公司的相同机构并无职责上的本质区别。检查人及会计监察人的主要职责是对公司事务的执行以及公司财政运营情况进行监管。

3）日本法律对 SPV 在管理和处分特定资产的能力上做了一定的限制，要求其必须委托信托专业机构进行管理或处分。同时，限制 SPV 不能主动负债，也不得将其名下将要进行证券化的资产挪作他用。

4）为保护投资者，日本法律还规定，由内阁总理大臣将其审批组建的 SPV 的基本信息予以公开，方便投资者查询，并且要求 SPV 将每年的业务制成书面材料，提交给内阁总理大臣备案。当 SPV 的业务涉嫌违法且未按照上述约定进行各项事务时，日本法律授权主管机关享有检察权与紧急处置权，这使得资产证券化业务从机构设立到业务开展均置于政府的强力控制之下，因而显得非常严苛。

四、专利资产证券化信用评级机构的法律监管

专利资产证券化离不开辅助参与主体，这些辅助参与主体通常表现为中介机构。它们运用各自的专业特点，在基础资产的形成及其证券化产品的运营过程中，提供着诸如评估、评级、法律咨询等专项服务。在专利资产证券化中，中介机构通常要满足两个潜在要求：①该机构属于通俗意义上的经济组织，可以是以营利为目的有限责任公司，也可以是行业协会等具有经营能力的其他机构；②该机构可以为专利资产的证券化提供辅助性的专项服务，如资产评估、信用评级、法律服务等。

我们发现，在美国等几个主要推行专利资产证券化的国家并没有制定专门的有关其他中介机构在专利资产证券化市场运作的法律规范，而大多采用资产证券化乃至中介机构各自专业领域相关的法律规定。然而，由于专利资产证券化的专业性较强、技术性较高，有关专利资产证券化中介机构的现有法律规定在某些方面往往存在不适用的情况。有必要立足专利资产证券化市场，根据其客观需求，进一步明晰权责，在已有法律规范的基础上，不断发展和完善相关制度，实现降低金融风险、切实保护投资者权益的目标。

（一）信用评级机构法律监管制度概览

自"安然事件"以来，信息披露成为证券市场日益关注的问题。特别是美国次贷危机爆发之后，针对证券行业中介机构法律监督制度的缺失问题日益突出，同时穆迪、标准普尔等几大信用评级机构受到越来越多的质疑，甚至被认为是造成美国次贷危机产生的重要原因。从次贷危机中评级机构所起的作用来看，政府对资产支持证券信用评级机构的法律监管存在明显的缺位。仅仅依靠这些机构的行业自律监管和现有监管体系明显不能满足专利资产证券化系统性融资市场风险监管的要求。

从各国现有的相关法律文件可以发现，专利资产证券化的法律监督主要采取"分别立法"的制度设计模式，即针对不同的中介机构设定不同的法律规定，并以主要法律制度为其主要内容。在这些中介机构之中，对信用评级机构的法律监管尤为重要。

信用评级机构的主要功能在于具体测定和评价资产支持证券化产品的信用级别、质量、偿付能力等信息，以及资产支持计划是否达到了初级评级与发行评级的标准。目前，世界上通行的针对专利资产信用评价的等级有 AAA、AA、A、BBB、BB、B、CCC、CC、C 等九个信用等级。

美国是世界上最早出现信用评级机构的国家，也是世界上最发达的信用国家之一，

既有最完善和健全的管理体制，又有运转市场化、独立公正的信用服务体系，这些使该国的信用交易成为整个市场经济运行的主要交易手段。

1. 专利资产证券化信用评级机构市场准入制度

市场准入是事前监管理论的核心制度。在市场经济的环境下，国家主要采取法律手段，就信用评级机构的设立、业务范围、工作规程等所必须达到的基本标准做出规定，从而引导信用评级机构健康有序发展。这一点与我国《证券法》就证券公司的设立标准、经营范围及治理结构的相关规定相似。具体到专利资产证券化信用评级机构，其市场准入制度主要涉及组织结构、人员组成等方面。

从组织结构看，美国并未对信用评级机构的责任形式做出严格的规定，信用评级机构可以是一个有限责任公司，也可以采取合伙制。当前，美国有三大类信用评级机构。它们分别是资本市场上的信用评估机构、商业市场上的信用评估机构和消费者信用评估机构。其中，与专利资产证券化活动有关的评级机构主要是第一类。这些机构的评估对象主要是国家、银行、证券公司、基金、债券以及上市公司的信用。穆迪、标准普尔和惠普国际这三家最著名的企业均采取有限责任公司的形式，并且在全球范围内得到了一致的认可。

从信用评级机构的人员组成来说，大多数国家都规定了高级管理人员以及具有特别从业资格的专业人员的法定数额。

2. 业务回避制度

业务回避制度是确保信用评级机构独立公正做出判断的制度基础。从本质上看，信用评级机构作为专利资产证券化过程中的第三方，发挥着不可或缺的专家作用，建立回避制度是非常必要的。不同的国家可以对回避事项、回避情形做出不同的规定。依回避对象不同，专利资产证券化信用评级机构的回避情形分为信用评级机构回避和评级委员会及评级从业人员回避两种类型。

当出现妨碍信用评级机构独立做出专业判断的情形时，信用评级机构应当回避。目前，世界主要国家关于专利资产证券化业务回避规则，主要以与证券业务相关的法律法规为主。以我国《证券法》为例，当证券评级机构与受评级机构或者受评级证券发行人为同一实际控制人，或者同一股东持有证券评级机构、受评级机构或者受评级证券发行人的股份均达到5%以上、证券评级机构及其实际控制人在开展证券评级业务之前6个月内买卖过受评级证券等情形时，出于保护投资者和维护社会的公共利益，评级机构应当回避。

3. 信息公开制度

证券市场的基本原则是公平、公正、公开，这一原则被广泛称为"三公原则"。公开原则要求与证券相关的信息必须及时以公开、透明的方式向社会公众发布，进而实现实质正义和秩序和谐。相应地，专利资产证券化信用评级机构所获得的必要信息也必须满足这一要求。问题在于,究竟哪些事项属于必须公开的信息以及公开的程度和方式如何确定。在信息高度发达的当今社会,信用评级机构的方法、信用评级的业务许可、评级程序等信息都需要通过一定的形式进行公开。工商管理部门的登记备案材料和本机构自备的公众查询材料也是自身信息公开的重要内容。此外,评级的结果也应当及时向社会公众发布。评级结果通常包括评级对象的信用等级和评级报告。评级报告应当采用简洁明了的语言,对评级对象的信用等级做出明确解释,并由法律规定的特定人员签章。信息公开的相关规则由法律和行业规范做出明确规定。

4. 法定检查评估与强制退出制度

法定检查评估的对象主要是专利资产证券化信用评级机构的内部控制、管理制度、运作经营、风险状况、从业状况和财务状况等。主要的检查评估方式有定期检查评估与不定期检查评估、非现场检查和现场检查等。法定检查评估制度是专利资产证券化信用评级机构事中监管的主要内容。而强制退出制度则是指由于专利资产证券化信用评级机构达到法定的市场退出条件,而依法由有关主管机关取消其信用评级认定资格,撤销证券评级业务与许可的法律制度。此外,当信用评级机构存在一些严重危害国家或投资人(发行人)利益的行为时,主管部门可以依据法律职权对其做出强制退市的决定。值得注意的是,大多数国家一般会要求信用评级机构建立自己的内控机制,促使企业内部形成清晰合理的组织结构与相对合理的职能定位,建立内部复查与决议机构,建立复评制度等,以保持信用评级活动得以独立开展。我国自 2018 年起在检察系统率先开启的"企业合规不起诉"改革,就是促使企业内部建立完善的内控机制、降低犯罪概率的外在动力机制。目前,"企业合规不起诉"改革已经在全国范围内全面铺开,建立相对完善的企业内控机制成为企业出现违法现象时的一个"豁免"原因,因而受到了企业和企业家的一致欢迎。

5. 行业监管

从西方国家信用评级发展历史来看,自由主义成为西方信用评级行业历史发展的主线。信用评级机构自由参与信用评级活动,为谋求某些共同利益,通过建立信用评级行业组织形成共同利益表达和诉求机构。随后,信用评级的行业组织陆续承担起部分监管职责,建立和发展起了行业监管制度,并被认为是对事前监管、事中监管和事后监管的必要补充。信用评级行业组织正是通过对信用评级机构的指导、支持、监督和管理,依靠自身强大的灵活性和适应性,以较好的专业知识和技能实现对信用评级市场体系的维护和完善。目前,专利资产证券化信用评级行业监管主要采取了自律准则和职业规范两类规定。一旦信用评级机构加入信用评级行业组织,则自动担负起遵守行业组织自律准则和职业规范等的规定义务。对违反行业规定的信用评级机构,信用评级行业组织有权对其给予纪律处分等特定处罚措施。此外,为配合加强行业监管的需要,信用评级行业组织建立了评级机构及其从业人员从事证券评级业务的资料库和诚信档案等相关资料。这种做法在专业机构中已经变得非常普遍。

（二）我国主要信用评级机构及其监管

我国的信用评级机构是在国家相关部委及央行主导下批准设立的，带有浓厚的政府监管特色。从国内比较知名的七个信用评级公司的设立和经营范围看，大致都包含债券评级权限。鉴于专利资产证券化在证券市场上发行与交易时，通常采取的是债券而不是股票的发行方式，因而都可以对专利资产证券化产品的信用等级进行评价。表6-1是我国2020年度企业债券信用评级机构评价结果，基本上涵盖了国内知名的信用评级机构。

表6-1 2020年度企业债券信用评级机构评价结果

排名	信用评级机构	得分
1	联合资信评估股份有限公司	88.27
2	中证鹏元资信评估股份有限公司	88.17
3	上海新世纪资信评估投资服务有限公司	84.58
4	中诚信国际信用评级有限责任公司	82.55
5	远东资信评估有限公司	73.89
6	东方金诚国际信用评估有限公司	72.32
7	大公国际资信评估有限公司	70.76

1．联合资信评估股份有限公司

联合资信评估股份有限公司（以下简称联合资信）是一家国有控股的信用评级机构，总部设在北京，注册资本3000万元。股东为联合信用管理有限公司和惠誉信用评级有限公司，前者是一家国有控股的全国性专业化信用信息服务机构，后者是一家全球知名的国际信用评级机构。联合资信的主要业务领域包括资本市场信用评级和信用风险咨询，主要业务范围包括：①主体评级，对金融及非金融企业主体开展的评级；②债项评级，对金融及非金融企业主体发行的各种证券开展的评级。联合资信评级资质齐全，是中国人民银行、国家发展和改革委员会、中国银行保险监督管理委员会（现国家金融监督管理总局）等监管部门认可的信用评级机构，也是中国银行间市场交易商协会会员单位。当专利资产证券化产品在银行间发行时，如果有一份来自联合资信出具的信用评级较好的评价报告，无疑是相当有分量的。

2．中证鹏元资信评估股份有限公司

中证鹏元资信评估股份有限公司（以下简称中证鹏元）原名为"深圳市资信评估公司""鹏元资信评估有限公司"，成立于1993年。1997年12月，经中国人民银行批准，中证鹏元成为首批具有在全国范围内从事企业债券评级业务资格的九家评级机构之一；2007年9月，经中国证监会核准，中证鹏元成为首批获得证券市场资信评级业务资格的评级机构之一；2008年9月，经国家发改委批准，中证鹏元获得从事企业债券评级业务资格，成为全国第一家正式获得国家发改委书面批文的评级机构。

目前，中证鹏元的业务品种包括上市公司债券评级、非上市公司（企业）债券评级、结构类融资评级、贷款企业信用评级、商业银行信用评级、综合实力评级、招投标评级、个人征信、企业信贷贷前调查、中小企业融资推荐等十余种。在近几年的专利资产证券化浪潮中，经常可以看见中证鹏元的身影。

3. 上海新世纪资信评估投资服务有限公司

上海新世纪资信评估投资服务有限公司是专门从事债券评级、企业资信评估、企业征信、财产征信、企业信誉治理咨询等信誉服务的中介机构。公司成立于1992年7月，公司的评级业务先后获得中国人民银行、国家发改委、证监会等监管机构的认可，评级业务从单一的股票融资咨询到涵盖全部品种，从我国评级行业的探索者到最先具有全部评级资质的先行者，截至2022年已走过三十年发展历程。

4. 中诚信国际信用评级有限责任公司

中诚信国际信用评级有限责任公司（以下简称中诚信国际）是经中国人民银行总行、国家商务部批准设立并登记注册的中外合资信用评级机构。股东包括穆迪投资者服务公司和中国诚信信用管理有限公司。其业务范围主要包括企业债券评级、短期融资券评级、中期票据评级、可转换债券评级、信贷企业评级、保险公司评级、信托产品评级、货币市场基金评级、资产证券化评级、公司治理评级等。

作为国家发展与改革委员会认可的企业债券评级机构，中诚信国际还是中国人民银行认可的银行间债券市场信用评级机构；也是中国银保监会（现国家金融监督管理总局）认可的首个信用评级机构。目前，中诚信国际是国内评级行业中唯一正式引进国际评级技术与方法体系、具有公认领导地位的国内行业龙头公司，在资产证券化等高端产品中具备较强的技术优势。2007年4月，公司在全国率先公布第一批四个行业的评级方法，目前已完成20个行业的评级方法，是业内唯一正式公开评级方法和按行业制定不同评级标准的评级公司。

5. 远东资信评估有限公司

远东资信评估有限公司（以下简称远东资信）成立于1988年2月15日，是我国第一家社会化专业资信评估公司，拥有中国人民银行、中国证监会等部门认定的信用评级资格。作为我国评级行业的开创者和拓荒人，远东资信开辟了信用评级领域多个第一和多项创新业务，为我国的评级行业培养了大量的专业人才；曾多次参与中国人民银行、证监会和发改委等部门的监管文件起草工作；曾是我国评级行业自律的领导机构和对外交流的窗口单位，在我国评级行业的发展壮大中发挥了重要作用。目前远东资信已从上海走向全国，形成以北京、上海为中心，在全国范围开展业务的运作模式，先后在浙江、贵州、四川、湖南、云南、吉林等地设立了分支机构。

远东资信此前一度拥有境内市场全部牌照资质，但在2006年"福禧事件"发生后，作为其评级机构的远东资信部分债券业务处于监管机构要求暂停的状况，业务萎缩严重，此后几乎退出了与其他几家信用评级公司的竞争。直至近些年，才慢慢有了起色。2019年7月8日，远东资信获准开展银行间债券市场B类信用评级业务，业务范围为银行间债券市场金融机构债券信用评级业务；2021年8月20日，获准开展银行间债券市场A类信用评级机构业务。至此，远东资信再一次成为拥有境内市场全牌照的评级机构。

6. 东方金诚国际信用评估有限公司

东方金诚国际信用评估有限公司是经财政部批准且由中国东方资产管理股份有限公司以资本投资控股方式建立的全国性、专业化的信誉评级机构。公司前后获得中国证监会、中国人民银行和国家发改委三个国家政府部门认定的证券市场及银行间债券市场、两大债券市场国内全数债务工具类信誉评级资质和各地人民银行批准的信贷市场评级资质。公司注册资本雄厚，在全国各地设立了26家分公司，并全资控股一家专业数据公司——北京东方金诚数据咨询公司，是我国境内经营资本实力最雄厚的信誉评级机构之一，具体业务接受财政部监督管理。

7. 大公国际资信评估有限公司

大公国际资信评估有限公司（以下简称大公国际）于1994年经中国人民银行和原国家经贸委批准成立，是面向全球的国际信用评级机构，也是世界上第一家向全球提供国家信用风险信息的非西方国际评级机构，是参与国际信用评级体系改革、争取国际评级话语权的我国信用评级机构的代表。

大公国际具有国家特许经营的全部资质，拥有银行间和证券业两大债券市场，拥有中国人民银行、中国证监会、国家发改委、中国银保监会（现国家金融监督管理总局）等四个国家政府部门认定的全部债务工具类信用评级资质，背景非常雄厚。

作为多元化的金融信用信息服务商，大公国际建立了我国评级业第一个博士后科研工作站，为资本市场提供前沿风险评价技术与研究服务，与天津财经大学联合创建了我国第一所以培养信用评级和风险管理高端专业人才的高等院校——大公信用管理学院，是一家兼具超强研究能力和业务开拓能力的评级机构。

五、专利资产证券化法律服务机构的法律监管

法律服务机构是在专利资产证券化过程中发挥作用的另一个中介组织，其服务内容包括对资产证券化发起机构、受托机构、资产池等进行尽职调查；设计信贷资产证券化方案；起草、拟定信贷资产证券化信托合同及相关法律文书；出具信贷资产证券化业务必需的法律意见书以及针对证券化产品发行后资产池的管理、维护、清算等提出法律意见和解决方案等事项，其法律服务具有专业性、服务性和多样性的特征。目前，为专利资产证券化市场服务的最普遍的法律服务机构当属律师事务所，这已经成为国际上的惯例。从业务角度看，法律服务机构为证券化操作所提供的服务主要以非诉讼业务为主，

必要时也会涉及资产证券化业务以及产品发行后资产池管理相关的诉讼和仲裁事务。图6-2展示了信贷资产的证券化业务流程，从图6-2中可以看出，律师事务所的法律服务贯穿于整个流程之中①。

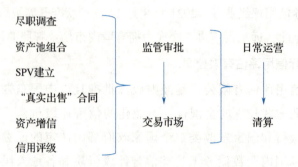

图6-2 信贷资产的证券化业务流程

通过考察发现，各国对专利资产证券化法律服务机构的监管主要运用了通行的法律规定，而非专门立法。实践中，各地的法律服务机构主要通过建立行业规则的方式，指导律师开展资产证券化服务工作。律师在专利资产证券化过程中的参与程度并不高。与此同时，专门从事资产证券化法律业务的律师事务所并不常见，多数律师事务所习惯于将资产证券化法律业务并入资产业务之中进行管理，这也是对目前专利资产证券化法律服务机构往往是其他业务领域的律师事务所这一普遍现实的回应。因此，专业性、针对性不强，成为现有专利资产证券化法律服务机构法律监管不足的重要问题。为此，为加强对专利资产证券化法律服务机构的监管力度，有必要重新定位法律服务机构在专利资产证券化市场的地位，理顺监管目标，重点克服潜在利益冲突问题。利益冲突的解决，主要涉及四个方面：①建立和完善信用评级行业法律法规，为法律服务机构监管提供明确的法律依据，特别是机构责任和从业人员民事法律责任的追究机制；②放松专利资产证券化市场法律服务机构的市场准入，增强市场竞争的广度和力度；③建立专门的专利资产证券化监管机构或专门的中介机构监管机关，并强制规定法律服务机构向其披露服务的类型、方法、法律判断依据和收费款项，并提交透明度报告等相关信息，尤其是有关业务的收费标准、机构财务状况、收费明细及从业人员个人收入状况；④设立专门受理申诉的行政部门，对相关主体的申诉做出及时处理，并进行公示，以解决利益冲突问题。

值得称赞的是，上海市律师协会针对国内资产证券化业务蓬勃发展的态势，率先出台了一系列业务操作指引。这一系列操作指引共有四份，分别针对信贷业务、企业资产证券化业务、信托型资产业务和保险资产证券化业务的操作规程进行了梳理和阐述，是比较典型的行业规范。

---

① 参见上海市律师协会发布的《律师办理信贷资产证券化法律业务操作指引（2018）》第八条。

除此之外，专利资产证券化的法律关系主体还存在贷款服务机构、资金保管机构、证券登记托管机构及其他为专利资产证券化提供服务的中介机构。鉴于这些机构遵循设立主管机关的相关规定，并且在业务监管方面遵循证券法和证券监管的基本原理，在此不再赘述。

六、专利资产证券化产品发行与交易的法律监管

从《证券法》第二条可知，专利资产证券化产品发行和交易的法律监管应当遵循证券发行及交易监管的基本原则[一]。具体的管理办法，由国务院进行规定。该类法条属于委任性规范，授权国务院进行专门立法。有鉴于此，有必要了解国外有关证券发行和监管立法模式。

实际上，自20世纪80年代以来，各国在金融领域方面的法律规定伴随着科学技术的进步和经济的飞速发展展现出频繁修法的状态。从各国现有的关于证券发行和监管的立法模式看，可以依照立法的集中程度大致分为分散立法模式和集中立法模式两种。

（一）分散立法模式

分散立法模式以美国为代表。美国法律中对证券发行的相关规定分散在众多单行立法中，例如，《1933年证券法》《1934年证券交易法》《1939年信托契约法》《1940年信托契约法》，还有美国各州的蓝天法、破产法、税法以及有关的判例法，一些与资产证券化有关的特殊行业领域中的相关法律法规也对证券发行做出了相关规定，例如，1968年关于美国房地产行业证券化的专门法《住宅及城市发展法》、与银行不良资产有关的证券专门法《金融机构改革、复兴和实施法》。同时，为了利用税收杠杆进一步推动资产证券化的快速发展，美国先后颁布了《税法改革法》和《中小企业保护法》。除此之外，美国立法机关还在与证券极为密切的银行法中对证券发行进行了相关约束。在美国，如果要发行一项专项资产支持计划，不仅要符合证券法的基本要求，还需要符合特别法的相关规定，由于这些规定散见于不同层次的法律规范中，因而被各界归入分散立法模式之中。

英国也是以判例法为主的国家，其情况与美国相似，二者在证券发行和监管方面存在较多共通之处。不同于美国的是，英国的证券交易所和自律组织在英国证券发行和监管方面发挥着积极作用。首先，英国实行单一监管原则，其监管主体为英国金融服务局，监管权限和方式由2000年通过的《金融服务与市场法》予以规定。其次，英国通过一系列与金融证券发行有关的法案，包括公司法、两次信息披露草案、消费者信用法等单行法，对证券发行和交易设置了或多或少的限制。最后，于1989年出台并被意大利、荷兰等国广泛效仿的《贷款转让与证券化准则》规定了贷款转让和证券化的许多细则，从而

[一] 《中华人民共和国证券法》第二条第四款规定，资产支持证券、资产管理产品发行、交易的管理办法，由国务院依照本法的原则规定。

实现对证券发行的调控。

（二）集中立法模式

集中立法模式的典型代表是日本。或许是基于法律传统和立法惯例，作为成文法国家，日本倾向于就规制对象制定统一的法律规范。

20世纪70年代开始，日本的资产证券化崭露头角。当时，用于证券化的资产主要集中于有形财产，鲜有知识产权的身影。为了应对资产证券化的发展，日本开始制定与资产证券化有关的法律。关于证券发行与承销方面的监管立法主要集中在《资产流动化法》中。整部法律共254条，分为总则、特殊目的公司制度、特殊目的信托制度、杂编和罚则等五个部分。其中，第二编"特殊目的公司制度"又分为四章，分别为第一章申报，第二章特殊目的机构，第三章业务，第四章杂则，第五章罚则；第三编"特殊目的信托制度"分为三章，分别是第一章总则，第二章申报，第三章特殊目的信托。该法关于资产证券化中的信托制度、公司制度、信息披露等方面与原来的《信托法》《信托业法》《证券交易法》等法律存在较大的差别。这种做法考虑了资产证券化业务与传统证券发行和交易监管的差异，是值得肯定的。此外，日本的《抵押证券法》《抵押证券业规制法》《信托法》《信托业规制法》《特定债权事业规制法》也对资产证券化的交易起到了补充的作用。

韩国政府在经历20世纪90年代的金融危机以后，对金融市场的监管力度大大增强。多年来，韩国政府一直试图以证券化来弱化不良贷款的影响，以减少金融危机对整个社会带来的伤害。1998年，韩国政府颁布了《资产证券化法案》，旨在促进和鼓励金融资产证券化在韩国经济发展中的作用，并充分保护投资者利益，维护资产证券化的公平，并积极主导对资产证券化的单独管理制度。根据《资产证券化法案》的相关规定，当发起人出现破产清算时，发起人因证券化资产所得的收益不应被当作是破产财产。这一规定相当于在发起人和专利资产之间设立了一道"防火墙"，实现了破产隔离的基本目标，有力地保护了投资人的利益。同时，特殊目的机构发行的债券由发起人出售的资产池提供支持。如果用于证券化的底层资产是不良资产，那么所得收益应存放于特殊目的机构创建的储备金账户中，剩余部分的收益才能归发起人所有。

不同于日本，韩国只将债券凭证列为资产支持证券，而日本法律规定的资产支持证券还包括股权凭证。韩国规定特殊目的机构为有限责任公司，而日本则将特殊目的机构的责任形式规定为股份有限公司，仅对公司债务承担有限责任。

法国也是集中立法模式的代表，法国政府在立法时，倾向于将有关证券发行和销售的内容都规定在与资产证券化相关的专门法律中。1988年12月，法国通过了专门的资产证券化法，并将证券化的范围扩大到任何公司资产所发行的债券。而在此之前，法国资产证券化的门槛一直被拦截在信贷和保险机构之外。正如法国教授Thierry Granier所说，"这部法律对于法国金融历程既是一种技术创新也是一种精神创新"。该法确立了法国资产证券化交易的基本法律框架,专门创造了便于证券化操作的特殊目的机构,这一机构表现为投资基金。证券化贷款投资基金的资产仅包括应收账款及其产生的现金流,负债产生于它发生的表内应收款的证券。为了减少交易中的成本,达到合理避税的目的,法律甚至还规定该基金不是独立的法律实体,不需要对其利润公司缴纳所得税与间接税,而只由证券持有者按分配到的收入额纳税,该基金由管理公司和存款信托机构创建。管理人是专门从事基金管理的商业公司,成立由政府监管机构批准,必须有充足的技术、财力和人力资源来证明自身管理基金的能力。在基金存续期间,管理公司承担了基金的日常管理,它对应收款的服务进行监管,并且可能会按基金的规定,代表基金的利益购买新的应收款和发行新的证券,管理公司也会从事现金的管理,它还代表基金同第三方进行交易。存款信托机构是法国注册的信贷机构,在大多数情况下,如果应收款的发起人是信贷机构,则也应当充当基金的存款信托机构。

(三)我国专利资产证券化方面的法律法规及立法模式

我国目前有关资产证券化的法律法规散见于《证券法》及部分主管部门颁布的文件、通知、指引等法律文件之中,属于分散立法模式。

据不完全统计,央行、证监会、上海证券交易所、深圳证券交易所等先后发布了数十份资产证券化方面的法律法规。此外,一些行业协会如中国证券投资基金业协会、中国银行间市场交易商协会甚至上海市律师协会均发布了相关的文件(指引),这些规范性文件属于广义的法律范畴,共同发挥着规制资产证券化产品发行、交易及监管事宜。换言之,我国有关资产证券化发起、设立、产品发行与交易、法律责任等方面的规定,散见于专门法及各种单行规定、行业规范及规章制度之中,呈现出一片杂乱的局面。

上海市律师协会发布的《律师办理信贷资产证券化法律业务操作指引》(2018)第七十条,展示了我国信贷资产证券化产品监管流程,如图6-3所示。根据该条,我国资产证券化的监管机构由央行和国家金融监督管理总局两个系统共同完成。其主要原因在于,当前以信贷方式发行的资产证券化产品主要以债券的方式发行,而未实现真正的证券化。资产证券化产品还未以股票方式出现在证券市场上进行交易,因而监管责任主要有央行和国家金融监督管理总局承担。

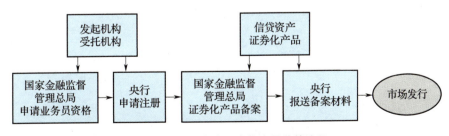

图6-3 信贷资产证券化产品监管流程

在我国，以信贷方式发行专利资产证券化产品的过程中，发行机构与受托机构须先后在国家金融监督管理总局、央行获得证券化业务资格并申请注册，方可从事信贷资产证券化相关活动。拟发行的信贷资产证券化产品通过授权之后，还须分别于国家金融监督管理总局、央行进行产品备案，方可在交易市场进行发行。

未经主管机关批准，金融机构不得作为信贷资产证券化发起机构或者特定目的信托受托机构从事信贷资产证券化业务活动。对于已发行过信贷资产支持证券的金融机构，国家金融监督管理总局可以豁免其资格审批，但仍需履行相应手续。

在制度设计上，金融机构可以作为信贷资产证券化的发起机构。实践中，多数专利证券化产品的上市就是通过金融机构（如担保公司、融资公司的形式）作为发起人，并递交相应申请文件实现的。有时，也会出现金融机构与知识产权运营公司共同组成联合体，一并上报申请文件的情况。在这些情况下，作为发起人的金融机构，可以通过设立特定目的信托转让信贷资产，并根据《金融机构信贷资产证券化试点监督管理办法》（2005）向国家金融监督管理总局提供材料。该管理办法对发起机构的审批条件做出了明确的限制，只有符合特定条件的企业才能成为适格的发起机构。

同样，有关资产证券化的一系列法律法规和行业规范，对证券化过程中的受托机构、注册、备案及证券化产品的发行、运营、清算做出了规定。这些规定在我国专利资产证券化的主体监管和过程监管方面，发挥着不可或缺的指引作用。未来，期待国务院在总结已有证券化实践经验的基础上，制定出更为系统、规范性更高的证券法规，共同维护证券市场的一片蓝天，促使专利资产的利用效率大幅提升，为实现知识产权强国建设提供必要的政策助力。

参考文献

[1] 曾维新. 中国知识产权证券化发展现状及实践模式总结[J]. 中国发明与专利, 2021 (7): 64-72.

[2] 陈岱松. 论美英证券监管体制之新发展[J]. 河北法学, 2006 (1): 129-133.

[3] 何小锋, 黄嵩, 刘秦. 资本市场运作教程[M]. 北京: 中国发展出版社, 2006.

[4] 胡哲, 陈府申. 图解资产证券化: 法律实务操作要点与难点[M]. 北京: 法律出版社, 2017.

[5] 靳晓东. 专利资产证券化研究[M]. 北京: 知识产权出版社, 2012.

[6] 李建伟. 知识产权证券化: 理论分析与应用研究[J]. 知识产权, 2006 (1): 33-39.

[7] 李鹏, 曹立帆. 我国科技型企业知识产权证券化的模式选择与实现路径研究[J]. 中北大学学报 (社会科学版), 2021 (6): 1-10.

[8] 刘伍堂. 专利资产评估[M]. 北京: 知识产权出版社, 2011.

[9] 刘运华. 产业化、商品化及标准化阶段专利权经济价值分析研究[J]. 南京理工大学学报 (社会科学版), 2018 (5): 7-11.

[10] 隋平, 李广新. 资产证券化融资实务操作指引[M]. 北京: 法律出版社, 2014.

[11] 孙兰秀. 中小企业知识产权质押融资的问题与对策[J]. 改革与开放, 2015 (8): 11-12.

[12] 唐波. 金融衍生品交易的监管理念[J]. 华东政法学院学报, 2006 (4): 49-59.

[13] 王芳. 知识产权证券化的困境及解决方案: 基础资产重构的双SPV模型[J]. 金融理论探索, 2020 (6): 59-71.

[14] 王迁. 知识产权法教程[M]. 5版. 北京: 中国人民大学出版社, 2016.

[15] 魏玮. 知识产权价值评估研究[M]. 厦门: 厦门大学出版社, 2015.

[16] 肖海, 朱静. 借鉴欧洲经验开展中国知识产权证券化的对策[J]. 知识产权, 2009 (5): 86-93.

[17] 谢智敏, 范晓波, 郭倩玲. 专利价值评估工具的有效性比较研究[J]. 现代情报, 2018 (4): 124-129.

[18] 严晓宁, 孙沛霖, 林光彬. 市场法在知识产权评估中的运用挑战与设想[J]. 中国资产评估, 2021 (5): 4-7.

[19] 袁晓东, 李晓桃. 专利资产证券化解析[J]. 科学学与科学技术管理, 2008 (6): 56-60.

[20] 袁展颜. 知识资产证券化的法理依据与监管原则: 借鉴法国与卢森堡的立法实践[J]. 深圳法学, 2017 (6): 1-8.

[21] 岳贤平. 专利交易中专利资产评估研究[M]. 北京: 科学出版社, 2009.

[22] 张明, 邹晓梅, 高蓓. 资产证券化简史: 国际经验、中国实践与实证研究[M]. 上海: 东方出版中心, 2021.